"十四五"职业教育河南省规划教材

高等职业教育新形态一体化教材

U0683610

场沟通

成光琳　王军华

刘正君　　　　段秋月　主编

王哲浩

石景艳　副主编

中国教育出版传媒集团

高等教育出版社·北京

内容简介

　　本书是"十四五"职业教育河南省规划教材，是高等职业教育新形态一体化教材。本书贯彻落实党的二十大关于"加快建设高质量教育体系，发展素质教育"的相关要求，围绕职场沟通的情境和任务进行整体设计，以沟通过程为主线，以职场人士需具备的能力要求与专业素质为导向，以语言表达、思维训练、素养提升为核心组织内容，旨在提升学生的沟通能力和思维品质，涵养其职业精神。全书分为理论认知、方法解析、职场实战三个篇章，包括职场沟通概述、职场沟通障碍清除、职场沟通前期准备、职场沟通方式选择、职场沟通技巧选用、职场沟通反馈、沟通的差异化策略、不同职场情境的策略实施八个专题，每个专题巧设职场沟通之惑、沟通有道、通事达人等栏目，丰富学习情境，实施思政融入，落实立德树人根本任务。

　　本书通过二维码链接微课、情景剧、知识拓展、测试题等数字化学习资源，力图构建具有多样性、个性化、实用性和交互性的立体化教学空间。同时配套开发PPT等教学资源，具体获取方式见书后"郑重声明"页的资源服务提示。

　　本书既可作为高等职业院校"口才与沟通""职业素养"等课程的教学用书，也可供有意提升沟通能力的社会人士学习实践，亦可作为企业培训的指导用书。

图书在版编目（CIP）数据

职场沟通 / 成光琳，王军华，段秋月主编. -- 北京：高等教育出版社，2023.9

ISBN 978-7-04-059663-2

Ⅰ . ①职… Ⅱ . ①成… ②王… ③段… Ⅲ . ①人际关系学 – 高等职业教育 – 教材 Ⅳ . ① C912.11

中国国家版本馆 CIP 数据核字（2023）第 008568 号

ZHICHANG GOUTONG

策划编辑	王蓓爽	责任编辑	王蓓爽　方 雷	封面设计　杨伟露	版式设计　童 丹
责任绘图	邓 超	责任校对	张 薇	责任印制　朱 琦	

出版发行	高等教育出版社		网　址	http://www.hep.edu.cn
社　址	北京市西城区德外大街 4 号			http://www.hep.com.cn
邮政编码	100120		网上订购	http://www.hepmall.com.cn
印　刷	天津鑫丰华印务有限公司			http://www.hepmall.com
开　本	787mm×1092mm　1/16			http://www.hepmall.cn
印　张	16.5			
字　数	330 千字		版　次	2023 年 9 月第 1 版
购书热线	010-58581118		印　次	2023 年 9 月第 1 次印刷
咨询电话	400-810-0598		定　价	38.80 元

随着中国经济的发展，职业教育在助力中国制造、促进产业升级等方面发挥着越来越重要的作用。大力发展高等职业教育是我国在经济全球化发展形势下实现经济高质量发展的必然选择，是推进高等教育大众化的有效抓手。党的二十大明确指出，要"统筹职业教育、高等教育、继续教育协同创新，推进职普融通、产教融合、科教融汇、优化职业教育类型定位"，同时，《关于深化现代职业教育体系建设改革的意见》《关于推动现代职业教育高质量发展的意见》等政策性文件和指导性意见为职业教育的发展明确了方向。

新时代的职业教育应立足国家战略和社会需求，服务新发展格局，以提高学生的职业能力为主线构建课程体系，以工作实际为导向创新教学模式，培养高素质技术技能人才。而职业核心能力一直是职业教育关注的重点，它既是学生就业、职场升迁和创业所必备的能力，也是在校生、即将就业和已就业人群竞争力的重要标志。其中，职业沟通和团队合作作为职业核心能力中的基础核心能力，其作用日益凸显。2022年11月，教育部、国家语委印发《关于加强高等学校服务国家通用语言文字高质量推广普及的若干意见》，其中明确指出要提高学生语言文字应用能力，强化学生口语表达等能力。相关机构发布的近四年中国高职生就业报告显示，职场沟通能力作为学生立足社会的重要技能之一，现已被社会和企业高度重视。因此，越来越多的高校开设了与沟通有关的课程，我们也着手编写《职场沟通》教材，以期帮助学生解决职场中的沟通障碍，顺利度过职场困惑期，成为一名具有较高综合素质的职业人。

基于实践性、应用性较强的课程特色，本教材遵循问题导向、情境教学、任务实施的编写思路，以语言表达、思维训练、素养提升为核心组织内容，围绕职场沟通的过程架构教材体系，分为前期准备、方式选择、技巧选用、效果反馈四个环节，并对学生步入职场时遇到的困惑、障碍及不同情境进行梳理总结，形成沟通能力清单。

本教材是"十四五"职业教育河南省规划教材。作为高职院校的公共基础课教材，本教材能够满足案例学习、模块化学习等不同学习方式的要求，适应课程建设、专业建设、教学模式与方法改革创新等方面的需要，具有鲜明的职业教育特色，主要体现为以下五个方面的特点。

基于工作导向梳理教材体系　基于工作导向及职场沟通的现实需要，教材围绕职场沟通的过程进行内容的梳理。在框架结构上，全书分为理论认知、方法解析、职场实战三个篇章，共八个专题。专题一、二组成理论认知篇，是职场沟通概览；专题三至专题六组成方法解析篇，介绍职场沟通的实施过程；专题七、八组成职场实战篇，是知识与技能的情境实施。全书既有纵向深入，又有横向贯通，循序渐进，体系完整，同时涵盖了职场沟通的对象、内容、方法、组织、环境和成果等要素，凸显职业能力提升和工作过程导向。

开展校企协同凝练职业素养　教材坚持校企融合，邀请了企业专家参与编写并提供指导，创设真实的职业情境，对学生初入职场时遇到的沟通问题进行梳理总结、解惑答疑，助力其顺利融入职场，提升沟通能力，赋能职业成长，增加就业创业机会。在编写过程中，我们还走访、调研了校企合作企业和优秀校友企业，以"贴近真实职场，面向就业市场"为编写思路，将企业的用人需求有机融入教材，让学生在学习中感受企业文化，于潜移默化中提升职业素养。

巧设多种栏目丰富学习情境　为培养学生的职场沟通能力，我们按照职场情境设计相关栏目。"职场沟通之感""沟通有道""通事达人""思维导图"栏目，可以引导学生解决职场中的沟通问题，提高沟通效率，增强职业信心；"沟通测试""知识拓展"栏目，可以帮助学生关注自身的沟通短板，拓宽眼界，强化沟通优势；"知识检测""互动园地""学以致用"栏目，可以帮助学生在完成每个专题的学习任务后，了解沟通知识的掌握情况和沟通技能水平的提升情况。

实施思政融入落实立德树人　教材将"树人"和"育才"作为思政主线，在对学生开展专业教学的同时，坚持将价值引导寓于知识传授和能力培养之中，在案例的选取上注重价值观的塑造，以"内化于心，外化于行"为切入角度，帮助学生塑造行为习惯、职业道德和价值理念，提高学生的职业素养水平，增强学生的法治意识和社会责任感。

融合多种载体拓展学习资源　教材通过二维码链接了微课视频、情景剧、知识拓展、测试题等大量数字化教学资源，此外还同步开发了课件、教学标准等，构建了多样性、个性化、实用性、交互性的立体化教学空间。同时，根据当前新媒体、融媒体的发展趋势，教材在公文、QQ、E-mail等传统沟通载体的基础上，融合了"三微一端"等新兴沟通载体，丰富了载体形式，融通了沟通资源。

本教材由成光琳、王军华、段秋月担任主编，负责全书的框架结构设计、编写方案制定、具体写作指导、数字资源建设标准的制定和统稿；刘正君、王哲浩、石景艳担任副主编，协助进行目录分工及样章编写。参与具体的编写任务和数字资源建设的人员如下：肖盼章（专题一）、石景艳（专题二）、王哲浩（专题三）、张阳子（专题四）、赵婧（专题五）、李婧（专题六）、刘正君（专题七）、张君（专题八）。王军华负责专题二、四、六、七的统稿和数字资源的统筹、建设工作，段秋月负责专题一、三、五、八的统稿和数字资源的统筹、建设工作，成光琳负责全书的统稿定稿、图表校正及数字资源建设标准的制定和审核。

　　本教材在编写的过程中参考和借鉴了相关文献资料和部分网络资源，已以脚注和参考文献的形式标示于书中、书后，在此谨向相关作者表示诚挚的感谢，同时因未能及时与原作者一一联系而致歉。因编者能力有限，未能把更多的新内容、新思路一并吸收到书中，疏漏之处在所难免，敬请各位专家、学者不吝赐教，敬请用书师生批评指正！

编　者

2023 年 7 月

目录

理论认知篇

理论认知篇

专题一

沟通无阻　纵横职场

——职场沟通概述

生命不息，沟通不止。沟通与人的发展息息相关，可以说，人类的发展过程就是沟通的过程。自 20 世纪 80 年代以来，关于沟通的研究已远远超出了人际传播的范围。随着科学技术的飞速发展及市场竞争的日趋激烈，人们越发意识到沟通在生活、工作中的重要作用，并将沟通看作是重要的社会生存技能之一。

本专题以沟通认知的五个方面——概念、过程、原则、类型、能力及其培养为着力点，系统讲述沟通的基本知识，帮助同学们把无意识的沟通行为转化为有意识的、科学的沟通行为，充分发挥个体潜力，展现个人魅力，开启阳光、愉悦、成功的职业生涯。

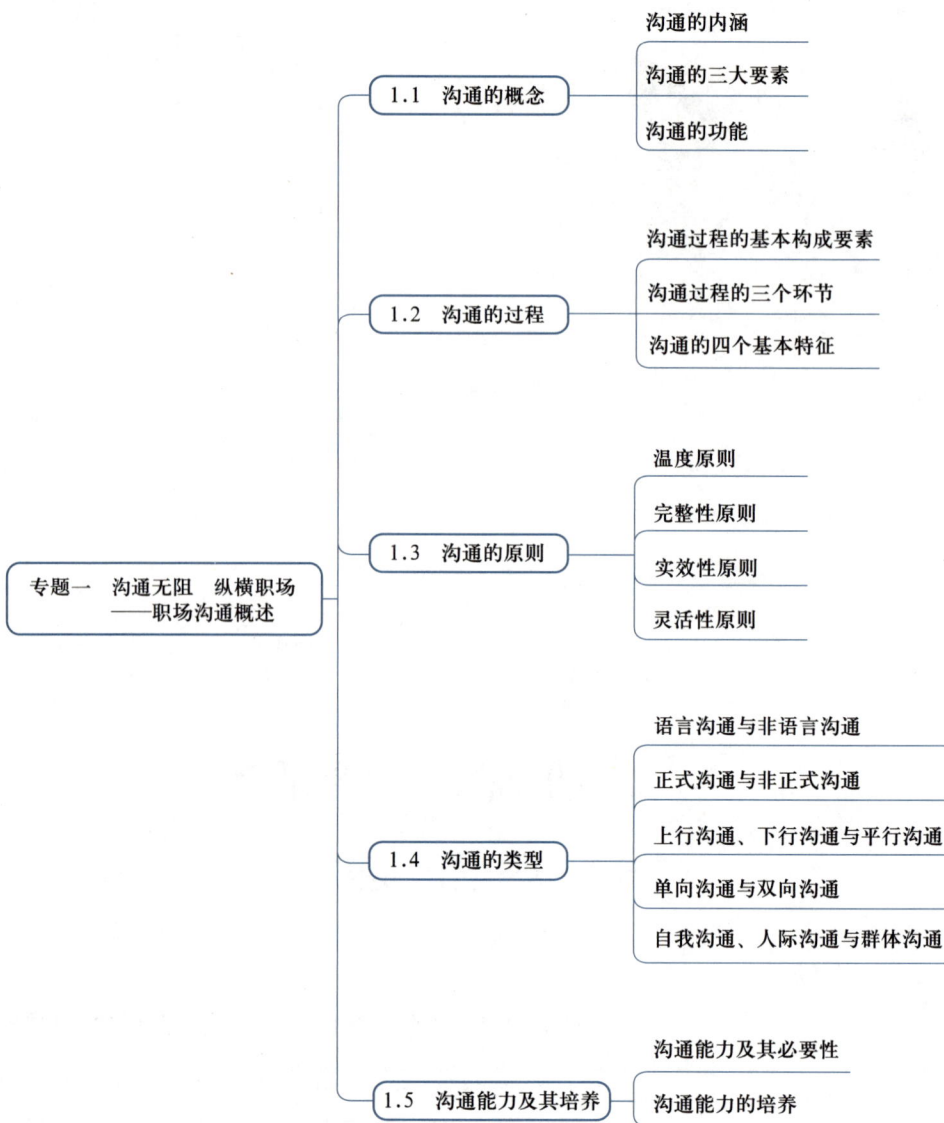

```
                                                              沟通的内涵
                                          1.1  沟通的概念          沟通的三大要素
                                                              沟通的功能


                                                              沟通过程的基本构成要素
                                          1.2  沟通的过程          沟通过程的三个环节
                                                              沟通的四个基本特征


                                                              温度原则
                                                              完整性原则
                                          1.3  沟通的原则          实效性原则
                                                              灵活性原则
  专题一  沟通无阻  纵横职场
        ——职场沟通概述

                                                              语言沟通与非语言沟通
                                                              正式沟通与非正式沟通
                                          1.4  沟通的类型          上行沟通、下行沟通与平行沟通
                                                              单向沟通与双向沟通
                                                              自我沟通、人际沟通与群体沟通


                                                              沟通能力及其必要性
                                          1.5  沟通能力及其培养       沟通能力的培养
```

学习目标

　　1.素质目标：培养积极的沟通态度，锻炼良好的沟通能力，形成正确的沟通理念，培养有效沟通的意识。

　　2.知识目标：了解沟通的类型和功能，明确沟通过程的基本构成要素、环节及基本特征，掌握沟通和有效沟通的内涵。

　　3.能力目标：能在不同情境中使用恰当的方式进行有效沟通。

重点与难点

　　1.重点：了解沟通的原则与类型，开展"有效沟通"，避免"无效沟通"。

　　2.难点：熟悉沟通的基本特征，培养有效沟通的能力。

1.1 沟通的概念

职场沟通之惑

　　小李是公司销售部新来的员工，为人热情，进取心强。但不知为何，最近同部门的老员工老王好像处处和他作对，有时甚至故意指桑骂槐。小李非常恼火却一头雾水，不知道是哪里得罪了老王。小贾悄悄告诉小李："老王偷看了你的工资条，嫉妒你天天乐呵呵的，业务能力还强。"小李觉得大家都是同事，没必要撕破脸皮。但是有一次，小李实在忍受不了老王的阴阳怪气，一赌气把老王的所作所为告诉了经理。经理把二人叫进办公室，双方对质。老王惊讶于小李的指控，表示"偷看工资条""嫉妒"都是无中生有，明明是小李在小贾面前吐槽他年纪大、业务能力还差。小李一下懵了，似乎明白了什么，但是他什么也没有说。经理把二人批评一通，从此以后，小李和老王彻底成了冤家。

　　如果你是小李 / 老王 / 经理，你会如何解决这次职场风波？

　　沟通是什么？

　　正如一千个读者眼中有一千个哈姆雷特一样，"沟通"在各个学科、各个流派中的定义也不尽相同，不同的定义也从不同的角度展示出沟通的内涵，但都体现出沟通作为人类社会交往方式的基本行为过程。

　　在沟通的过程中，发送者凭借特定渠道，将特定信息发送给接收者，并获得反馈以实现相互理解。

　　"沟通"的重要性不言而喻，擅长沟通者在职场上可以"四两拨千斤"，与人谈笑风生。沟通能力稍逊者则有可能被工作折磨得头重脚轻，苦不堪言。缺乏沟通，不会沟通，难免使人陷入孤立无援的境地，丧失工作热情及内在驱动力，进而影响职业人的综合实力。因此，良好的沟通不仅有利于维护和谐的人际关系，也有助于职业人更好地完成工作，营造良好的职场氛围，进而获得成功。

1.1.1 沟通的内涵

　　一般来说，沟通是人与人之间进行信息、思想与情感的传递和反馈的过程，目的在于交流双方达成一致的思想，实现感情的通畅。拥有良好的沟通能力，是职业人的必修课。

1. 沟通的基本含义

"沟通"作为一种社会交往方式，在保持良好的人际关系中不可或缺。沟通的领域非常广泛，小到田间聊天，大到国家谈判，沟通的具体内容和方式方法都会影响双方的合作情况。

仅就"沟通"的定义而言，专家学者们就从不同领域、不同角度、不同层次描述了"沟通"的内涵。比较有代表性的"沟通"定义如下表（表1-1-1）所示。

表 1-1-1　众说纷纭的"沟通"定义

类别	出处	观点
词源解释类	《现代汉语词典》（第七版）	沟通就是使两方能通连
新闻传播类	哈罗德·拉斯韦尔	沟通就是"什么人说什么，由什么路线传至什么人，达到什么结果"
传播沟通类	《不列颠百科全书》	沟通就是"用任何方法，彼此交换信息。即一个人与另一个人之间以视觉、符号、电话、电报、收音机、电视或其他工具为媒介，所从事交换消息的方法"
知识通识类	《韦氏大辞典》	沟通就是"文字、文句或消息之交流，思想或意见之交换"
决策学派	赫伯特·西蒙	沟通"可视为任何一种程序，借此程序，组织中的某一成员将其决定意见或前提传递给其他有关成员"
表征综合类	桑德拉·黑贝尔斯 理查德·威沃尔二世	沟通是"人们分享信息、思想和情感的过程。这种过程不仅包括口头语言和书面语言，也包括形体语言、个人的习气和方式、物质环境等——赋予信息含义的任何东西"

微 课

什么是沟通

上述各种定义从不同侧面揭示了沟通的本质——信息的传递。信息传递是一个双向的、互动的反馈和理解过程。

综上所述，沟通是在互动过程中，发送者凭借一定渠道（媒介）将特定的信息传递给接收者（既定对象）并寻求反馈以实现相互理解的过程，是分享信息、思想、情感的过程。

2. 有效沟通与无效沟通

当我们理解了沟通是一个分享信息、思想、情感的过程，我们就明白了沟通的重要意义和显著作用。良好的沟通能促进理解、减少误会、避免伤害他人感情，所以我们不仅要积极地与人沟通，还要进行有效的沟通。

那么，什么是"有效的沟通"呢？我们先来模拟一个简单的日常情境。

假如你是部门经理，你询问你的下属职员："你的修改报告提交了吗？"而职员回复你："我现在在做另一个项目的申报书。"你是否会疑惑，下属职员到底有没有提交修改报告？这就告诉我们：在理想的沟通情境中，信息是按预先确定的方式接收的。在我们询问"是否"的问题时，我们希望得到的是确切的回复"是"或"否"，而不是其他信息。

正如以研究"有效沟通"为专长的学者桑德拉·黑贝尔斯和理查德·威沃尔二世所指出的："当不能正确接收信息时，问这样一些问题是有用的：信息本身有问题吗？选择了最好的渠道吗？出现了噪声吗？问恰当的问题对沟通技巧的形成是必要的。"

简而言之，有效沟通即是信息传递、交换、分享成功的过程。反之，如果传递、交换、分享失败，则是失败的沟通，即无效沟通。上面我们模拟的这个日常情境就是一个无效沟通的案例。

那么如何避免无效沟通？有以下四条基本经验。

（1）无尊重不沟通。尊重是任何交流中的基本原则。缺乏尊重，对方一定会产生抗拒心理，拒绝沟通。同理，如果对方没有足够尊重你，那么你也可以适当要求他，同时要根据对方的性格特点、话语风格来调整沟通的方式方法。

（2）有情绪不沟通。当产生消极情绪时，要尽量避免沟通。消极情绪容易使人失去理性、冲动行事，从而引起不必要的争吵，甚至还会造成不可挽回的后果。

（3）无考虑不沟通。职场切忌"脱口而出"。一般而言，未经思考的话极有可能造成尴尬的局面，甚至会出现难以弥补的后果，所以一定要培养先思考再说话的习惯。

（4）无倾听不沟通。沟通是双方的事情，要明白彼此的意思才能畅快沟通，从而达到双方满意的结果。如果你或对方手头有紧急工作必须处理，建议另择时间再沟通。未经倾听的沟通，其效果是大打折扣的。

1.1.2 沟通的三大要素

完整的沟通过程需要经过复杂的环节，其中包括发信者、接收者、信息、渠道、反馈、噪声及环境等。总的来说，沟通有三大要素：明确沟通目标；传递信息、思想和情感；达成共识。

1. 明确沟通目标

有效的沟通必须明确沟通目标，这是沟通最重要的前提。因此，当我们与别人沟通时，除了必要的寒暄之外，也应该旗帜鲜明地说出："这次我找您是因为……事情，您看我们能不能达成……的共识？"这不仅是沟通的技巧，也是进行有效沟通的前提。如果不能提出明确的沟通目标，则会丧失沟通的根本意义，这不仅会让对方认为这是一次无关紧要的沟通而敷衍了事，也会影响事情的总体进度。

2. 传递信息、思想和情感

在职场沟通中，我们希望获得明确的信息——"什么时间""什么地点""什么事情""如何开展""效果如何"等。然而，对于生活在现实社会中的人来说，机械性的沟通或许可以得到明确的回复，但绝不会产生情感的共鸣。这是由于沟通不仅是具体信息的传递，更需要思想和情感的交流。信息之所以能顺利交换，有时是建立在良好的思想和情感交流的基础上的。例如，A 快递员打电话说："有你的快递，12 点不来取的话就放快递柜了。"而 B 快递员说："您好，您的快递到了。如果中午 12 点方便的话，麻烦您取一下。如果您不方便，我们暂放快递柜保管，以防丢失给您带来不便。祝您生活愉快！"事实上，A 和 B 两位快递员对外传递的信息是一样的，但 B 快递员的表述能使我们从中感受到贴心的服务。当其他条件相同时，你会更倾向找这两位快递员中的哪一位寄快递呢？我们在与他人交往的过程中，除了分享信息，更多的是传递彼此的思想与情感。缺乏思想和情感的冷冰冰的信息传输，也会直接影响双方的沟通效果。

3. 达成共识

判断沟通是否成功的一个重要标志，即是否达成一个双方或者多方认可的结论。在职场工作中，我们常常会发现这样一个现象：会议上议题悬而未决，大家在没有取得共识的情况下各做各事，最终造成工作效率低下，部门之间矛盾加剧，不得不再次开会明确具体要求。仔细想一想，如果在一开始沟通时就达成了共识，是不是就可以避免后续的麻烦与冲突了？因此在沟通结束的时候一定要形成一个双方或多方都共同认可的结论，这样沟通才能顺利完成，工作才能高效开展。

沟通有道 🤝

年终总结汇报指南

理论的学习与实践的锤炼有助于职场新手积累工作经验、提升工作能力，其中，年终总结对于职场新手来说尤为重要，它不仅可以复盘一年的工作，体现工作能力；还可以总结经验教训，为下一年的工作提供方向指引。年终总结虽然没有固定的模式，但可以按以下顺序进行汇报。

第一步：今年开展了哪些具体的工作？分类说明（时间、内容、方式）。

第二步：取得的成绩（完成度、工作成果及业绩）。

第三步：获得的经验（成功要领、经验教训、分析问题、总结规律）。

第四步：下一年的工作安排（目标、计划、预计业绩）。

第五步：展望未来，携手进步（期待语及表态）。

不驰于空想，不骛于虚声。求真务实、勤勉踏实，是职场中永不过时的优良品质。

1.1.3　沟通的功能

一次完整、有效的沟通可以带来显著的效果。例如，为下一步工作提供指示、获得他人的信任、提高工作业绩、直接或间接赢得老板的赏识，以及拓宽晋升渠道等。总的来说，沟通主要有四大功能：打破信息壁垒，提高工作效率，激发更多创意，把握发展命脉。

1. 打破信息壁垒

沟通最重要的功能就是高效传递信息，使得双方或多方知悉事情的进展状态。我们处于一个信息爆炸的时代，机会眷顾有准备的人，更会青睐掌握关键信息的人。如果能够打破信息壁垒，就能掌握职场工作的主动权。例如，对于从事销售行业的人来说，需要时刻关注全国各地的物流信息。如果销售与物流之间的信息沟通不畅，因为某些不可抗力导致晚发或者未发客户的预订产品，轻则赔偿客户损失，重则影响公司信誉。而打破信息壁垒之后，则会在工作上更加得心应手。

2. 提高工作效率

良好的沟通对于工作的开展至关重要，随着现代信息技术的发展，沟通变得越来越方便快捷。高效的沟通能够有效提高工作效率，富有智慧的领导者也会通过高效的沟通激发员工的创造力、提升员工的成就感、发挥员工的主观能动性，将他们的看法、观点、主张汇集起来形成项目解决方案，提升工作成效。

3. 激发更多创意

爱尔兰剧作家萧伯纳有一句名言："你有一个苹果，我有一个苹果，互相交换，各自还是只有一个苹果。你有一种思想，我有一种思想，互相交换，各自就得到两种思想。"高效的沟通有助于激发思维，迸发创意。例如，深受职场欢迎的"头脑风暴法"就是鼓励大家畅所欲言，不分等级，不评优劣，所有人一起思考、共同探索，彼此间的交流有助于思维碰撞，进而推动创新，或许能够高质量且有创意地完成亟待解决的工作任务。

4. 把握发展命脉

职场上的管理者与执行者应该对公司产业的环境与构成、客户的喜好与需求、行业的特色与趋势等了如指掌，这些关键信息也是职业人预判行业发展趋势的前提。无论是企业还是个人，都不能成为一座孤岛，否则就会被淘汰出局。通过信息的传递与沟通，与外界形成良性互动，才能更好地预判行业发展趋势，准确地规避风险，进而发现商机，把握发展良机。

通事达人

诚恳的沟通阻止飞短流长

小于是公司的得力骨干，近几年为公司创造了良好的收益。最近有猎头与她接洽，小于并没有答应，但是她却在公司的茶水间听到同事小刘与小王在议论此事，说她马上就要辞职跳槽了，新公司给的薪资是目前的一倍。小于礼貌地给她们拿了咖啡，温柔地说："你们刚才的疑惑我听到啦，可是我目前并没有打算跳槽哦，相比其他公司，我更喜欢我们公司有一说一、简单明了的工作氛围。"小刘与小王急忙说："不好意思哦，我们也是听别人谈论的。"小于笑了笑，说："没关系的，只是我并没有打算跳槽，所以会介意这样的流言。现在至少你们知道了我的想法，方便的话，在别人谈起的时候帮我辟谣吧，谢谢你们啦！"

小于作为公司的业务骨干，不仅擅长提升业绩，也善于沟通，善于处理复杂的人际关系，更精通商务礼仪，不会让同事难堪。其言行举止不仅明确地否定了不实消息，也温柔平和地维护了同事的面子，有效缓解了紧张气氛、摆脱了尴尬困境，同时还表达了自己的立场，通过有效的沟通与礼貌的方式树立了有礼有节、不卑不亢的形象。

在职场沟通中，我们经常会遭遇流言纷扰。面对流言，有人不喜欢辩驳，相信"清者自清"，但是只有正视问题的存在才能更好地解决问题。除此之外，被流言波及自身的时候更应该关注如何解决问题，而不是不分青红皂白地辱骂对方。辱骂与嘲讽不仅于事无补，而且还会有损自身声誉，保持礼仪并寻求积极有效的沟通方式有助于轻松应对职场问题。

1.2 沟通的过程

职场沟通之惑

华昕是名列世界五百强的大公司，小关和小邱都是该公司的实习生，希望可以通过自己的努力顺利拿到入职通知。一天，经理要求她们撰写一份准备上市的美妆项目计划书，择优使用，二人立刻行动起来。充满干劲的小邱带着一大堆问题去"堵"经理的门，她滔滔不绝地问："项目书的撰写要用几号字体？图片要多少像素？一共要写多少字……"经理叹了口气，一一回答了她，之后小邱扬长而去。另一边的小关先是查阅了往年的项目书，然后初拟了一份工作方案。隔天她就向经理汇报工作进度："推广模式我已制作完毕，推广平台拟选择三家，并且已针对客户群的消费习惯初拟了三套推广方案。"经理听完后提出了一些建议："可以从用户群体、消费能力、市场容量等角度丰富完善。"到了截止日期，追求事无巨细、询问最多信息的小邱竟然未能完成项目，而小关不仅出色地完成了任务，还提供了许多策划亮点，得到了经理的赞许，小邱顿时失落起来。

如果你是小邱，你会如何改进？

沟通的过程是什么？

沟通的过程从来都不是独角戏，也不是你方唱罢我登场。沟通的过程是指通过信息的交流互换，沟通双方得以分享思想与情感的过程。一般来说，沟通是在一定环境下进行的，而且在此期间会伴随着一些无关宏旨的信息，这些信息可有可无，我们也可将其称为噪声。总的来说，完整的沟通过程如图1-2-1所示。

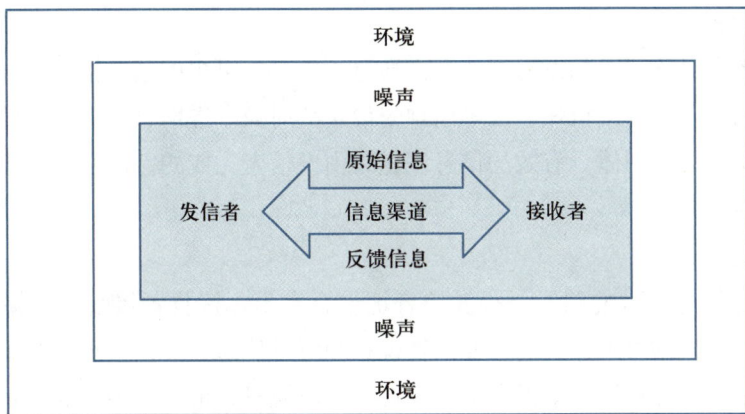

图 1-2-1   沟通的完整过程示意图

当我们把外在的噪声过滤之后，就会得出一个非常明确、简洁的沟通过程（如图中蓝色区域所示），我们将这个有效且明确的沟通环节概括为有效发送信息、有效接收信息、有效反馈信息。这三个环节离不开以下基本构成要素。

1.2.1 沟通过程的基本构成要素

1. 信息

信息是发信者所发送的内容，所有的沟通信息都由语言和非语言两种符号组成，思想和情感只有在表现为符号时才得以传递。

语言中每一个词都是表示某一种特定事物或思想的语言符号，语言符号是非常复杂的。例如，当我们说"椅子"时，"椅子"就是一个具体的、代表物品的符号；当我们听到"椅子"这个词时，我们可能产生各种不同的印象——办公椅、休闲椅、摇摇椅等。所以，此时我们要想清楚地表达自己的信息，必须添加一系列的限定修饰词。例如，"请帮忙把 1314 办公室东北角处的那把黑白相间的人体工学椅搬过来，谢谢"。

而表达思想的抽象符号更为复杂。例如，不同的人理解"挫折""饥饿""伤害"这些词时存在着巨大差别，怎样解释这些词是由人们的经验决定的，所以不同的人会赋予这些词不同的含义。

非语言符号则是语言之外的沟通方式，如手势、姿势、语调、表情等。和语言符号一样，我们给非语言符号赋予特定的含义。例如，打哈欠一般意味着疲倦或厌烦，皱眉表明疑虑，不看着别人的眼睛可能是心虚等。需要注意的是：非语言符号有时会误导别人，这是由于许多非语言信息在不同的文化背景或场景下有所区别。例如，在中国、美国的文化中，"OK"的手势表示"可以""没问题"，但在德国、土耳其等国家，此手势是一种冒犯性手势，不可随意使用。

2. 发信者

发信者，又称信息的发送者，是沟通过程中必不可少的基本构成要素。发信者是利用自己生理条件或机械手段等向预先设定的对象发送信息的一方。发信者可以是个人，也可以是团体。有效的信息发送是由发信者完成的，而发信者最早传递的信息即为原始信息。

3. 渠道

渠道是信息经过的路线，是发信者把信息发出、接收者接收和反馈信息的手段。在面对面的沟通中，我们主要依赖视觉和听觉传递、反馈信息。在非面对面的沟通中，手机、计算机、平板电脑、收音机、电视机、报纸及杂志等也是常见的沟通渠道。渠道的主要任务是保证沟通双方信息传递时线路畅通。

4. 接收者

接收者是发信者的信息传递对象。人们要分享信息、思想和情感，沟通就必不可少。然而，这种分享绝对不是单向的、排他的过程。一个人表达思想，其他人接收信息，这个过程可逆向进行。在大多数情境中，人们是发信者，又是接收者（在同一时间既发送，又接收）。在人际沟通中，接收者的主要任务是接收发信者的思想和情感，并及时把自己的思想和情感反馈给对方。

5. 反馈

反馈是接收者接收到信息，通过消化吸收之后传递给发信者的反应。例如，经理问你："项目进展得如何？"你回答："非常顺利，只不过存在一点点小问题，具体是……"你的回答就是反馈。

在有效的沟通过程中，"反馈"是非常重要的环节。因为反馈让发信者知道事情是否按计划在进行，知道接收者是否理解并领会了传达的意思。教师上课时，往往根据学生的面部表情和眼神来判断他们是否听懂了，通过学生的注意力集中程度来断定他们对学习内容是否感兴趣等。

一般来说，在沟通中参与的人数越少，反馈的机会就越多；参与的人数越多，反馈的机会就越少。

6. 噪声

噪声是沟通过程中的干扰因素，它是理解和准确解释信息的障碍。噪声发生在发信者和接收者之间，主要有三种类型：外部噪声、内部噪声和语义噪声。

外部噪声来源于环境，它阻碍我们倾听和理解信息。例如，当你和你的好朋友在宿舍里推心置腹地交谈，可能会被一群人的叫喊声、吵闹声或者其他声音干扰。另外，外部噪声不一定都是"声音"。例如，你在室外站着与人讲话，阳光的照射可能会使你感到不舒服，分散了你的注意力；在交谈时你看到一些虫子乱爬，可能会被吓到，扰乱谈话思路等。

内部噪声发生在发信者与接收者的头脑中，即在沟通过程中，沟通双方中任何一方的思想或情感在其他事情上。例如，还没有到下课的时间，学生就考虑与课堂无关的事，如午饭吃什么？此时，学生的"抛锚思想"就是内部噪声。内部噪声有时也源于刻板印象。例如，有些人不相信女性会有高超的驾驶技术，看到女司机就想当然地以为是"马路杀手"，对其退避三舍的同时还不忘戏谑嘲笑，这种看法就是客观评价的内部噪声。

语义噪声是指在信息交换的过程中，由于使用的词语、句子或符号有歧义而干扰对原信息的理解，这个干扰因素就是语义噪声。例如，公共场所中常见到"小心地滑"被翻译成"slip carefully"，这就背离了原意。原意中，"小心"做动词，而译文则变成副词，译为"小心地滑倒"。因此，有些专家认为语义噪声是影响沟通效果的重要因素，如果不能正确传达词汇的含义，那接收者将无法正确理解信息。

7. 环境

环境是沟通发生的地方，它对沟通有重要的影响。正式的环境适合正式的沟通。例如，礼堂就是演讲和表演的好地方，但对于亲密交谈而言就不是非常理想的环境。亲密交谈要选在温馨一些、光线好、比较舒服、可以面对面交谈的屋子里。

环境也体现着权力关系。"我们是去咖啡馆还是奶茶店？"这体现的是平等的关系；"王老师，院长让您去他的办公室一趟。"这表明院长比老师有更大的话语权。

在不同的环境中，家具的布置也会影响沟通。例如，大学图书馆桌椅的摆放方式就是适合读书，而不是适合闲聊的。

1.2.2　沟通过程的三个环节

有效发送信息、有效接收信息、有效反馈信息构成了完整的沟通过程。

1. 有效发送信息

有效发送信息是指发信者通过一定的语言符号或抽象符号向预定对象发送信息，并使其准确理解发信者的意图、思想或情感。在"有效发送信息"这个环节中，主要的构成要素是发信者、渠道和排除了噪声的信息。

2. 有效接收信息

有效接收信息是指接收者对发信者所发送的思想、意图、情感等信息进行有效接收。在这个环节中，主要参与的构成要素是接收者、渠道和排除了噪声的信息。

3. 有效反馈信息

有效反馈信息则是接收者在有效接收发信者的思想、意图、情感之后，返还给发信者反映自己态度与认可度的思想、意图、情感的信息。在这个环节中，主要参与的构成要素是接收者、发信者、渠道及排除了噪声的信息。

通过下面的对话示意图（图1-2-2），我们可以更直观地了解这三个环节是如何对有效沟通产生作用的。

小王

下午6:00

小王,后天晚上八点我们部门要去客来居团建聚餐哦

W Word

团建所需清单.docx
26 KB 已发送 ✓

好的，小李，文件已收到。

是不是把中秋节给大家发的两盒蛋黄莲蓉月饼附在清单里更好呢?

嗯嗯，好的呢。

每逢佳节胖三斤，去年的裙子我都穿不进去了呢。

哈哈哈，你现在也很美。那我们后天见啦!

图1-2-2 明确沟通的对话示例

在这则对话中，我们可以看到此次沟通的环境是网络空间，小李发送出了第一条有效信息："小王，后天晚上八点我们部门要去客来居团建聚餐哦。"这则消息中包含了人物（通知的是小王而不是其他人）、时间（后天晚上八点）、地点（客来居）、事件（部门聚餐）。小李的第二条有效信息是word文档"团建所需清单"，显示已发送。小王发出的有效信息有两条，"好的，小李，文件已收到"是对小李信息的第一次有效反馈，第二次有效反馈则是提出了自己的建议："是不是把中秋节给大家发的两盒蛋黄莲蓉月饼附在清单里更好呢？"小王接收到这条建议之后，表示"嗯嗯，好的呢"，这既是有效接收信息，也是有效反馈信息。而小李后面所说的"每逢佳节胖三斤，去年的裙子我今年已经穿不进去了呢"则与团建事宜无直接关联，因此，它属于噪声。而小李的表态"你现在也很美"及"那我们后天见啦"则意味着对噪声的反馈，并结束对话。

通过上面的对话示例，我们可以总结一些在职场上非常实用的网络沟通技巧：① 打出信息接收对象的名字，以防发错信息；② 尽可能简单明了地表达你的诉求；③ 收到对方发来的文件要明确表示收到；④ "噪声"适量，完全没有"噪声"会缺少一丝人情味，"噪声"过度则会显得人很聒噪，职业性不强；⑤ 适当表达对对方的赞美，过度夸奖会使人尴尬，指出他人的缺点则会引起不必要的矛盾与冲突。

知识拓展

解决分歧的六个基本要素

沟通有道

顶流主播的微信

某公司主播以"知识＋带货"的另类直播方式迅速走红，其所在的直播间粉丝数成倍增长，带货成交额也如火箭般蹿升，同时也带动公司股价大涨。董事长凌晨发微信感谢他："辛苦你了，为公司争光，感谢！"早上又再次致信："这两天你直播太辛苦了，估计过两天热度会下来一些，你赶紧适当休息一下，代表公司向你表示感谢！"

面对领导的表扬，主播回复："感谢您关心，能干是福气，昨晚直播间在线 10.8 万人，卖出去好几万本书，作为公司员工，传递知识，倡导阅读，让大家对公司印象深刻是我的荣幸。您为公司殚精竭虑这么多年，我作为一线员工，看在眼里，感动在心，我会调整好好工作和休息，在身体健康的前提下尽可能多奋斗。"在回复中，主播思路清晰、步步递进：先对领导的关心表示感谢，再肯定自己的战绩，接着指出领导对自己的精神引领作用，最后表达继续奋斗的态度。这一来一往堪称职场有效沟通的典范。

1.2.3　沟通的四个基本特征

在归纳沟通的基本特征前，我们先看一个案例。

微 课

沟通的基本特征

有一位表演大师上场前，他的弟子告诉他鞋带松了。大师点头致谢，蹲下来仔细系好。等到弟子转身后，他又蹲下来将鞋带解松。有一个旁观者看到了这一切，不解地问："您为什么又要将鞋带解松呢？"大师回答道："因为我饰演的是一位劳累的旅者，长途跋涉后，他的鞋带松了，这个细节可以表现他的劳累憔悴。""那您为什么不直接告诉您的弟子呢？""他能细心地发现我的鞋带松了，并且热心地告诉我，我要保护他的善良，及时地给予鼓励。至于为什么又要将鞋带解开，这个是表演上的细节，将来还有很多机会慢慢教他。"

在这段对话中，旁观者作为发信者首先发出信息，可称为主体。之后表演大师作为信息接收者反馈信息，可称为客体。从这一则对话中，可看出沟通的基本特征有以下几点。

1. 沟通双方互为主客体

人与人之间的信息沟通不是单项的信息传递，而是沟通双方之间的双向信息交流。主体就是沟通活动的发动者，客体是沟通活动的受体，也就是主体的沟通对象。但主客体并非一成不变，在沟通中，当客体主动提出问题、发表意见时，就会"变客为主"，成为主体发信者。

2. 沟通双方使用共享的符号

人际沟通通常借助共享的符号（如语言、文字、某一人物或事物等），因此，双方必须使用能够共享的符号或对使用的符号所代表的意义有相同的理解，否则沟通就难以进行，信息也就无法交流。

3. 沟通双方对交往的情境有相同的理解

沟通总是在某种特定的环境下进行的。不同的国家、不同的种族受历史、文化等因素的影响和经济发展水平的限制，有着不同的社交礼仪和沟通方式。每个人在家庭、学校、社会等不同场合会自觉或不自觉地调整自己的行为。在沟通中，双方对交往的情境必须有相同的理解，否则就是一场无效或不愉快的沟通。

4. 沟通双方的互相影响

人们在沟通时，不仅实现了信息的交流，也会对各自的心理和行为产生一定的影响。例如，表演大师听了弟子的话，系好了鞋带，会让弟子有一种被肯定感，而在日后的学习中，弟子如果得知表演大师这一系列动作背后的原因，会感到更加温暖，也有助于增进二人的感情。

沟通有道

体面的拒绝是沟通的艺术

专业做团建项目的 H 公司成立于 2020 年，该公司从企业的实际需求出发，注重趣味性，可以给客户提供一套完整的主题活动方案，以展现全新、现代的企业文化。尽管 H 公司成立不久，但凭借出色的业务能力，很快就在当地小有名气。原来这家公司不仅为企业"破冰"团建出谋划策，而且会提供职场情商教育，其中"拒绝的艺术"一课受到广大客户的一致好评。课程中讲道：总会因为一些主观或客观的原因，职业人要在某些时刻拒绝他人的请求。生硬的拒绝不仅不利于维护自己的职场形象，而且也不利于维系同事之间的感情。如何体面的拒绝他人，这也是一门沟通的艺术。

1. 不能没有理由的拒绝。不假思索地拒绝会使他人先入为主——你是一个不通情理、冷漠无情的人。

2. 不能盛气凌人的拒绝。态度傲慢的工作伙伴会使人想要保持距离，既不利于团结同事，也不利于提升效益。

3. 要在拒绝的同时提供备选方案。如果面对他人的求助确实无能为力，可以尝试思考有无其他解决方式，向对方提供备选方案。

4. 要面带微笑，委转拒绝。如果面对他人的请求确实不便答应，可以委婉地向对方说出自己的难处，否则会让人误认为你不愿提供帮助，故意袖手旁观。

1.3　沟通的原则

职场沟通之惑

小刘大学毕业后，自认为有扎实的学科知识，考虑再三，决定离家只身去广州闯荡。她选择了一家刚成立不久的科技公司，认为假以时日，自己一定能成为公司元老。但是工作一星期后，小刘便懊悔起来，事情远没有她想象得那么简单。原来这家公司是家族企业，关键岗位都由老板的亲戚担任。例如担任研发部经理的是老板的女儿，专业是物流管理，她在指导研发部工作时，虽然显得力不从心，却又经常坚持己见，专业对口的同事经常向小刘诉苦。终于有一天，小刘不胜其烦，向人力资源部的部门经理控诉公司受裙带关系牵绊，难以实现长远发展。经理说："但是不可否认，我们公司也有长处，大家比较团结，并且目前我们公司还是盈利的。"一句话把小刘噎住了，只得附和："是。"经理又问："那你有什么好的建议或者改进方案吗？"小刘再一次哑口无言。

如果你是小刘，你会采取什么样的方式和经理进行沟通？

沟通从来都不是"一言堂"，也不是巧言令色，更不是无来由的"突发奇想"。沟通，是说服，而不是强制，是一种"有话好商量"的艺术。

沟通是为了让双方或者多方圆满地达成共识，若想顺利沟通，不仅要考虑目标的达成，更要考虑对方的情感体验。所以沟通时要力求清晰简明、及时准确、有始有终、以礼待人。总体来说，沟通需要遵循以下几个原则。

1.3.1   温度原则

"这是规定！"

曾经多少人在处理个人事务或单位事务时，被某些部门用这四个字浇灭满心的期望。确实，在现代社会中，我们应该遵守规则程序，但为何这四个字往往让人心生怨念，觉得不通情理？

"我不要你觉得，我要我觉得""这个事情不需要讨论""听我的，我说了算""你要是不行就别干了"等语录的流行，反映了人们对霸道、蛮横的反感，也表达了人们对毫无温度的拒绝式沟通的戏谑和无奈。事实上，这涉及的也正是职场沟通时的"温度原则"。一方面，职场确实讲究实效业绩，不能搞特殊化、人情化；而另一方面，职场的现实环境在不断变化，规则不可能提前设定所有可能的情境。因此，沟通的温度原则往往被赋予一定的力量，使人感受到尊重、平等与被关爱，也就是说，职场不能人情化，但应该人性化，职场沟通也应充满人性温度。

很多时候，正是沟通的温度原则，才使人们不那么恐惧社会交往，敢于表达更多的想法，同时也会使人更加明白职场的真谛——职场不是你死我活的"杀戮战场"，而是沟通互动下价值叠加的场所。制定职场规则和工作制度的目的，是为了更好地保护人的权利和自由，而不是让制度成为生活的障碍和人性的敌人。

职场因规则和制度而产生秩序，也因沟通的温度而充满生机与活力。既不能让职场变成"钢铁森林"，也不能冷却沟通的"温度"。只有掌握了温度原则，职业人才能游刃有余地处理各种事宜。

1.3.2   完整性原则

"完整"是衡量信息质量和沟通结果的重要指标，表示信息具备所有的要素。片面的信息难免使人产生误会，让人陷入尴尬的境地。

有这样一个广为流传的笑话：有一天，某财主广撒请帖要宴请宾客庆祝儿子考上秀才。大家知道他一向吝啬，不相信他会请那么多人去参加酒席，以为他只是客套，所以当天只来了 20 个人。财主看到空了一半的座席，哀叹道："该来的怎么还不来？"这句话被在场的一部分人听到了，他们以为财主在暗讽自己不该来，于是你看我，我看你，站起来走了一大半。财主一看，又着急了，说："怎么不该走的又走了？"这时剩下的一小部分人也面面相觑，纷纷起身走了。财主一看人来了，又走了，生气地喊道："来了还不如不来！"这下掌勺的大厨及帮厨的厨娘也都走了，留下财主一个人傻了眼。

上面的故事说明，人与人的沟通要注意信息的完整性，说话不要说一半，这样不仅会引起歧义，也会让人心生愤慨，对职场上的沟通与合作百害而无一利。

完整性原则不仅是沟通的一个应有原则，在某些情况下，甚至会用法规明确。例如在会计工作中，"完整性原则"是指会计工作的内容、程序必须完整；会计凭证、会计账簿、会计报表和其他会计资料必须完整；会计所反映的经济活动，应当是整个经济活动的全过程；根据会计法规的要求，会计档案的管理必须是完整的。《中华人民共和国会计法》第1、3、4条中，均涉及会计工作、会计资料和会计账簿的完整性问题。

沟通有道

机智幽默的回答

德国大文学家歌德外出散步时，在小路上迎面碰到一位曾对他的作品提出过严厉批评的评论家，这位评论家盛气凌人地对歌德说："我从来不给傻瓜让路！"而歌德却笑着说："我正好相反！"然后笑容可掬地为对方让路。

1.3.3   实效性原则

沟通的实效性原则，主要是指沟通要围绕预期目的展开，明确沟通的目标诉求，关注沟通的实际效果。具体来说，进行沟通前，要想好自己的沟通诉求，同时要了解和预判对方的沟通诉求，随时调整沟通方式，做好沟通中的条件设计，围绕诉求展开沟通。

在沟通过程中，我们希望通过表达自己的诉求来感知对方的态度，这就是追求沟通实效的外在体现。例如，我们经常会在网络销售平台上咨询客服："请问什么时候发货？"客服通常会回复："下午××点前下单的产品会在当天发货。"在这种情况下，客服的回复就遵循了沟通的实效性原则。反之，如果客服回复"不清楚"或"按照下单顺序依次发货"，那么就不能使消费者获取确切消息。违背了实效性原则，就有可能导致交易失败。

1.3.4   灵活性原则

职场工作讲求灵活性，一个成熟的职业人需要适应企业的变化、业务环境的变

微课

灵活性原则

化及决策者的变化。灵活性原则要求职业人在沟通过程中随机应变，顺应情势的变化，自觉、主动地调整行为，以推动工作正常运转或向更好的方向发展。

例如，当销售向顾客推销某个产品时，需要仔细观察对方的情绪。如果对方出现疑惑的表情，就需要向对方进一步解释产品的功效；如果对方流露出赞许的表情，就可以告知对方购买渠道及优惠力度；如果对方频频看手表，那么有可能是对方还有其他紧急事务，此时应简明扼要地阐述产品的关键信息，避免给对方造成困扰。

沟通是为了促进双方或多方的信息传播，如果遇到阻碍而不能很好地解决，就会使沟通中断，甚至失败。因此，职业人不仅要具备丰富的信息储备能力、清晰准确的表述能力，还要考虑信息接收方的态度及接受程度，具备随时能应对突发状况的灵活处理能力。

通事达人

真诚的肯定胜于悬浮的赞美

小罗是一个内秀的"技术宅"，专攻游戏软件开发，对待工作一丝不苟，但却不善言谈。大学毕业后，小罗如愿进入业内赫赫有名的互联网 A 公司就职，凭借出色的业务能力，他设计的游戏创造了手机应用商店下载数据量的新高，并使 A 公司拿下重大项目，完成一轮融资。庆功会上，大家纷纷祝贺小罗，小罗非常感谢大家的肯定与支持，不善言辞的他反复道谢，并且在舞台上不好意思地强调自己"嘴比较笨"，公司元老诚恳真诚地回应："不要这么说，古人云：'刚、毅、木、讷，近仁。'每个人都有不同的特点，你的优势已经足够突出了。"眼神之中满是肯定，小罗听完此番话也感动地点点头。

人的天性希望自己被看到、被肯定、被赞美，但是没有人会喜欢不切实际、过度夸张的赞美。赞美不等于溜须拍马，二者的区别在于：赞美是言之有物，是真诚的；溜须拍马是信口开河，是虚伪的。在交往中真诚地肯定他人，不仅使人如沐春风，也会获得对方的好感与信任。

1.4　沟通的类型

职场沟通之惑

孙小姐是一家化妆品公司的总经理。年初，公司与电视台签订合同，承办了电视台某档综艺的美妆栏目。为了办好这个栏目，公司引进了一个新的合伙人大林，大林能力出众，但不太合群。孙小姐与大林在工作中经常产生摩擦，有时甚至会发生激烈的争吵。有一天，孙小姐修改了大林的推广方案，两个人发生了争执。孙小姐随口说出："受不了你就走人，不合适就散伙。"大林听后，愣了一下，生气的神情中浮现出一丝失落，然后一言不发地走了。从那天起，两人的矛盾逐渐加深。一次偶然的机会，孙小姐遇见了推荐大林加入公司的猎头王先生。林小姐向王先生吐槽大林"玻璃心"，王先生告诉孙小姐，大林之所以换公司，就是因为刚刚和妻子离婚，想换个环境。他对"散伙"二字特别敏感，也是意料之中。孙小姐开始懊悔，其实她并不是真的想"散伙"，而是争吵之下的口不择言，但是没想到竟然给合伙人带来那么大的伤害。

结合案例，思考孙小姐与大林之间的沟通存在什么问题？如果你是孙小姐，你会如何化解与大林的矛盾？

常见的沟通类型有哪些？

按照不同的标准，沟通可以划分为许多类型。例如，按照形态划分，有语言沟通与非语言沟通；按照场景划分，有正式沟通与非正式沟通；再将"正式沟通"按照层次划分，有上行沟通、下行沟通与平行沟通；按照反馈程度划分，有单向沟通与双向沟通；按照群体划分，有自我沟通与人际沟通等。

在日常学习和职场工作中，无论是哪种形式的沟通，都应该起到润滑剂的作用。当熟练掌握各种沟通类型后，我们的交流将会更加清晰有力、生动有趣。

1.4.1　语言沟通与非语言沟通

1. 语言沟通

现代都市日新月异的发展，使得人们都过着快节奏的生活。钢筋水泥给人们筑起保护的同时，也阻碍了心灵的交流，而语言则是拉近彼此距离，使人感到温暖的方式之一。如果说人与人之间的隔阂是一把无形的锁，那么沟通则是一把增进感情的钥匙。

微　课

语言沟通与
非语言沟通

语言沟通以语言文字为基础，有口头沟通与书面沟通两种形式。口头沟通包括但不限于谈话、讨论、演讲，书面沟通包括但不限于信件、备忘录、布告栏及其他任何传递文字或符号等信息的手段。在日常生活与职场工作中，最常见的交流方式是口头沟通。

相较于书面沟通，口头沟通灵活多样，既可以娓娓道来，也可以即兴发挥；既可以舌战群雄，也可以低声细语。在与他人进行口头沟通时，我们应该注意自己的表情、语气、神态、腔调及沟通的方式方法。例如，某员工在递交项目 PPT 时，忘记取消默认动画而在演示时手忙脚乱，作为同事的你用不同的言语与神态会传达出不同的意思，所产生的效果也是不同的。假如你态度诚恳地说"没关系，不要着急，我们可以等"，就能给失误的同事带来一丝安慰。但假如你嘲笑他，就会让他感觉自尊心受到伤害，乃至危害人际关系。口头沟通的优点显而易见——直接、快速、反馈即时。但与此同时，其缺点也很直观——信息在一段段接力式的传送过程中可能会失真。例如，在一传十、十传百的过程中，人物、时间、地点等信息不断更改，信息的准确性就大大降低。

书面沟通形式多样，包括报纸、期刊、信件、书籍、标语及通知等。书面材料不受时空限制，具有有形展示、长期保护、可成为法律依据等特质。书面沟通的优点显而易见——书面沟通在正式发表之前会被反复斟酌、减少情绪外露，从而逻辑周密、条理清晰、准确性高。同时，书面沟通不需要接收者即时反馈，给接收者留有相当长的思考时间。此外，书面沟通能留下"白纸黑字"，提高了权威性。但书面沟通的间接性也造成了一些障碍——首先，提高了沟通成本，5分钟就可以口头交代清楚的信息，书面沟通可能需要耗费1小时。其次，不能立刻得到接收者的态度与情绪反馈。最后，因为信息接收者的个人观点及外界影响等因素的限制，书面沟通无法确保接收者对信息的理解是否到位，从而可能影响后续沟通。

2. 非语言沟通

所谓非语言沟通就是不使用任何语言文字的信息沟通。例如，匆匆的脚步、温暖的笑容、不停地打哈欠及咳嗽等，你都可以从中获取相应的信息。诸如此类的非语言沟通有一部分是无意识地表现出来的，如打喷嚏；也有一部分非语言沟通是为传递信息而特别设计的，如戴在无名指上的钻戒。非语言沟通具有补充或加强作用、暗示作用、代替作用。例如，在毕业的时候同学们相互拥抱，传递情谊；会话即将结束时，客户频繁看手表，暗示想离场；部门经理在大家欢笑时拍手，代替语言表示"安静"。

非语言沟通的特点显著。首先，它具有普遍性，大家基本都可以运用眼神、表情、动作等进行交流。其次，非语言在很大程度上是无意识的，更能突出表达你的现状、情绪或态度。例如，当我们身体不舒服的时候，自然会双眼无神、无精打采，别人也能非常直观地感受出我们当下的状态。最后，非语言更容易实现跨文化的沟通。例如，"笑"是非常容易表达热烈情绪与高兴心态的表情，中国人和外国人都会"哈哈哈"的大笑，而不是"用中文笑"或"用英文笑"。

语言沟通与非语言沟通既有区别，又有联系。语言沟通从词语开始，利用声音或文字传递信息，它可以对词语进行控制，是结构化的，而且是被正式认定的；而非语言沟通则是通过听觉、视觉、嗅觉等多种渠道传递信息的，绝大多数是习惯性和无意识的，能更直观地表达情感和态度。非语言沟通可以对语言沟通进行补充和加强，有时甚至可以代替语言沟通。

1.4.2 正式沟通与非正式沟通

1. 正式沟通

一般来说，正式沟通是一种通过组织结构或层级系统来传递信息的方式，也是依据组织中规定的原则和渠道进行的沟通。例如，组织间的公函来往，组织内部的文件传达、通知发布、请示汇报等。就职场而言，常见的正式沟通方法有正式面谈、会议沟通、书面报告等。这三种正式沟通的方法优缺点各异，职业人会根据自己的实际需要选择使用。

正式面谈是获取信息的最直接的方式。这种方法的优点是能够直接进行交流，有利于信息的传达，更利于问题的解决。缺点是比较耗时，对管理者的沟通能力要求较高。

会议沟通则更适用于日常工作的开展或重大战略的部署，既有助于集思广益，使上级获得更多信息，也有助于各部门配合协调。但需要注意的是，会议沟通比较耗时，成本较高，特别是当员工之间的工作协调出现矛盾时，容易使气氛变得焦灼。

书面报告是正式沟通中使用最为广泛的一种方式，这种方式翔实权威、容易保存。但是它不能有效捕捉职场员工的思想感情，互动性较差。

2. 非正式沟通

非正式沟通是指组织在正式沟通渠道之外进行的信息交流。当正式沟通渠道不畅通时，非正式沟通就会起到重要的作用。与正式沟通相比，非正式沟通的信息传递速度更快、范围更广，但准确性比较低，有时候会对正式沟通产生一定的负面影响。组织可以通过开诚布公、正本清源、提供事实、驳斥流言、诚信待人、与人为善等方式尽可能地降低非正式沟通的负面影响。

同正式沟通相比，非正式沟通的优点在于沟通形式灵活，直接明了，省略许多烦琐的程序，容易及时了解正式沟通过程中难以掌握的信息，可以比较真实地反映员工的思想、态度和动机。非正式沟通有助于在团体中建立良好的人际关系，在企业管理中也起着重要的作用。其缺点主要表现在：非正式沟通难以控制，传递的信息不确切，容易失真、被曲解，并且它可能导致小集团、小圈子的出现，影响员工关系的稳定性和团体的凝聚力。

管理者如果能够合理利用企业内部的非正式沟通渠道，就可以获得许多无法从正式渠道得到的信息，在互相理解的同时解决潜在的问题，从而最大限度地提升企业内部的凝聚力，发挥整体效应。

沟通有道

语言传递鼓舞力量

中国某餐饮巨头的管理理念是从员工的优势出发，按照其独有的个性、能力，合理安排岗位，并不断激励鼓舞员工。

李某原来只是该公司合唱队的带领人，有一天突然被安排当新店店长。她有些慌张犹疑，担心自己难以担此重任。但董事长却说："都说搞艺术的人最难带，你能把合唱队管理得这么好，这个店长你也一定能干好。"

李某摇身一变成为老板身边的红人，大家纷纷感到不服。听到争议后，董事长去实地考察店面情况。当得知李某还没赚钱，就花几万块买一排灯笼时，他没有像其他人预想的那样批评她，而是淡然地说了一句："花费不多，能当店长。"

就这一句话，给了李某莫大的鼓舞。她说："如果上级不信任你，你很难做成一件事。如果不是董事长发现我、激发我的潜能，谁知道我是谁？他给平台、给支持、给犯错的机会，一直鼓励我，让我得以成长。"

经过两年的努力，鼓足劲的李某提前3个月完成该分店的全年绩效指标。之后，她又到开业1年、管理松散、营业能力亟待提高的北京某分店。半年时间，她就扭亏为盈挣了870万元，并使该店的销售额连续3年突破亿元大关，每年盈利2000多万元。

知识拓展

如何与上级
进行有效沟通

1.4.3   上行沟通、下行沟通与平行沟通

按照层次划分，正式沟通还可以分为上行沟通、下行沟通与平行沟通。该内容在专题七有详细论述，此节不再赘述。

1.4.4   单向沟通与双向沟通

1. 单向沟通

单向沟通与双向沟通相对，是指信息发送者只发送信息，接收者只接纳信息的沟通。如上级向下级发布命令、指示，领导做报告、发表演说等。

将单向沟通与双向沟通进行比较，可以发现，单向沟通具备速度快，富有条理性、逻辑性等优点，缺点则是准确性没有双向沟通高。在现实生活中，纯粹的单向沟通很少见，因为信息接收者会以各种方式进行反馈，只是信息量有多有少。

单向沟通多出现在以下场景：一个只重视工作效率与成员秩序的组织；例行公事，命令传达；领导者想在下属面前彰显权威。

单向沟通具有以下特点：① 传播速度快，不需要反馈信息，因而不需要花费过多的时间和精力关注后续的信息；② 传播过程简单，不需要接收反馈信息，因而减少了一些传播程序；③ 较适用于组织中领导对下属的正式沟通。

2. 双向沟通

双向沟通与单向沟通相对，指信息发送者和接收者的位置不断变换，信息可以在发送者和接收者之间互相传播的沟通类型。双向沟通的优点显而易见：在双向沟通时，由于各方均有参与，因此沟通信息的准确性较高；接收者有反馈意见的机会，可以增加自信心和责任心，有助于维系双方的感情。但缺点也非常明显：容易受到干扰；对信息发送者的要求较高，除了传递信息外还要注意态度和情绪。

情景剧

要不要向上级
汇报新想法

若想拥有高质量的双向沟通，职业人应换位思考，放下对他人的偏见，并尝试缓和自己的态度。只有人际关系和谐，沟通与合作才能更顺利地开展。

1.4.5　自我沟通、人际沟通与群体沟通

1. 自我沟通

自我沟通也称内向沟通，即信息发送者和信息接收者为同一个行为主体，自行发出信息，自行传递，自我接收和理解。

自我沟通的过程如图 1-4-1 所示。

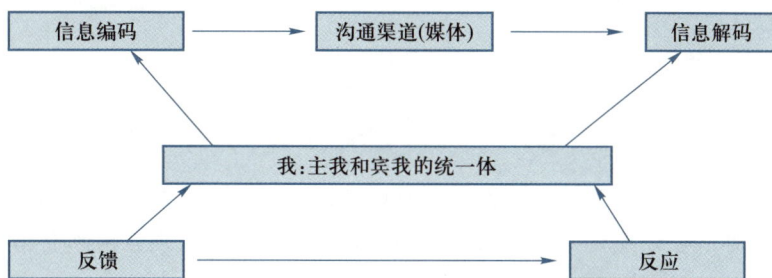

图 1-4-1　自我沟通的过程

自我沟通有四个显著特点：① 主体和客体具有同一性，"我"同时承担信息编码和信息解码的功能；② 沟通的目的在于说服自己，其适用场景多为自我认知与现实情况发生冲突时；③ 沟通过程的反馈来自"我"，信息的输出、接收、反应及反馈几乎同时进行，没有太长的时间差；④ 沟通媒体也是"我"，沟通渠道通常是语言、文字，也可以是自我心理暗示。

2. 人际沟通

人际沟通一般是指人与人之间的信息交流，其过程是人们采用言语、文字、表情等方式进行事实、思想、意见、情感等方面的交流，以达到人与人之间对信息的共同理解和认识，取得对方的信任，形成良好的人际关系，从而实现对行为的调节。

人际沟通具有心理上、社会上和决策上的功能，和我们的生活息息相关。心理功能主要有两方面：① 满足人的社会属性。人既具有吃饭、睡觉的生理属性，也具有与人交往的社会属性。正如一句俗语所说："家人闲坐，灯火可亲。"交流沟通会使人心生愉悦。② 加强自我肯定。通过沟通，人们可以确认自己的专长、特质，甚至是自己未发现的优点，与他人沟通后的正向反馈，往往是自我肯定的来源。人际沟通还提供了社会功能，凭借社会功能我们可以维持、发展与他人的关系。沟通的决策功能也包括两个方面：① 促进资讯交换，正确和适时的资讯是做出有效决策的钥匙。② 影响事情的发展方向。例如和朋友去买衣服，他向你询问，你给出建议，你们之间的互动就可能影响事情的结果。

3. 群体沟通

群体是两个或两个以上，为了达到共同目标，以某种方式联系在一起进行活动的人群。群体有其特点：成员有共同的目标；成员对群体有认同感和归属感；群体内有一定的结构和共同的价值观等。群体的价值和力量在于其成员思想和行为上的一致性，这种一致性取决于群体规范的标准化程度。群体规范具有维持群体稳定、协调成员活动、评价和导向成员思想行为的功能。

在进行群体沟通时，要特别注意以下几点：① 沟通对象复杂；② 强调规则和纪律性；③ 沟通过程难以控制；④ 会对群体成员产生压力；⑤ 可能会造成时间浪费。只要处理得当，则可集思广益，收获最大的信息价值。

通事达人

直播销售的沟通策略

伴随着互联网的迅猛发展及通信设备的更新迭代，人们的生活方式越来越现代，网购早已成为人们的主要消费方式之一。区别于较早的页面浏览下单，现在网络直播销售更是火爆异常，俘获了不同年龄阶段消费者的芳心。某知名电商主播曾分享过直播带货经验，总体而言，他采取了以下策略。

1. 与青年粉丝沟通：放低姿态，主动融入

青年粉丝是互联网的"原住民"，熟悉网络文化，乐于使用新鲜词汇，与他们沟通时要放低姿态、主动融入。例如在央视助农直播现场，某主持人就金句频出："米酒香菇小龙虾，手中金莲不自夸，赶紧下单买回家，买它买它就买它！"主持人利用顺口溜的方式吸引青年粉丝的关注，提升商品销量。

2. 与中年粉丝沟通：多选多比，突出价值

面对中年粉丝时，互联网销售从业者不仅要对自己的商品熟稔于心，更要掌握竞品的价位、风格和特色。在介绍时要注意与竞品做比较，突出所售商品的优势，以供他们货比三家。例如，在直播销售某款真丝围巾时，除了介绍商品本身的属性、如何清洗、如何保

养等信息之外，还要让顾客们接收到此款商品"花色唯一""设计师有名气""凸显品位"等附加价值。

3. 与老年粉丝沟通：实惠实用，多做多说

面对老年粉丝时，要多推荐实惠实用的商品，让他们切实感受"买到就是赚到"。此外，在售后服务方面要更加耐心、细致、周到，减轻他们退换货的负担，从而提升消费体验，提高用户黏度。

1.5　沟通能力及其培养

职场沟通之惑

小王毕业后在一家公司工作已满一年了，工资却一直没有涨。沉不住气的她开始在上司面前试探地问这个问题，但上司一直没有正面回复。小王有点急了："我的工资什么时候涨呀？"上司笑着说："别着急，好好工作。大家的工资都是一样的。"小王脱口而出："根本不可能。"上司看了小王一眼并没有说什么。第二天，办公室里的同事相继对小王说刚来的时候比她工资还少。小王心里一惊，更加生气，她跑去问上司每个员工都是干了多长时间开始加薪的，上司有些不悦："你有什么权力知道？"小王说："因为我想知道！还有，您对我有什么意见可以直接和我说，让同事来传达消息给我，这样的做法太幼稚了！"上司瞪了小王一眼，说："如果你上班只是为了拿高工资，那么我只能说只有你做出一定的业绩，工资才会涨，但目前你并没有做到。我说过，每个人的工资都是一样的，并不是说数量一样，而是说标准一样。在这里，大家都是平等的，没有工作能力一味要求高工资，我想每个老板都不欢迎。"小王无话可说。没过多久，上司就把小王辞退了。

请思考小王是否具备沟通能力？如果你是小王，你会如何和上司沟通？

沟通能力是什么？是眉飞色舞、能说会道？还是运筹帷幄、滔滔不绝？

如果你将沟通能力理解为"能说会道"或"滔滔不绝"，那就错了。实际上，沟通能力涵盖了一系列综合能力——从穿衣打扮到言谈举止，一个具有良好沟通能力的人，不仅可以充分发挥自己的专业知识及能力，而且会充分利用自己的语言神态和肢体动作给对方留下良好的印象。

1.5.1　沟通能力及其必要性

普林斯顿大学曾对一万份人事档案进行分析，结果显示，成功的因素有 25% 来自知识、经验或专业技术，有 75% 来自良好的人际沟通。沟通无处不在，无时不有。沟通决定着生活与工作的质量，具备良好的沟通能力将使我们事半功倍。

1. 沟通能力

一般来说，沟通能力是指沟通者所具备的能胜任沟通工作的优良条件，主要包括表达能力、倾听能力和设计能力。

表达能力又被称作表现能力或显示能力，它是指一个人能把自己的思想、情感、想法和意图等，用语言、文字、图形、表情或动作等清晰明确地表达出来，并能让他人理解、体会和掌握。表达能力包括口头表达能力、文字表达能力、数字表达能力、图示表达能力等。其中，出色的口头表达能力由综合素质决定，其中包括冷静的头脑、敏捷的思维、超人的智慧和渊博的知识等。

苏格拉底曾经说过："自然赋予人类一张嘴，两只耳朵，就是要我们多听少说。"这反映出倾听能力有时比表达能力更重要。国际倾听协会将"倾听"定义为"接收口头及非语言信息，确定其含义并对此做出反应的过程"。诚然，倾听以听到声音为前提，但更重要的是，我们要对听到的声音做出反应，这就说明倾听是主动参与的。在这个过程中，人必须思考、接收与理解，并实时反馈。

沟通中的设计能力主要包括三部分，分别是形象设计、动作设计、环境设计。其中"形象设计"是隐藏的加分项，多从面部、身材、气质及社会角色等方面综合衡量。一个人的形象设计不仅能够体现其文化修养，而且可以反映这个人的审美趣味。穿着得体既可以给人留下良好的印象，也会吸引他人主动与你交往。

2. 沟通能力的必要性

沟通能力实际上是个人素质的重要体现，它关系一个人的学识、能力和道德品质。人的社会属性要求人在社会交往中要不断与人沟通来实现价值，因而沟通能力是一个人生存与发展的必备能力。具备良好的沟通能力也有助于保持个人的身心健康，将自己的热忱与经验融入谈话中，是打动人的必要条件，真诚地与人沟通有助于获得积极的心理反馈。

对于良好的合作关系来说，沟通必不可少。具备良好的沟通能力有助于解决分歧，沟通不畅会导致误解和消极情绪，甚至导致失败。沟通本身是复杂的，往往在不经意间就决定了别人是否愿意与我们合作。有时，我们会和某人一见如故，双方交流融洽自在。但若沟通困难，则会出现尴尬冷场的局面，使人感到沮丧。所以，具备良好的沟通能力十分重要且必要。

沟通有道

情商的内涵

在日常沟通中，我们经常听到某人被夸赞"情商高"，这是指什么呢？概括地说，情商就是理解他人及与他人相处的能力。具体地说，情商包括以下五个方面：一是了解自我。这是情商的核心。能够感知情绪的微妙变化，及时察觉某种情绪的出现，观察和审视自己的内心世界；二是自我管理。调控自己的情绪，使之适时适度地表现出来，即能调控自己；三是自我激励。能够依据活动目标，调动、指挥、管理自己的情绪，它能够使人走出低谷，重新出发；四是识别他人的情绪。能够通过细微的信号敏感地感受到他人的需求与欲望，即认知他人的情绪，这是与他人正常交往、实现顺利沟通的前提；五是处理人际关系，面对他人的情绪反应能采取明智的行动。

人与人的互动固然体现情商的高低，但高情商并不代表谄媚、奉承、虚伪。我们可以借助以下几条标准衡量自己是否具有较高情商：① 是否拥有自我意识；② 是否拥有较强的心理承受能力；③ 是否能够进行自我调节；④ 是否能够积极乐观地看待世界；⑤ 是否能够揣测他人的动机或心理；⑥ 是否拥有较好的人际关系；⑦ 是否能够对事情或问题做出判断。

1.5.2　沟通能力的培养

既然沟通能力是一项必可不少的技能，那么该如何培养沟通能力呢？可以从以下几个方面入手。

1. 培养表达能力

如前所述，表达能力是个人思想、情感、想法和意图的展示。要提高表达能力，就需要努力学习和积累知识、经验，如学习演讲学、逻辑学、哲学、社会学、心理学等。与此同时，良好的文字表达能力是各类高素质人才需要具备的基本能力之一。要培养文字表达能力，可以通过以下方式：多阅读，积累素材；多接触社会，感受生活；多练笔，寻找灵感；多思考，升华思想。

知识拓展

职场沟通
八大黄金句型

2. 培养倾听能力

要取得良好的沟通效果，就要倾听对方的意见。倾听可以使他人感到被尊重与被欣赏。在某种程度上，倾听就是理解与帮助，能够减轻他人的焦虑、压力、烦恼，给予他人心灵的慰藉。倾听可以真实地了解他人，增强沟通的有效性。当我们与他人谈话时，最好不要打断他人说话，先听他人说完，这是倾听的首要要求。"耳听八方，广纳群言"。倾听可以取他人之长，补自己之短，既可以使我们掌握更多信息，也可以使我们保持清晰冷静的头脑。

在日常沟通中，我们常常会遇到不明白的术语或案例，这个时候应该保持积极的倾听状态。另外，在遇到矛盾或冲突时，我们要深入调查，多方倾听，做出公正的评判与选择，避免让他人遭受委屈或伤害。

3. 培养设计能力

培养设计能力，要以形象设计、动作设计、环境设计为主要着力点。

设计或修饰人的形象，要重视发型、仪容仪表、仪态等方面。"站如松，坐如钟，走如风，卧如弓"是中国传统礼仪要求，而礼仪在当今社会中被赋予了更丰富的含义。与人交谈时，要注意面部表情管理，主要包括目光与微笑等。要注意眼神礼仪，目光要坦然、大方、亲切，不要长时间凝视他人，否则会引起别人紧张、焦虑、尴尬等不适情绪。而微笑则是不分国界、不分性别的最美的语言。恰当适时的微笑可以传递情感、沟通心灵，给对方积极的心理暗示。

培养对环境的设计能力，最重要的是保证沟通时的安全空间。在心理学上，每个人的人体周围都会有一个看不见的、非常敏感的个人空间，一旦越界便会有不自在或不安全的感觉，这就是安全空间。人类学家爱德华·霍尔博士把人际交往中的距离分为四种，即亲密距离、个人距离、社交距离和公众距离。亲密距离为0.15~0.45米，亲密朋友、爱人或者与你感情深厚的人可在此范围内沟通。工作中通常不提倡亲密距离，但是也有一些例外。例如，人们可能会在亲密距离范围内低声传达某些信息。私人距离为0.46~1.22米，在这一范围内进行友好的谈话和讨论是非常自然的事情。社交距离为1.2~3.6米。在商业或者非个人化的交流互动中，人们一般会保持这样的距离，我们与陌生人对话时通常也会保持这样的距离。公共距离是指3.7米以外的距离，在大礼堂或教室里讲话时会保持这样的距离。这种方式的好处是即便接收者不走近，也能听得到。在环境中需要保持多远的安全距离，则要根据实际的沟通情况灵活掌握。

通事达人

杨老奶奶的沟通

杨奶奶在外地旅游，想买一些当地特产寄给她的老朋友，正巧特产超市可以提供邮寄服务。杨奶奶询问店家是否可以写一张卡片夹在里面，店家欣然同意，唰唰几笔就把杨奶奶的祝福语写在了卡片上。店家问："老奶奶，您还有什么要补充的吗？"杨奶奶笑了笑，说那就再加一句"时间有限，字迹潦草请多包涵"。店家听了很不好意思，赶紧为杨奶奶免费包邮，并说："请不要拒绝，您为我上了一节很好的情商课。"

互动园地 👥

知识检测 ✏️

测试题

沟通游戏：撕纸比对

参加人员：所有成员。

游戏道具：草稿纸若干。

游戏规则：将纸张分发给参与游戏的所有人，每人一张，然后请大家闭上眼睛，彼此之间不要沟通交流。教师发言："请大家把纸从中间对折，然后再对折。""撕掉一个角。""最后，请展开一边，再撕掉一个角。完成之后，请大家睁开眼睛，展开自己手中的纸，和你旁边的同学对比一下，你们手中的纸张有什么不同。"

指导反思：

1. 你的纸和别人的纸有什么区别，原因是什么？

2. 如果只是听从命令或指示，而不询问沟通，是否会对事情的结果产生影响？这种影响是否会关系成败？

学以致用 🧭

短视频沟通

【任务背景】

可可是一名职业院校新闻专业的毕业生，曾在某家报业集团实习半年，对新闻的采写编评有一定的经验。今年毕业后，她选择入职一家新媒体传播公司，认为凭借自己的专业知识和积极的工作态度一定可以大展宏图。欣欣是另一所职业院校毕业的学生，学的是大数据专业，发散性思维极强的她总能有非常精妙的创意。彤彤则是高中毕业就与公司签约的网红，尽管年纪最小，但有丰富的人际关系及从业经历。这三个人组成一个小组，创作一则内容短视频，推广公司的商务广告——一部手游。要求以最小的成本获得最大的关注度，从而实现流量变现。

【任务目标】

请根据所学知识对任务进行分析，针对如何进行有效沟通、采取哪种沟通类型、如何明确沟通过程、如何分工等问题进行深入思考，并在完成任务的过程中把握沟通的三大要素、掌握沟通的功能、遵循沟通的原则，锻炼语言表达能力和团队合作能力。

【任务描述】

3 个人为一个小组实施任务并撰写任务报告，小组设组长 1 名，负责任务分工和统筹协调。报告的内容由任务分工、沟通类型、沟通过程、语言表达、团队默契程度五部分组成。

【任务考评】

任务考评成绩表

"短视频沟通"任务评价单						
教师填写	任务评价					
	任务分工：		□优	□良	□合格	□不合格
	沟通类型：		□优	□良	□合格	□不合格
	沟通过程：		□优	□良	□合格	□不合格
	语言表达：		□优	□良	□合格	□不合格
	团队默契度：		□优	□良	□合格	□不合格
教师评价	打分对象		分值		备注	
	组长：					
	小组：					
小组互评	打分对象		分值		备注	
	小组：					
组长填写	教学反馈					
	素质获得感：		□满意	□一般	□不满意	
	知识获得感：		□满意	□一般	□不满意	
	技能获得感：		□满意	□一般	□不满意	
	教学满意度：		□满意	□一般	□不满意	
	意见建议					

　　注：任务评价采用百分制，教师打分与小组互评的权重比为 6∶4（小组得分＝教师打分×60%＋小组互评×40%），小组得分即为小组成员得分。

02

专题二

清除障碍　夯实基础
——职场沟通障碍清除

　　每个人在职业生涯中都会遇到各种各样的障碍，在与他人沟通时更是如此。面对这些问题，许多人不懂得如何处理，阻碍了事业的良性发展。如何顺利地清除沟通障碍，并找到自身职业发展的新机遇，是现代职业人应该用心思考并努力解决的问题。

　　本专题聚焦职场沟通障碍，从个人、组织和跨文化三个维度全面剖析不同类型的沟通障碍及其应对策略，引导同学们积极思考、建立信心、直面困难、与时俱进，从而将理论与实际巧妙地结合在一起，最终清除职场沟通障碍，实现个人的快速发展。

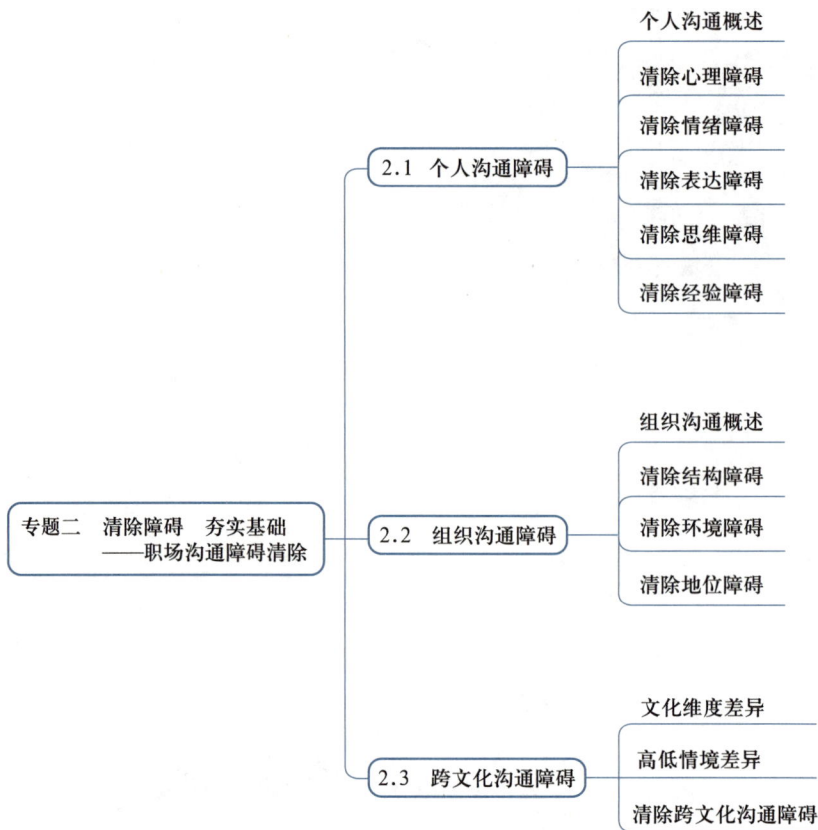

```
                                                                个人沟通概述

                                                                清除心理障碍

                                                                清除情绪障碍

                                          2.1　个人沟通障碍        清除表达障碍

                                                                清除思维障碍

                                                                清除经验障碍


                                                                组织沟通概述

                                                                清除结构障碍
    专题二　清除障碍　夯实基础
         ——职场沟通障碍清除       2.2　组织沟通障碍        清除环境障碍

                                                                清除地位障碍


                                                                文化维度差异

                                          2.3　跨文化沟通障碍      高低情境差异

                                                                清除跨文化沟通障碍
```

学习目标

　　1. 素质目标：敢于直面障碍，不退缩、不回避。拓展思维，转变视角，提高主动沟通的意识，增强沟通信心。

　　2. 知识目标：了解不同类型的沟通障碍，熟悉各种沟通障碍的应对策略。

　　3. 能力目标：能够快速分辨不同类型的沟通障碍，根据不同障碍的特点，采用恰当的处理方法。

重点与难点

　　1. 重点：认识不同类型的沟通障碍，结合沟通目的，选择恰当的方法清除障碍。

　　2. 难点：分辨不同类型的沟通障碍，熟练掌握并运用消除沟通障碍的方法和技巧。

2.1　个人沟通障碍

　　李明毕业后到某贸易公司就职，任销售助理。由于性格开朗、做事积极、团结同事，实习期间他得到同事及领导的一致肯定并顺利转正。三年后，由于做事灵活、热情积极、业绩突出，李明晋升为销售主管。李明的顶头上司销售总监张岚做事严谨，不善言辞。在张岚的领导下，李明感到十分压抑，于是他开始试图挤走张岚。李明利用自己较好的同事基础，在多个场合故意孤立张岚，工作中也常常越俎代庖，弄得张岚颜面尽失。双方矛盾日益尖锐。在一次主管会议上，张岚公开指责李明不听指挥，李明以德不配位进行还击，自此两人关系持续恶化，最后李明被迫辞职。原来张岚是该公司的创业元老之一，李明不得不黯然离开。

　　职场生态错综复杂，很多新人初入职场，自我认知不清，情绪管理不到位，观念和眼界都不够开阔，并且个性张扬、恃才傲物，忽视公司组织和文化，不能采用正确的方式与公司前辈或领导进行沟通。

　　如果你是李明，初入职场且取得一定成绩的你会如何清除沟通障碍，取得领导的信任，在公司获得更多的发展机会？

2.1.1　个人沟通概述

　　个人沟通分为对外沟通和对内沟通两种，职场上的沟通以对外沟通为主。对外沟通是指个人与他人、个人与群体之间，通过各种载体实现信息的流动，完成思想与感情的传递和反馈的过程。对外沟通的目标是达成思想一致或感情通畅。对内沟通是指自我沟通，即信息发送者和接收者是同一个行为主体，主体自行发出信息、传递信息、编码解码并自我反馈的过程。对内沟通在过程上与对外沟通相似，但又有其特殊性。对内沟通的主体与客体相统一，目的在于说服自己，取得自我的内在认同，在此基础上更有效率地解决实际问题。个人在职场沟通的过程中可能会遇到诸多障碍，包括对内沟通中的心理、情绪和思维障碍，以及对外沟通中的经验和表达障碍等。

微　课

个人沟通障碍

2.1.2　清除心理障碍

　　每个人最熟悉的是自己，最陌生的也是自己；最亲近的是自己，最疏远的也是自己。老子云："知人者智，自知者明；胜人者有力，自胜者强。"即能了解、认识别人的人是智慧的，能了解、认识自己的人，是明智的；能战胜别人的人，是有力量的；能够克服自身弱点的人，才是强者。那么，什么是自我认知，它涉及哪些方面的内容呢？

一般来讲，自我认知包括对自己思想、行为、能力和情感的认知。我们可以从以下两个方面入手，形成良好的自我认知。

1. 正确定位，认知自我

初入职场时，我们可以通过正确定位认知自我，具体包括以下内容。

我想要什么？

我喜欢什么？

我从事什么职业能够充分发挥自己的能力？

我愿意和什么样的人一起工作？

我想从工作中得到什么？

我的成就感如何获得？

我最不能放弃的是什么？

……

测试

性格沟通测试

认知自我，了解自己的真实诉求，是实现职场目标和人生目标的开始。人本身的复杂性使认知自我成为一个非常复杂的过程。从心理学的角度分析，自我可以简单地划分为四种类型：生理自我、人格自我、理性自我和社会自我，如下表（表2-1-1）所示。生理自我是自我意识的最原始的形态，是个体对自己身躯的认识，包括相貌、身材、打扮等；人格自我也称为个性自我，即真实的、与外在伪装不同的自我，包括性格、意志、情感等；理性自我是个体对自己存在状态的认知，是个体对其社会角色进行自我评价的结果，包括世界观、人生观、价值观、思维方式、道德品质等；社会自我是个体对自己在社会生活中所担任的各种社会角色的认知和评价，包括对各种角色关系、角色地位、角色技能和角色体验的认知和评价等。

表 2-1-1 自我类型和评判内容

自我类型	评判内容
生理自我	性别、容貌、身材、年龄、衣着、健康状况等
人格自我	性格、气质、兴趣、意志、情感、能力等
理性自我	世界观、人生观、价值观、思维方式、处事方式、知识储备、技术技能、道德品质等
社会自我	社会角色认知、责任认知、权力欲望、义务认知、名誉、自己对他人的态度、他人对自己的态度等

2. 减少盲目，树立目标

美国心理学家乔瑟夫·勒夫和哈里·英格拉姆提出了关于自我认识的窗口理论，即乔韩窗口理论，如下图（图2-1-1）所示。乔韩窗口理论把每个人的自我分为四个部分：公开的自我，也是透明真实的自我，这部分自己很了解，他人也很了解；盲目的自我，这部分他人看得很清楚，自己却不了解；秘密的自我，这部分自己很了解，而他人并不了解；未知的自我，则是自己和他人都不了解的，通过某种契机可以激发出来的潜在部分。

要想清除心理障碍，可以将四种自我类型与乔韩窗口理论结合起来，通过评判不同类型的自我，与他人交流分享，积极听取他人的反馈，帮助他人了解自己，同时有效减少盲目的自我，从而更加全面正确地认知自我。具体方法如下表（表2-1-2）所示：首先，通过自我反省进一步认知"公开的我"，如容貌、身材、衣着等生理自我和气质、兴趣、能力等人格自我；其次，通过体验活动深入了解"秘密的我"，如价值观、思维方式等理性自我和社会角色、人际关系等社会自我；然后，通过他人评价深入探索"盲目的自我"，如他人眼中的我的性格、能力等；最后，结合职业测评深入探究"未知的我"。

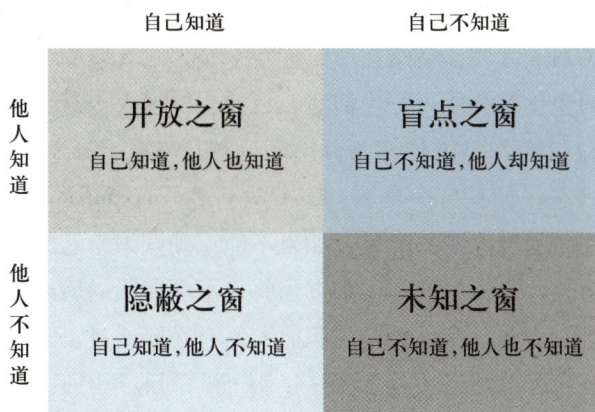

	自己知道	自己不知道
他人知道	**开放之窗** 自己知道，他人也知道	**盲点之窗** 自己不知道，他人却知道
他人不知道	**隐蔽之窗** 自己知道，他人不知道	**未知之窗** 自己不知道，他人也不知道

图 2-1-1　乔韩窗口理论

表 2-1-2　自我认知的方法

认知方法	认知内容
自我反省	相貌、身材、衣着、性格、气质、兴趣、能力等
体验活动	世界观、人生观、价值观、思维方式、社会角色、人际关系等
他人评价	盲目的我（人知我不知，包括性格、能力等）
职业测评	未知的我（人不知我不知）

测 试

自我沟通技能
测试

正确的自我认知是自我沟通中的关键，是实现目标的重要前提，是找准自我定位的重要途径，是使自己心理保持平衡的重要因素，也是决定自己能否与环境相适应的重要前提。因此，个人在生活和工作中应不断反省自我、正视自我，既要充分了解自己的优点，又要清晰地认识到自身的不足。这样才能使自己以一种健康乐观的心态适应职场环境，从而知己知彼，百战不殆。

2.1.3　清除情绪障碍

人人皆有情绪，情绪活动无时不在、无处不在。人的情绪复杂多样，很难有精准的分类。《礼记》中把人的情绪称为"七情"，包括喜、怒、哀、惧、爱、恶、欲。根据不同情绪引发的不同行为和结果，可将情绪划分为消极情绪和积极情绪。消极情绪如悲伤、忧虑、惊慌等，会使人们生理不适；积极情绪如开心、放松、幸福等，则对身体健康有促进作用。

1. 察觉情绪，控制自我

职场沟通的前提之一是建立良好的人际关系，而人际关系的好坏与个人的情绪表达是否恰当密切相关。当个人随意地把消极情绪发泄在他人身上时，无形中就破坏了和谐的人际关系。其实，情绪在一定程度上是人对环境的一种反应，没有好坏之分。任何环境的变化都会使人产生情绪。目前，许多人仍对情绪的重要性认识不足，把情绪活动仅仅看作是内外部条件引起的感情变化，认为这是一种无关紧要的、暂时的精神状态，任其自由发展，很少对其进行有意识的控制与调节。然而，人的思维、言行往往受到感情的牵引，如果不能正确认识自己的情绪，并及时对情绪进行疏导、控制与调节，就会产生难以预料或不可挽回的后果，范进中举、王朗坠马就是典型案例。因此，作为合格的职业人，有必要通过了解情绪反应和自己的感受，疏导、调控自己的情绪（表2-1-3），从而顺利地开展工作。

表 2-1-3　四种情绪反应及感受

情绪反应	人的感受
主观感觉	己所不欲勿施于人，个人喜欢的东西他人不一定喜欢
生理变化	每个人的体质不同，生理反应也因人而异
表情动作	表情动作过分夸张，会让他人感觉不稳重
行为冲动	激烈的情绪容易导致冲动的言行，冲动的言行容易诉诸暴力的行动

2. 采取行动，管理情绪

情绪管理须结合不同的情绪反应和感受采取相应的行动。情绪变化必然引发生理变化，例如当一个人面临挑战或困扰时，他的身体尤其是肩颈部位可能是僵硬的，因为身体解读到了压力或其他负面情绪。相反，快乐使人放松，高兴时人会雀跃或手舞足蹈。因此，个人可以通过身体的舒适程度来探测自己的情绪。

当个人感受到自己情绪异常时，要特别警惕，时刻提醒自己："我现在的情绪是什么？"只有及时察觉情绪产生的原因并正确认知情绪，才能延缓情绪的瞬间爆发，并有针对性地管理情绪进而扭转局面。情绪如同潮水，潮涨潮落，时有发生。管理情绪，只需短短的几分钟和几个简单的动作就能实现。首先，调整心态，遇到困扰时多站在旁观者的角度进行思考；其次，调整呼吸，深呼吸是一种停顿，可以安抚控制好自己的情绪；最后，冷静三秒，心中默数1、2、3，冷静下来后再面对问题。情绪冲动时，我们只要懂得把控自己，不立即行动，就可以避免很多问题，从而为营造良好的人际关系、顺利开展沟通奠定基础。

沟通有道

学做情绪的主人

《道德经》载："善为士者不武，善战者不怒，善胜敌者不与，善用人者为之下。是谓不争之德，是谓用人之力，是谓配天古之极。"

意思是：善于带兵的人，不逞其勇武；善于打仗的人，不轻易被激怒；善于胜敌的人，不与敌正面冲突；善于用人的人，对属下谦和。这是不与人争的品德，是合理用人的能力，是符合自然规律的道理。

强者让理性控制情绪，弱者用情绪控制理性。情绪管理事关事业的成败甚至一生的幸福美满。所以，在职场沟通中，每个人都要小心处理自己的情绪，做情绪的主人，才能为有效沟通保驾护航。

2.1.4　清除表达障碍

表达是职场活动中沟通交流的重要途径，表达能力在完成工作任务、解决问题时不可或缺。表达能力是指通过口头语言或书面语言及其他适当形式，准确清晰地表达主体意图并与他人进行双向或多向的信息传递，以达到相互了解、相互影响的目的的能力。常言道："干得好不如说得好。"这种说法虽然是偏颇之论，但是既会工作又会说话的员工大多能迅速受到领导的青睐和重用。因此，如何清除表达障碍，提升语言能力，是每一位职业人都需要解决的问题。

知识拓展

职场沟通之语言技巧

1. 逻辑严谨，因果清晰

表达障碍往往是语言组织能力较弱造成的，而语言组织能力与逻辑思维能力密切相关。严密的逻辑思维能够把语言合理地组织起来。在职场沟通中，我们时常会遇到明明感觉自己的表达已经非常清楚但对方仍然听不懂的情形，问题就出在逻辑思维上。每个人的经历和背景不同，价值观和思考方式也不同，想要"心有灵犀一点通"，就必须遵从恰当的逻辑规律，使表达清晰易懂。

沟通双方"听不懂"的原因通常有两种：如果一方问"真是这样吗"，说明另一方的纵向逻辑不够清楚，没有讲清因果关系；如果一方问"只是这样吗"，则说明另一方的横向逻辑不够清楚，没有讲清总分关系，出现了遗漏或重复。

在表达因果关系的时候，人们常常会省略"隐性条件"，想当然地认为对方应该明白我们的意思，但这个隐性条件很可能是他人不了解的，在不知道"前因"的情况下，他人自然很难理解我们表达的"后果"。因此，想要清晰地表达因果关系，我们就需要把"隐性条件"挖掘并表达出来。例如，张华在面试时自我介绍说："我的专业是管理学，我已经掌握了咨询方面的技巧。"但面试官却提出疑问："真的是这样吗？"是什么原因导致面试官提出质疑呢？张华默认自己在管理专业中学到的知识与咨询业务所需要的技能相通，这是他的"隐性条件"。但对于面试官而言，他并不知道张华究竟掌握了哪些技能，因此面试官认为，张华对咨询技巧可能并没有那么了解，于是产生了"你是不是真的符合职位要求"的疑问。纵向逻辑包括起因、发展、高潮、结局四个部分，如果张华将自己掌握的知识和技能作具体描述，按照纵向逻辑清晰、完整地表达出来，那么通过面试的概率自然会大大增加。

2. 框架辅助，避免复漏

"只是这样吗？"当听到这个疑问，我们就要反思一下自己的横向逻辑是否有问题了。横向逻辑的关键是要遵循 MECE（Mutually Exclusive, Collectively Exhaustive）原则，即完全穷尽，相互独立。这就是说，在列举说明时，一是没有遗漏，二是不能重复。例如，性别分为男女就符合 MECE 原则，但如果说性别分为男人、女人和小孩，虽然没有遗漏，但却出现了重复内容。遵循 MECE 原则，构建合理的横向逻辑需做到以下三点：培养架构思维；全面考量避免遗漏；反复检查删除重复。另外还要充分考虑时空和人称的转换、双方的状态等，从多个角度审视，突破问题的固有框架，以避免遗漏；也不要急于判断，以避免重复。

在职场沟通的过程中，无论遇到什么表达障碍，都不能主观臆断，更不能带有任何偏见，要充分尊重对方，通过观察、交流、推理等方式，客观冷静地查找表达障碍的外在原因和内在原因，然后研究对策，采取多种方式与对方深入沟通，切实有效地解决沟通过程中出现的问题。

▌ 2.1.5　清除思维障碍

思维方式是看待事物的角度、方式和方法，对言行有决定性的作用。不同类型的思维都有与其相适应的思维方式，如逻辑思维主要借助概念、判断、推理等，非逻辑思维则主要借助直觉、灵感、想象等。思维方法有两类：一类是思维过程中运用的具体逻辑方法，如归纳法、演绎法、抽象法、类比法、假说法等；另一类是作为理论工具的方法，如哲学方法、数学方法、系统方法、信息方法、控制方法、模型方法等。

1. 明确差异，换位思考

每个人的家庭背景不同、受教育程度不同、自身修养不同，思维方式、思维方法和思维程序自然有所不同。思维方式的差异使不同的人在面对同样的情况或问题时会产生不同的看法和意见，因此人与人在沟通时难免产生思维碰撞。良性的思维碰撞可能产生火花，激发交流双方产生更好的、更具创造性的解决问题的办法，促进深度沟通；恶性的思维碰撞则可能产生"火灾"，造成或激化双方矛盾，导致沟通失败，不仅破坏和谐的工作环境，而且阻碍目标的达成。那么，职业人应具备什么样的思维方式呢？当个人差异成为沟通障碍的时候，如何克服困难、顺利沟通？其中最重要的一点就是学会从无厘头、凭经验的本位思考转换成目标导向明确、逻辑结构清晰的换位思考（图 2-1-2）。

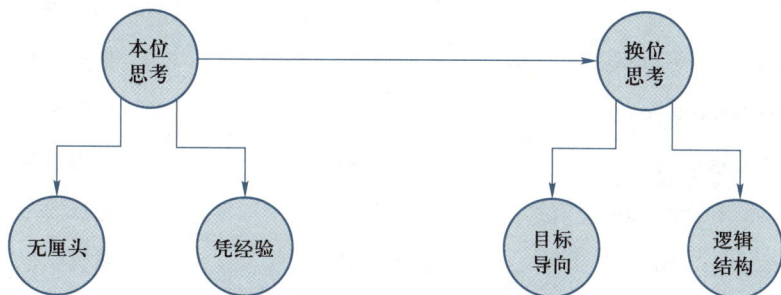

图 2-1-2　职业人应具备的思维方式

在职场沟通中，盲目自信不可取，不能单凭过往经验解决所有问题，要学会换位思考，运用同理心——理解并感受对方的情感；从自我出发，认识问题，调查真相，用事实说话，不要感情用事，更不要人云亦云；明确目标，谨记沟通目的，思考如何能有针对性地解决问题。简言之，职场沟通要逻辑清晰，关注沟通需求，围绕沟通目标选择沟通方式，以严谨的逻辑思维奠定成功沟通的基石。

2. 了解文化，做好沟通

思维方式与个人的文化背景密切相关，是文化心理诸多特征的集中体现。而思维方式体现于民族文化的所有领域，包括物质文化和精神文化，尤其体现于哲学、语言、科技、美学、文学、艺术、医学，以及政治、经济、法律、教育、外交、军事、生产和日常生活实践中。例如，长期生活在不同地理区域的人，必然拥有不同的文化特征，也形成了不同的思维方式。因此，思维方式的不同本质上是文化的差异。

从地理和文化的角度来看，全世界分为东西方两大区域。东方以中国为代表，西方古代以古希腊、古罗马为代表，近现代以西欧和北美为代表。东西方分属两种不同的文化体系，因而形成了不同类型的思维方式。不同的地理环境、生活方式、生产方式、历史背景、政治制度、经济体制、风俗习惯、语言文字及心理特征等造成东西方思维方式的显著差异。作为中国人，如何与文化背景全然不同的西方人顺利地进行职场沟通呢？"六何思维法"可以有效清除障碍促进沟通（表 2-1-4）：第一，明确双方所处的位置、地位，预判沟通中可能遇到的问题；第二，思考问题的起因，双方的顾忌及处理方案分别是什么；第三，明确沟通目标，双方通过沟通期待达成怎样的结果；第四，利用现有资源促进目标的达成；第五，选择最佳方式消除障碍、推进沟通；第六，总结经验教训，量化工作标准，为下次沟通做更充分的准备。

表 2-1-4　六何思维法

序号	问题	思考	目的
1	Where are you	身在何处	预判问题
2	What make you here	因何至此	解决问题
3	Where are you going	欲往何方	明确期望
4	What do you have	有何条件	盘活资源
5	How can you get there	如何实现	选择方式
6	What to learn	据此知何	量化标准

2.1.6　清除经验障碍

经验是人们在实践的基础上对客观现实的认识和总结，随着职场经验的积累，个人的观念、眼界和格局逐步提升。在职场上，经验用得好是助力，用不好则是阻力。初入职场时，人们干劲十足，能明显地感觉到自己在进步。但是慢慢成长开始停滞，人们的经验丰富了，增速却放缓了，这是为什么呢？最重要的原因就是过往经验导致个人行为模式的僵化。改变世界要从改变自己开始，我们只有认知到经验的局限性，与时俱进，不断积累新的经验，才能够更好地破除经验障碍。

1. 了解局限，警惕危害

（1）深刻认识经验的局限性。一位店长向老板提出加薪的要求，老板问为什么，店长回答："我已经做了十年的店长了，经验非常丰富。"老板一针见血地回应："不不不，你不是拥有了十年的经验，而是一种经验用了十年。"试想多少人像这位店长一样，具备了一点经验就认为这种经验可以沿用一生。过去的经验往往是今后成长时最大的障碍和负担，要清醒地认识到最高明的经验也只适用于当下。一切都在变化，同事在变、顾客在变、需求在变、市场在变、对手在变、信息在变。因此，人们必须不断地自我迭代，积累更多新的经验。

（2）时刻警惕经验的危害性。深刻认识经验的局限后，需要做的就是时刻保持警惕。每个人都会无比珍爱自己好不容易汲取的经验，以至于很多人常常变成"手里有个锤子，看什么都像钉子"。经验需要归纳，更需要演绎论证。要牢记每次使用经验都可能存在风险，很多时候都无法完全凭借经验确定该如何行事，因此要谨慎使用已有的经验。

2. 积累经验，破除障碍

（1）记录积累更多经验。冒险家们出海远航时，不仅会详细地记录航海日志，而且会公开分享日志内容，这是他们避免危险的重要手段。虽然航海日志不能百分之百地保障航行的安全，但毫无疑问，正是有了航海日志的帮助，冒险家们规避了很多风险。同样，人们可以将职场上与人沟通的经验记录下来，尤其是失败的经验。有些错误可能是由性格或习惯导致的，会出现不止一次，即使持续记录也不可能完全避免，但是记录经验并随时学习一定能够帮助人们获得成功。

（2）观察汲取他人经验。观察与阅读是扩充有限的自我经验的最佳方式。每个人每时每刻都有观察的机会，大多数人可能因为自大而失去汲取他人经验、促进自我成长的机会。因此，平时要多想想"他们为什么会这么想？这么做？这么看？"如同读书不一定要有明确的目的，很多时候，有用的知识是偶得的，而偶得的经验和知识不仅重要，而且繁多，不要因为片面而肤浅的认知失去了成长的机会。

通事达人

开阔眼界　树立理想

我们学外语的时候，老师常常会问："同学们，你们学外语是为了什么？"同学们一般会回答："是为了找一份好工作""为了帮外国人做翻译""为了更好地和外国人做朋友"。老师则说："你们说的都有道理，但是不全对。我们学外语，应该是为了更好地和外国人沟通交流，向他们展示中国人的精神面貌，吸引他们在经济、文化等各方面加强与我们的合作。"

同学们的不同回答，就是不同的成长环境、家庭背景、受教育程度、经验阅历导致的观念和眼界不同的典型案例。对于眼界受限的人来说，就算掌握了一门外语，他们依然对自我没有清晰的认识，对表达没有准确的把握，对前途没有远大的抱负。反之，对于眼界开阔的人而言，技能只是工具，他们的理想是朝着更远大的目标奋进。眼界的不同导致思维的不同和目标的差异，最终每个人的成就有大有小。所谓"思路决定出路，观念决定方向"便是如此。

2.2 组织沟通障碍

职场沟通之惑

组织沟通是在一定的组织结构下进行的交流过程，它关系组织目标的实现和组织文化的塑造。良好的组织沟通会影响组织中每一个人的行为，使之与组织的整体目标相适应。组织间缺乏信息分享意识而产生的信息不对称，会导致任务执行时责任不清或相互推诿，并出现以下情况：

① "我们部门已经把所有信息都告诉他们了，为什么他们还不知道自己需要干什么呢？"

② "为什么在跨部门沟通中总是各自为政，都只考虑自己和本部门的利益？"

③ "本想通过沟通解决问题，为什么产生了更多新的问题？"

④ "我们公司是一个大公司，各项流程比较规范，但各部门间沟通过程太长、沟通效率太低。"

⑤ "我们公司规模小，虽然各部门间沟通过程短，但是流程太不规范了，这样能保障沟通的效果吗？"

如果你是一个部门的管理者，你认为应该怎样解决上述问题？作为普通员工，你认为应该如何跟管理者沟通上述问题？

2.2.1 组织沟通概述

微课

组织沟通障碍

研究表明，组织中的基层管理者将工作时间的20%~50%用于沟通，而中高层管理者将工作时间的66%~87%用于沟通。组织沟通是组织内信息的交流与传递，这些信息范围很广，包括消息、情报、资料、知识、经验、情感、观点、态度等。组织沟通一般由沟通来源、沟通传译、沟通信息、沟通渠道、沟通接收、沟通反馈六个要素连接而成，是人力资源管理中的基础和核心。

1. 组织沟通的类型

组织沟通分为正式沟通与非正式沟通两大类型。正式沟通是指通过正式的组织程序所进行的沟通，它是组织沟通的主要形式，一般与组织的结构网络和层次保持一致。正式沟通可进一步分为自上而下的下行沟通、自下而上的上行沟通、平级之间的平行沟通，它们同时又是组织内部纵向和横向协调的重要手段。非正式沟通是指正式组织程序以外的各种沟通渠道。

2. 组织沟通的作用

组织沟通是职场沟通的基础和核心环节，其目的是协调好组织内部和外部的各种关系，为组织发展创造良好的沟通环境，以更好地实现组织目标、塑造组织文化。也就是说，良好的组织沟通是协调组织与其成员之间、成员与成员之间及组织与组织之间的关系，实现组织目标的重要条件之一。

组织的管理者通常需要借助组织沟通激励下属，建立良好的人际关系，塑造组织文化。除了技术性和协调性的信息外，组织成员往往需要鼓励性的信息。管理者常常通过组织沟通了解成员的需求、关心成员的心理状态，并在决策中考虑成员的个人发展，以提高他们的工作热情。人总是希望自己的工作能力得到恰当的评价，如果领导的表扬、认可或满意能够通过各种渠道及时传递给成员，就会对员工形成正向激励。

对于组织的成员而言，组织内部良好的人际关系离不开沟通。有效的组织沟通可以使组织内部的分工合作更加协调，组织成员可以更好地适应职场环境，增强职场应变能力。思想和感情上的沟通也可以使成员之间及组织之间加深了解、融洽感情、激发斗志，消除误解、隔阂和猜忌，使组织充满活力，从而塑造和谐、积极的组织文化。所谓"心往一处想，劲往一处使"就是组织内部良好沟通的结果。

总之，组织与成员之间相互作用、相互影响。组织沟通不仅有助于改进个人决策，而且有助于促进成员参与组织管理。当遇到亟待解决的问题时，组织管理者可以从组织沟通中获取大量的信息情报，以迅速解决问题。组织成员也可以主动与管理者沟通，提出建议供管理者参考。组织内部的沟通能够为组织成员提供更多的信息，增强其判断能力，也可以促使新的创意产生，或找到新的解决问题的路径，从而提高组织的工作成效。

2.2.2 清除结构障碍

组织结构是指组织内部的部门构成、职能分工、组织成员、管理制度及薪资体系等。职场中的每一位成员要想清除结构障碍、实现顺畅沟通，需要深入掌握组织架构、人员类型、薪酬体系三个方面的组织内部信息。

1. 认识组织架构，明确发展方向

组织是由一些功能相关的群体组成的有明确共识的人群集合体。公司、工厂、

商店、社会团体、学校、医院、军队等都是组织。无论哪一种组织，均具有三个共同特征，即明确的目的、精细的结构和相对固定的人员。组织的目的或目标反映了组织希望达到的状态，指明了组织决策和活动的方向；精细的结构、明确的分工有助于组织有序开展工作；而相对固定的人员是实现组织目标的重要保障。

以大型的现代企业为例，常见的组织结构如下图（图 2-2-1）所示。董事会是最高管理层；下设首席执行官（CEO）通常是企业领导人和职业经理人两种身份的集合，是董事会成员之一，在公司有最终的执行、经营、管理和决策权。企业一般会根据经营范围设立不同的部门，各个部门的负责人由首席执行官管辖并为各自的部门负责；各个部门根据具体业务的区别分设不同的任务负责人（即部门经理），由部门经理处理各项相关事务。

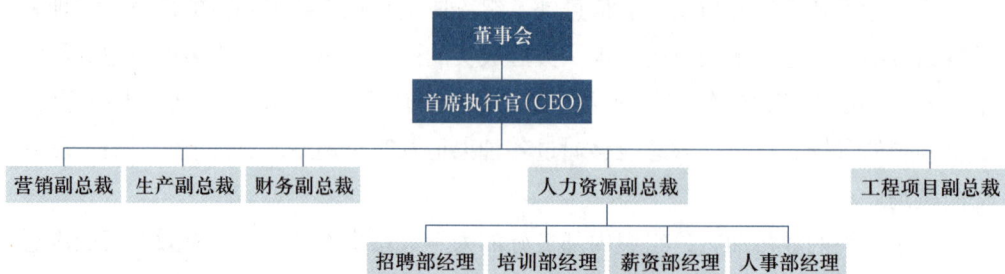

图 2-2-1　常见的组织结构图

简言之，组织结构是组织内全体成员为实现组织目标，在管理工作中进行分工协作，在职务范围、责任、权利等方面形成的结构体系。组织的各项活动必须通过人与人之间的配合才能在一定的时间与空间内完成。因此，了解组织结构，厘清自己和所属部门在整个组织结构中所处的位置、作用及影响力，抓住关键点、找到关键人，是顺利开展职场沟通、有力协调各个环节以达到组织目标的前提。

同时，个人的职业发展也要根据组织结构进行合理的规划。除了勤奋工作和坚持不懈地努力，要想沿着组织的职务阶梯逐层晋升，就要充分了解组织结构，并据此制定可持续发展的规划。以快消品行业为例，职业发展路径设计如下图（图 2-2-2）所示。

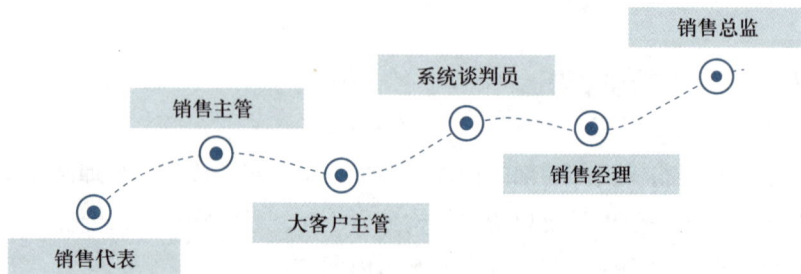

图 2-2-2　职业发展路径设计图

2. 了解人员类型，定制沟通方案

现代组织必备的四大要素分别是人、财、物和信息。人即人力资源，是最主要的要素。其他三种要素可以相互替代、转换，但不可能完全取代"人"。组织中的各个部门是在任务分工的基础上设置的，因而不同部门有着不同的任务和不同的工作性质。这就要求有不同知识结构、不同能力水平的人与之匹配。要充分了解与自己工作相关的各个部门的人员构成及其职责，了解不同部门的人员管理模式、领导作风，了解相关部门的业务负责人，了解得越详细、越深入，组织内部沟通时遇到的阻碍就越少、协同合作就越顺畅。

另外，稳定的人员构成可以对组织沟通起到促进作用。在进行沟通前需要分析沟通对象的特征，包括利益特征、性格特征、价值特征、人际关系等，并把握其可能的态度；认真准备组织沟通要表达的内容，尽可能做到条理清楚、简明扼要、用语通俗易懂，并拟定沟通提纲；选择恰当的沟通方式，即使是面对面沟通，也要事先确定具体的沟通方法，是直接告知还是婉言暗示，是正面陈述还是比喻说明，都要事先进行选择和设计；事先告知沟通的主题，让沟通对象也做好准备；在与沟通对象交换意见的基础上，共同确定沟通的时间、地点，将准备工作做得充分，才能为有效的沟通打下良好基础。如果组织内部的人员构成相对稳定，上述准备工作在首次沟通之后就可以简化程序，多次沟通后还可以省略部分程序。反之，当内部人员发生重大调整时，沟通前就需要进行繁复的准备，这样会加大沟通难度。

3. 掌握薪酬体系，平衡投入回报

一个企业与员工产生的最直接的联系就是薪资报酬。薪酬由多个要素构成，包括基本工资、绩效奖金、福利保障和长期激励等。大多数职业人首先是为了获得酬劳而努力工作，然后才是考量从工作中获得的成长和成就。薪资的高低与个人能力及产生的价值挂钩。企业一般会把利润和存续作为企业的基本目标，管理者会根据顾客的需求修正企业目标，给员工提供升职、加薪、表扬等物质或精神激励，以最大限度地实现企业盈利。员工完成任务后得到应有的报酬和晋升机会，继而才会持续努力地工作。企业对员工进行奖励的形式、数量和时间，员工对奖励的认可度，以及奖励是否公平、公正等都会影响员工工作的积极性。

知识拓展

薪酬结构体系

当员工认为自己在工作中的投入与回报不成正比，自己的投入收益比与他人的投入收益比不一致时，隔阂就会出现，工作效率随之降低。员工之间的公平性要求组织中每位员工得到的薪酬与他们各自对组织的贡献度相匹配，大多数员工能够认可自己的付出和所得。每位员工都会尽可能深入地了解组织的薪酬体系并留心观察其实施的结果，组织薪酬系统的公开透明可以极大地降低成员内耗，提升工作热情。不容忽视的是，个人往往倾向于高估自己的投入而低估自己得到的报酬，对外则会高估他人的收入而低估他人的付出。因此，当同职位的员工得知自己的收入低于他人时，往往会心生妒忌和猜疑，对组织的公平公正产生怀疑，从而不利于组织

的内部团结和良性发展，对组织沟通产生消极影响。

综上所述，组织内部的结构体系、人员配比和薪资体系是否清晰公开，对组织成员的工作效率和职业期待影响巨大。员工只有在充分了解组织架构、人员构成和薪资体系的基础上，才能团结协作，完成工作任务，进而实现组织目标。

2.2.3　清除环境障碍

组织环境是指相互依存、相互制约、不断变化的各种因素组成的系统，是指所有潜在影响组织运行和组织绩效的因素或力量，既包括组织内外部的时间和空间制约、不同距离的暗示和干扰，又包括组织文化的影响。

1. 打破时空壁垒，协调工作生活

随着互联网时代的到来，腾讯会议、钉钉、企业微信等 App 的普及与使用使得组织内外部的沟通越来越密切。网络设备和软件不受时空限制的便捷特性使得线上办公越来越普遍。疫情期间，为了防止人员聚集，有效阻断病毒传播，众多组织更是开启了 SOHO 模式（Small Office，Home Office），这是一种自由、弹性、新型的生活和工作方式，鼓励人们居家办公。毫无疑问，线上办公有其自身优势，在特殊时期，线上办公既能让各个员工通过网络实现沟通和联系，又保证了组织的正常运转，为社会经济正常发展提供保障。

但也有很多人反馈，网络互联虽然打破了工作时空的局限，但是工作不断入侵个人生活，工作与生活的边界越来越模糊，隐形加班为人们带来了不少烦恼。尤其是各类网络社交软件参与办公的模式致使工作进入"分秒级响应时代"，领导经常在下班后通过社交软件分配任务，不仅增加了员工的工作压力和紧张感，而且很多具体工作通过线上沟通并不如面对面沟通的效果好。

这些声音反映了人们对网络沟通的看法与接受程度。个人的时间精力是有限的，虽然网络沟通突破了组织环境的沟通障碍，提升了工作弹性，但当工作占用了员工八小时外的时间和精力，当有限的时间面临实际或潜在的侵占时，人们就会感觉精力丧失、情感耗竭，进而加剧工作带来的疲惫感。因此，只有建立必要的工作规则，协调好工作与生活的关系，才能利用互联网进行高效的职场沟通。

2. 杜绝距离干扰，建立密切联系

无论哪一种类型的沟通，双方都会保持一定的空间距离。不同的空间距离不但界定了沟通的形式，而且确定了沟通的广度与深度。通过沟通距离的远近，可以判断沟通双方的亲疏程度。在职场沟通中，要学会把握沟通的空间尺度，尤其是组织管理者要通过灵活处理沟通距离，把握沟通形式，协调各方关系，从而推动工作的顺利进行。

选择恰当的沟通距离可以有效彰显我们对待他人的态度。例如，坐在第一排上课，主动拉近与老师的距离的学生，期末评分往往会高于坐在后排的学生。就算成绩相当，老师也往往对主动坐在前排的学生更有好感。同理，接受医院救治的病人也常常对那些保持较近社交距离的医生满意度更高。在时间和条件允许的情况下，餐桌是职场沟通的较好地点。商谈双方在餐桌旁近距离沟通交流，可以加深情感，巩固关系；与领导共餐，可以让领导更好、更全面地了解你的思想与能力；与同事聚餐，可以融洽感情，寻求支持，加强合作；与朋友相约，可以联络感情，增进友谊。沟通者只要善于把握事态，反客为主，变被动为主动，转换交际形式，拉近沟通距离，就会收到理想的沟通效果。

3. 融入组织文化，凝聚团队力量

我们处在一个信息和文化多元的时代，现代人兴趣多样，价值观多元，人生选择也各式各样。不同国家或民族都有自己的文化，具体到某个团体则有其独特的组织文化。组织文化受到职业文化的影响和制约，同时又反作用于职业文化。作为职场新人要积极融入有强大包容性和融合力的组织文化，加强与同部门成员的沟通，同时不忽视与其他部门成员的交流。在不同的组织文化的影响下，沟通双方更要在诚信和平等的基础上开展谈判与合作，以便建立起各种正式或非正式、有形或无形的跨文化沟通渠道。

在职场中，个人要尽快适应职场环境。要想融入一个组织，仅仅完成工作任务是不够的，还要理解、认同、发扬组织文化。具体来说，可以按照以下四个步骤融入组织文化。首先，认识、理解所在的组织的文化。通过观察及与组织成员的沟通交流，重点了解组织的核心理念和战略导向，理解其深层含义，观察其在组织实践中的应用。其次，通过学习体会进一步认同组织文化。这里既要进行理论学习，又要在工作实践中相互交流。再次，践行组织文化。包括按照组织的要求规范自己的言行，树立自己的形象，遵守各项规章制度，从组织文化的角度审视工作。最后，敢于质疑。工作中遇到疑惑，可以思考组织文化是否有效贯彻执行，是否存在亚文化，但仍要按照组织主流文化的要求行事。

只有积极地融入组织文化，调整工作思维和行为模式，适应组织环境和沟通方式，增强对组织的认同感和归属感，才能最大限度地凝聚团队力量，营造和谐的工作氛围，实现个人价值与组织目标的协调统一。

沟通有道

解锁沟通方法　清除沟通障碍

每位职业人要想获得事业上的成功，必定要过沟通关。沟通是一门技术，也是一门艺术，提升自己的职场沟通能力至关重要。可以试试下面这五种方法，很多障碍或许能很快清除。

第一种：换位思考。

企业里每个职位或者部门都有各自的岗位职责，这就决定了每个员工都会有不同的视角、关注点和需求点。通过换位思考，了解对方真正要表达的意愿和诉求，是沟通的关键所在。

第二种：不懂就问。

初入职场应保持谦虚好学的态度，踏实努力，不懂就问，千万不要不懂装懂，应该及时沟通，了解工作要求和流程，提升专业能力，使自己快速成长。

第三种：及时反馈。

在互联网时代，沟通不只局限于面对面交流或电话等即时沟通渠道，还会采用多种网络沟通方式。不同的 App 有约定俗成的使用规则，例如不要冒昧发送语音，应事先梳理好需要沟通的信息，然后以文字的形式发送给对方，以节省对方的时间，同时避免误会。

第四种：达成一致。

沟通不是为了说服对方，而是为了达成一致。职场中很多问题不能单纯地用对或错来判定，而是要把自己的长处和别人的优势结合起来形成合力，创造出更高的价值。沟通前应明确沟通目标、拟定沟通大纲、确定沟通的时间和地点等，为双方达成一致创造条件。

第五种：解决问题。

沟通的目标是解决问题。有效的沟通其实是有结构的：先汇报事情的结果，再说明背后的原因，接着为事情可能会发生的变化提供解决方案，如预案 A、预案 B 等，目的是将损失降到最低。此外还可以先陈述客观事实，说明自己的行动，再提供可供解决的方案，最后争取支持、听取建议。

在职场中，人与人的沟通是错综复杂的。理性客观的思考、恰到好处的分寸感、加之一些适宜的小技巧，能让自己真正成为职场中的有效沟通者，同时可以让自己的职业生涯更稳健，自身也能获得更好的发展。

2.2.4　清除地位障碍

不同的教育背景和个人努力程度等因素会影响工作能力，不同的工作能力匹配不同的工作职位，不同的工作职位映射不同的社会地位，不同的社会地位产生不同的社会阶层，不同的社会阶层创建不同的社会团体，不同的社会团体拥有不同的权力价值，不同的权力价值塑造不同的领导作风，不同的领导作风影响不同的圈层文化，不同的圈层文化造成圈层隔离。组织内部职位级别、层级观念、权力地位和领导作风等方面的差异很容易给职场沟通制造障碍。

1. 跳脱阶层束缚，活跃沟通氛围

组织内部的上级和下级之间往往难以进行平等沟通，下属说话通常小心翼翼，上级说话难免"一锤定音"。层级观念过分明晰的组织中，信息从最高层传递到最低层或者从最低层汇总到最高层时，由于中间环节过多，要么信息传递过慢，耽误任务完成；要么信息精雕细琢，失去原味；要么信息量太大，无效信息过多，降低沟通效率。

可以通过非正式沟通渠道提升沟通效率，打破级别或圈层的拘束，实现组织内部的顺畅沟通。例如，组织中各个部门、不同层级的员工共同使用茶水间。在喝茶或喝咖啡的过程中，大家自由沟通，可以是情感上的沟通，也可以是工作上的沟通，甚至是吐槽。在这样一个非正式的工作环境中，跨层级、跨部门的沟通效率会大大提高。尤其是当工作联系密切的几个部门共用一个茶水间时，非正式沟通可以极大地改善沟通效果、提高工作成效。

个人在信息沟通的过程中要保持积极开放的心态，主动营造轻松自在的沟通氛围，调整层级差异悬殊的观念，注重双向沟通，留心观察他人，尤其是与不同职位的人沟通时需积极反馈，形成有效沟通。所谓反馈就是在沟通过程中，积极回应沟通对象所陈述的观念、想法和要求，并让对方明白自己的态度和想法。不要试图把自己的观点、想法灌输给他人或让对方无条件地接受，要主动寻求对方的反馈，对其反馈进行分析并据以调整自己的想法和思路，以提升沟通效果。

2. 超越权力价值，强化平等理念

领导者的权力是指由于领导者担任相应的管理职位而拥有的权力，它来源于组织的授权，包括支配权、强制权和奖赏权。在现代组织中，平等价值理念占据越来越重要的地位。组织的领导者、部门主管应与时俱进，树立以人为本的管理理念，对下属的管理体现在工作方向和团队目标上，管理手段体现在文化引导和人格魅力感染上。而员工在与领导沟通时也应注意以下五点。

（1）避免在上级情绪激动时进行沟通，尤其是当沟通的内容与对方所寻求的意见不一致时。

（2）认真听取上级的意见建议，虚心接受上级的批评指正，及时、积极地进行反馈，让上级感觉沟通有立竿见影的效果，取得对方的信任。

（3）使用描述性而不是评价性的语言进行沟通，既要使对方明白自己的观点和态度，又要避免把对事的分析处理变成对人的褒贬。

（4）沟通内容要具体明确，若有不同意见，可通过举例说明，避免发生正面冲突。

（5）按照事情的重要程度排序，先沟通重点问题，以确保沟通效果。

3. 分辨领导作风，创新沟通方式

领导作风是影响组织沟通的重要因素之一。领导者是指担任某种领导职务、扮

演某种领导角色并实现领导过程的个人或群体。领导者的工作是确定方向、制定战略、激励和鼓舞员工并带领全体组织成员创造出更好的业绩。社会心理学家库尔特·勒温把领导者在领导过程中表现出来的工作作风分为三种类型，分别是专制作风、民主作风和放任自流作风（表2-2-1）。与三种不同作风的领导进行沟通的方式也大不相同。

表 2-2-1　三种领导作风与沟通方式

作风类型	具体表现	沟通方式
专制作风	1. 个人独裁领导 2. 权力完全集中于个人手中 3. 个人独断设计工作 4. 很少与成员沟通 5. 很少征求成员的决策意见	1. 充分尊重此类领导者 2. 直入主题，就事论事 3. 较少提建议，减轻对抗情绪 4. 重视落实，完整执行领导的要求 5. 降低情感和精神需求
民主作风	1. 以理服人，以身作则 2. 乐于同下属沟通行动计划或决策 3. 乐于授权给组织成员 4. 鼓励下属提出新意见、好想法 5. 鼓励组织成员之间相互沟通，商讨与决策组织事务 6. 关心他人，尊重他人	1. 在言之有理的前提下，尽可能地表达个人的观点和建议 2. 与领导、同事共同讨论，参与各种决策，分享集体智慧 3. 保持稳定的心态，与组织成员相互学习，取长补短 4. 尊重领导，维护领导权威
放任自流作风	1. 工作事先无布置，事后无检查 2. 将权力完全授予组织成员 3. 极少运用权力 4. 给下属高度的独立性	1. 充分做好各项准备工作 2. 明确工作任务和目标 3. 无论领导是否要求，及时汇报工作进度，畅通信息渠道 4. 充分利用各项资源推进工作

沟通大于权力，沟通促进效益，这是组织中基本的共事原则。沟通就是人与人之间思想、言行和情感的互动。个人要打破层级观念和权力价值的制约，与各级组织成员之间进行有效沟通，落实组织策略，实施组织计划，从而推动组织的发展。

通事达人

主动沟通　解决误会

小贾是公司销售部一名员工，为人随和，不喜争执，和同事关系较好。但不知道为什么，最近同一部门的资深员工老李总是和他过不去，有时候还故意在同事面前指桑骂槐，跟他合作跟进项目时也有意为难小贾，甚至还抢了小贾的几个老客户。

小贾认为两人之间有误会，才使得老李对自己的态度转变如此大。于是小贾首先向部门经理反映了这一情况，希望通过组织的帮助，协调自己与老李的关系。经理认真听取了小贾的反馈，并向其他同事询问情况。经了解发现老李今年一直跟进的一位大客户在出单时临时转到了小贾名下，老李非常生气，认为小贾年轻不懂事，不尊重前辈，故意搞内部竞争，因此才处处针对小贾。

找到了问题根源，在经理的协调下，小贾主动和老李进行了沟通。原来这位客户不仅与老李和小贾有联系，还联系了公司的其他销售员，多渠道打探公司的销售底线，最后之所以选择小贾，是因为一次偶然的机会，小贾帮了他一个忙。老李了解前因后果后也表示自己也有做得不对的地方，最终二人又恢复了友善的同事关系。

任何人都不喜欢与人结怨，尤其是在职场中，同一组织内部员工之间产生矛盾，不仅不利于团结，还会给组织带来一定的损失。相反，如果能在事态还不严重的时候及时沟通，问题很快就能得到解决。小贾通过组织的帮助，积极处理了与同事间的沟通障碍，这是非常值得学习的。我们每个人都应该学会主动沟通、真诚沟通、策略沟通，从而及时化解工作与生活中的误会和矛盾。

2.3　跨文化沟通障碍

职场沟通之惑

某跨国集团亚洲区人力资源部的美籍副总裁，与一位被认为极具发展潜力的中国员工交谈。他很想听听这位员工今后五年的职业发展规划及期望获得的职位。中国员工从公司未来的发展方向、公司的晋升体系，以及目前他本人在组织中的位置等谈起，说了半天也没有正面回答副总裁的问题。副总裁十分疑惑，没等他说完就已经不耐烦了。

谈话结束后，副总裁忍不住向人力资源总监抱怨道："我不过是想知道这位员工对于自己未来五年的发展规划，以及想要在我们集团做到什么职位而已，可为什么就不能得到明确的回答呢？"谈话中倍感压力的中国员工也向人力资源总监诉苦："这位副总裁怎么总是咄咄逼人？"

案例中的副总裁与中国员工在文化背景、思维方式、表达方式等多个方面都存在着显著差异，这些差异的存在使得双方在沟通交流的过程中产生了一系列误解。

如果你是这位中国员工，在与副总裁沟通职业发展等问题时，你会如何回答呢？是跟案例中的中国员工一样，遵循中国人委婉谦虚的传统进行答复，还是以直截了当的风格正面回答？

微　课

跨文化沟通
障碍

文化差异是职场中跨文化沟通障碍的主要成因，即使双方本着互利共赢的原则友好地开展沟通，也不能保证沟通目标能顺利实现。在国际局势复杂多变的时代，人们有必要通过了解跨文化交际中常见的沟通障碍类型，来探索如何克服这些障碍。

语言是沟通的工具，是文化的重要组成部分，也是一种特殊的文化现象。语言和文化之间互相影响、彼此制约，这是由语言的思维职能和沟通职能决定的。语言同时是传播的工具。文化的生命在于传播，文化通过语言在传播中发展，在发展中丰富，在丰富中传承。文化在传播过程中也对语言产生巨大影响，如中华文化向周边国家传播时，使其本土语言中出现了大量的汉语借词。因此，我们要充分认识到，职场中的跨文化沟通不仅是在沟通具体的业务，而且是要通过积极的沟通来传播和弘扬中华文化。我们要充分发挥语言在文化传播中的有效性和影响力，不断提升自己的语言能力，尤其是外语能力，通过跨文化职场沟通，让世界更加了解、喜爱中华文化。

2.3.1　文化维度差异

情景剧

跨文化职场
沟通（上）

在文化多元的职场中，人们不可避免地会遭遇文化冲击，只有夯实语言基础，理解文化差异，我们才能顺利地开展跨文化沟通。荷兰国际文化合作研究所所长霍夫斯塔德及其同事在对文化因素进行定量研究时，提出了著名的文化差异理论，即文化维度。霍夫斯塔德提出了五个文化维度，即个人主义与集体主义、权力距离、不确定性规避、刚柔性及长期导向与短期导向。以受中西方文化影响深远的四个国家为例，用量化的标准来表示不同国家的文化维度差异（表 2-3-1）。

表 2-3-1　文化维度差异量化表

文化维度	国家			
	中国	日本	德国	美国
个人主义	21	46	67	91
权力距离	63	54	35	40
不确定性规避	49	92	65	46
刚性程度	51	95	66	62
长期导向	99	80	31	29

1. 个人主义与集体主义

个人主义与集体主义表示的是个人与群体的关联程度。集体主义与个人主义在职场中有如下不同表现（表 2-3-2）。

表 2-3-2　集体主义与个人主义在职场中的不同表现

序号	集体主义职场	个人主义职场
1	学历提供给个体更大的职场选择权	学历是个人价值提升的一种体现
2	求职选择偏向职业流动率较低的行业	求职选择较少考虑职业流动率
3	员工是自己人，追求群体的共同利益	员工是"经济人"，只有当雇主利益和个人利益一致时，员工才会考虑雇主的利益
4	雇佣和晋升的决策受团队因素影响较大	雇佣和晋升决策大多由技能和规则决定
5	雇佣关系除了劳务合同外，倾向于建立员工的归属感和认同感	雇佣关系仅限于双方签订的契约或劳务合同
6	主要从团队出发进行管理，强调团队协作	主要从个体出发进行管理
7	员工在团队协助下解决问题	员工偏向于独立解决问题
8	注重营造和谐共处的工作氛围	员工间相对独立
9	人际关系与工作任务相辅相成	工作与生活可以分离
10	沟通时倾向于从团队角度，用动态、联系、发展的思维进行交流	沟通时倾向于在对个人收集到的事实和数据进行感知和分析的基础上进行交流

2. 低权力距离与高权力距离

权力距离指组织或机构内权力较少的成员对权力分配不均匀这一现象的接受程度。高权力距离的文化成员视权力为社会的基本因素，重视专家或合法性权力，倾向于指示性和强制力；而低权力距离的文化成员大多抵触强制性命令。我国对职位越高的人拥有的权力和责任越大这一现象的接受程度较高。低权力距离和高权力距离在职场上的不同主要体现在五个方面，如下表（表 2-3-3）所示。

情景剧 📎

跨文化职场
沟通（下）

表 2-3-3　高权力距离和低权力距离在职场中的不同表现

序号	高权力距离的职场	低权力距离的职场
1	以脑力劳动为主的工作较受欢迎	体力劳动与脑力劳动的倾向性不明显
2	在注重民主决策的基础上，不断提高集中决策水平	自下而上的决策较为常见
3	管理者主要依靠规范的制度	除制度外，管理者还依靠经验与个人魅力
4	上下级除了工作关系还注重建立一定的感情基础	上下级的关系多限于工作关系
5	维系和谐的人际关系是沟通的重要目标之一	沟通交流侧重于决策和解决问题，人情关系较为淡薄

3. 强不确定性规避与弱不确定性规避

不确定性规避表示人们对未来不确定性的态度。对不确定性规避程度较强的文化往往有非常详细的社会规范和原则来指导几乎所有可能的行为，而不确定性规避程度较弱的文化中社会规范和原则就没有那么明确和严格。在上述四个国家中，日本的不确定性规避指数最高，主要是受地理环境影响，该国常常受到地震、海啸等自然灾害的威胁，为了生存须提前做好应对各种突发灾害的处理方案。不确定性规避程度不同的社会，人们在职场中的表现也有所不同，具体如下表（表 2-3-4）所示。

表 2-3-4　不同的不确定性规避程度在职场中的不同表现

序号	强不确定性规避的职场	弱不确定性规避的职场
1	较少更换雇主，服务期限较长	较频繁地更换雇主，服务期限较短
2	较强的内驱力督促自己努力工作	只在需要时才努力工作
3	要求精确和规范	容忍模糊和混乱
4	高层管理者关注日常运作	高层管理者关注企业战略
5	侧重决策内容	侧重决策过程
6	沟通时比较在意对方的看法，尊重他人，尽量避免出现引起冲突的言论和行为	沟通时不太在意别人的目光和言论，讲究高效沟通，有时会忽视对方的感受

4. 刚性程度与柔性程度

刚性程度和柔性程度表示人们对不同气质的社会角色的认识。刚性社会的成员赞扬事业上的成就、雄心、物质、权力和决断性，而柔性社会的成员则强调生活中的质量、服务、关心他人和养育后代。该特性在职场上的具体表现如下表（表 2-3-5）所示。

表 2-3-5　刚性程度和柔性程度在职场中的不同表现

序号	刚性职场	柔性职场
1	管理方式倾向于决断和进取	管理方式倾向于自觉和共识
2	主要通过强者获胜的方式来解决冲突	主要通过沟通和谈判来解决冲突
3	大多以公平为基础进行奖励	大多以平等为基础进行奖励
4	更喜欢大型组织	更喜欢小型组织
5	多数人认为生活是为了更好地工作	多数人认为工作是为了更好地生活
6	偏好事业上的成就	偏好生活中的成就
7	从事专业技术的女性比例较低	从事专业技术的女性比例较高

续表

序号	刚性职场	柔性职场
8	在制造业和大型化工业更有优势	在农业和服务业更有优势
9	沟通上整体趋于快节奏、高效率的风格，营造具有竞争性的工作环境	沟通的目的在于建立友好关系，对他人的感受较为敏感

5. 长期导向与短期导向

长期导向表示对待生活的长期态度。长期导向高的社会，人们倾向于节俭、积累、容忍和传统，追求长期稳定和高水平的生活。我国就是一个长期导向明显的国家。人们在不同导向型职场中的具体表现有较大的差异（表 2-3-6）。

表 2-3-6 长期导向和短期导向在职场中的不同表现

序号	长期导向型职场	短期导向型职场
1	主要的工作价值观包括好学、勤奋、自律、适应性和责任感强	主要的工作价值观包括自由、权利、平等和个体利益
2	注重个人在企业中的长期发展	注重个人在短期内的劳动报酬
3	乐于构建行业内的人际关系网络	对公司的忠诚度随个人的需求而改变
4	工作任务的完成高于闲暇时间的享受	个人的闲暇时间很重要
5	不计较一时的利益得失	更看重眼前的利益
6	重点关注企业的市场地位	重点关注公司的盈亏状况
7	更加看重企业未来十年的发展	更加看重公司近两年的利润
8	沟通时不会直切主题，而是会花时间了解沟通对象，在双方关系稳固后再商讨正事	沟通时优先处理问题，避免在次要目的上浪费时间
9	沟通在有一定预见性的前提下进行，凡事留有余地，为今后的合作打基础	沟通时在保障利益的基础上合理拓展人际关系

跨文化沟通首先需要解决的问题就是文化冲突，而文化冲突源于文化差异。文化差异在给沟通双方带来矛盾和冲突的同时，也会带来竞争优势。我们要认识到在现实生活中，上述五个维度往往不会单独出现，而是交叉混合出现，这与文化的整体性和交融性密切相关。我们只有在充分了解双方沟通的目的、需求和动机的前提下，改变因文化差异产生的固有偏见，考虑在他国文化影响下对方的思维方式，提高共情能力，才能保障跨文化沟通的有效推进。

沟通有道

文化维度与职场沟通

在经济全球化迅速发展的今天，不同文化背景的个体和群体之间的交流日益增多，尤其在职场上，我们有越来越多的机会与拥有不同文化背景的人进行沟通，因此成功的跨文化职场沟通有着非凡的意义。在学习文化维度的基础上，察觉到有文化冲突发生时，我们可以通过以下几个途径进一步消除跨文化沟通障碍。

第一，从多种渠道了解对方的文化、历史，熟悉对方的风俗习惯，相互体谅。相互了解是沟通的基础。无论是中国员工还是外国员工，无论是上级还是下级，都应该主动了解对方的文化，这样才能更好地沟通和交流。

第二，学习并掌握一定的沟通技巧。在沟通和交流的过程中，注意沟通的方式方法、时间环境等因素，可以减少摩擦的出现。例如，对方情绪较为激动时，没有必要当面与其争执，尽量冷处理，事后通过电子邮件等书面途径进行解释。

第三，提升语言能力，尤其是外语能力。能说一口清楚流利、语法准确无误、用词精准妥当、内容丰富充实、逻辑清晰合理、符合语用习惯的外语，是保障跨文化职场沟通顺利进行的基础和前提。

总之，学习文化维度有助于开拓国际视野，增强跨文化交流意识，提高文化包容性和跨文化交际能力，可以为工作和生活创造新的局面。

2.3.2 高低情境差异

1. 高情境文化与低情境文化

著名人类学家爱德华·霍尔根据人们在沟通过程中信息传递与接收的准确性和清晰性，提出了高情境文化与低情境文化的分析构架。他认为情境是环绕着一个事件的信息，而事件则是沟通所要表达的内容，它们之间的组合方式反映了文化的特征。根据情境和内容的不同组合，文化分为高情境文化和低情境文化。

高情境文化在沟通过程中只有很少的信息是经过编码后被清晰地传递出来的，人们在沟通过程中重视情境而非内容。高情境文化注重建立社会信任，高度评价关系和友谊，关系的维持时间较长。高情境文化中的沟通是含蓄的，人们对含蓄的信息非常敏感，个体从早期就学会解释这些含蓄的信息。高情境文化在东方文化中表现得较为明显，在通俗意义上可理解为重视感情和人际关系。

而低情境文化强调制度和理性。低情境国家的居民数量少，居住地分散，集体意识淡薄，生活经历差异较大，交际独立性强，有距离感。低情境文化的国家以法为先，强调按章法办事，恪守法律与公德；社会权利与义务分明，个人权益受损时，必定据理力争；人们坦诚直率，直言不讳，不善于转弯抹角。在职场沟通中，尤其是跨文化沟通中存在的矛盾与高低情境文化息息相关。沟通开始前务必了解哪些国家属于高情境文化国家，哪些国家属于低情境文化国家。

2. 高低情境文化沟通

高情境文化国家在与低情境文化国家沟通时，需要注意以下三点。

（1）用明晰直白的语言向对方传递信息。沟通用语应专业、简洁，以减少低沟通对象的误解，减少纠纷。例如，在商务沟通时，对产品的描述要客观准确，对物流状态的描述要简洁明了。

（2）语言体现实用主义及时代特征。低情境文化国家倾向于标新立异、彰显个性，沟通时要从各个方面表现出新意，用词及句法也力求精练易懂，让交际信息顺利迁移，从而实现沟通的目标。

（3）尽可能使用简单句。与异国客户间的沟通往往是"双无"背景下的交流，沟通双方既没有相同的母语，又没有共同的文化。因此双方沟通的语言、交际的文句都应尽量使用简单句，减少复杂句引起的误解，最大化地清楚表意。

与低情境文化国家相反，高情境文化的国家历史悠久，居民较多，世代生活的地理环境相对固定，人群交际稳定，人与人之间已经形成彼此认可的认知及交际行为模式。如在提倡内敛、慎言、稳重、和谐等品质的中华文化中，交际人群圈界清晰，圈内特征明显，在集体中的成员很容易得到认可；语义内隐含蓄，富有言外之意，交际双方保守克制。与高情境文化的国家交流时，除语言本身以外还需要使用非语言符号来传递信息。

两个高情境文化国家沟通时，需要注意以下两点。

（1）满足群体取向需求。可以通过突出群体示范效应，如加大广告宣传效果，使对方从认识、熟悉到认可、信任，实现沟通目标。职场沟通可利用高情境文化群体的从众心理，为己方造势，实现品牌目标用户的精准匹配，完成"内容—渠道—变现"三个层级的完整商业闭环。

（2）语言应体现人文关怀。面对高情境文化群体，沟通时需要使用非语言符号，通过问候及情感交流拉近距离、引起共情，营造特定的情境实现特定的效果，要让沟通对象感受到宾至如归的体验。此外不仅要在工作时进行沟通，更应在工作开始前和完成后加强联系，根据需求提供服务。

综上所述，在职场上遇到跨文化沟通时，我们要认识到不同的情境文化没有优劣之分，无论哪种情境文化都能完整明确地表达思想。在跨文化沟通的过程中，我们首先要具有跨文化交际意识，了解己方文化的特点，综合考虑对方的文化背景，提升敏感度，及时找出双方的文化差异，换位思考，用平等包容的态度看待不同文化，并采用不同的策略，在信息传递时克服已有的障碍，及时避免矛盾的发生，有效促进跨文化沟通的进行及职场沟通目标的实现。

2.3.3　清除跨文化沟通障碍

测　试

跨文化沟通
能力测试

沟通时如果对对方的文化一知半解，往往会导致误会，不仅容易引发冲突，影响关系的建立，而且不利于合作的开展和沟通目标的实现。因此，职场沟通时要充分认识到跨文化沟通的复杂性和特殊性，做好科学而周密的准备应对文化差异、消除文化障碍，实现有效沟通。

1. 认识文化障碍，增强平等意识

首先，要了解己方文化的特点，学会文化移情，尽可能摆脱文化模式的束缚。端正态度，正确对待文化差异，不要以己方文化的行为标准去衡量异国文化中人们的行为方式，也不要将自己的观点和思想强加于人，包容和理解他国文化，减少由于文化冲突而带来的矛盾。其次，要增强平等意识，职场上进行跨文化沟通时，要时刻提醒自己不同文化背景的人们行为都受其文化的影响和支配，中外之间存在不同的观点与见解是正常现象，避免在沟通时评判文化的优劣。最后，建立信任关系，沟通时不仅要重视沟通的内容，更要重视对方的感受。在合作过程中，要促使不同的文化相互融合，谨防文化假设，克服文化偏见和民族中心论，坚持求同存异，运用有效的沟通手段，在尽可能短的时间内度过文化磨合期。

2. 确认沟通目标，尊重双方文化

当沟通目标不明确时，跨文化沟通只会是不自觉的、无意识的、盲目的，不可能取得良好的效果。沟通是一切信息传递的载体，它连接着发送者与接收者，也是跨文化理解的关键点。在职场沟通中，首先要根据不同的沟通目标，选择适合的沟通渠道，创建有效的沟通途径，消除文化带来的沟通障碍。其次，要尽可能完整地把信息、思想和情感传递出去，以便尽快达成共识。最后，还要能够换位思考。俗话说："己所不欲，勿施于人。"有效的沟通一定是建立在互利共赢的基础上，沟通双方相互尊重，避免与对方产生情感上的对立，要适当地站在对方的立场上考虑问题，本着求同存异的原则灵活地处理各种问题。

3. 传递组织需要，奠定良好基础

良好的沟通不仅是信息的流动共享，更能为组织的决策与执行提供基本保障。当个人利益与集体利益发生冲突时，个人应以集体利益为重，不能因个人私利做出有损集体声誉的事情。在跨文化沟通时，个人更应时刻警惕文化差异带来的分歧，控制情绪，不要随便发泄不满。情绪失控时可以暂停沟通，厘清对方的真实意图，冷静之后再重新沟通。代表组织进行职场沟通时，要根据沟通目标制定详细的计

划，预测可能遇到的问题或情况，在恰当的时机，将组织的需求清晰明确地传递给沟通对象，为进一步的沟通交流奠定良好的基础。同时要营造良好的沟通氛围，最大程度上调动对方的积极性，提升工作效率，有效完成沟通目标。

4.遵循六C原则，消除文化偏见

第一印象、对某一文化背景的人产生心理定式、把沟通对象或事务分类对待等行为都会影响人们评价的客观性，这些无疑对跨文化沟通有着不可忽视的消极影响。因此，在职场沟通过程中要不断检查各种信息的真实性、有效性，尤其是在语言、文化背景迥异的跨文化沟通时，要实时关注信息，及时调整和改进处理方法。在沟通时可以遵循六C原则：一是清晰(Clear)，指表达的信息结构完整、顺序有致，能够让沟通对象理解；二是简明(Concise)，指表达同样多的信息要尽可能占用较少的载体容量，中外文互译时用词尽量简洁；三是准确(Correct)，首先是信息要准确，其次是信息的表达方式要准确，特别是中外文互译时不能出现重大的歧义；四是完整(Complete)，它对信息质量和沟通结果有重要的影响，中外文互译时，重要的信息不能有任何缺失；五是建设性(Constructive)，是对跨文化沟通的目的性的强调；六是礼貌(Courteous)，得体的语言、姿态和表情能够在跨文化沟通中给予对方良好的第一印象，甚至可产生移情作用，有利于沟通目标的实现。此外跨文化沟通时还要考虑信息接收方的态度和接受程度，力求通过沟通使拥有不同文化的双方达成共识。

5.开展沟通培训，促进文化融合

任何一种文化都有其特异性，跨文化经营的组织需要努力在两种或多种文化之间寻求平衡。跨国企业可以开展跨文化培训，组织员工到母公司所在地感受当地文化。跨文化培训是预防和解决文化冲突的有效途径，通过文化的了解、语言的沟通、理念的融合和跨文化沟通技巧的训练，驻外人员遇到的文化冲突可以大大减少，进而迅速融入对方文化。特别是在跨文化沟通开始之前，双方都要了解和学习对方国家的主要习俗和文化背景，以便"入乡随俗"。

值得注意的是，即使跨文化沟通的参与者了解了彼此的文化差异，并且在沟通时也从各个方面尊重了这些差异，还是会有误会出现。因此，成功的跨文化沟通不但要了解彼此的文化差异，还要了解文化差异在沟通中的作用机制，才能真正实现跨文化沟通的目标。

总之，职场中遇到的很多棘手问题都是源自沟通不畅，如何实现有效沟通是一门学问，也是现代社会的必备技能之一。除了本专题提到的沟通障碍之外，沟通的有效性还受多种因素的影响，包括沟通方式、沟通态度、沟通心情、沟通技巧、沟通者的表达能力及理解能力、沟通时的语调语速、沟通者的受信程度等，这些内容将在下面的专题中逐一讲解。

知识拓展

职场沟通的
六大原则

通事达人 📢

文化沟通促进文化融合

　　中国海外路桥工程项目实施过程中，某些非洲国家经常出现工人罢工事件。罢工是当地工人常用的一种向企业提出诉求、争取利益的方式。一个路桥项目从动工至完工出现 3 至 5 次的罢工是常有的事，频繁的罢工给中方企业造成了时间和效益上的损失。考虑到某些非洲国家权力距离较大、领导权威性较高的文化特征，中方企业在工作中特别关注工会组织领导人的选举工作，主动与工会组织进行沟通交流，一方面维护良好的雇主关系，另一方面可以在产生分歧（如罢工）时及时干预，尽快协调，解决矛盾。

　　此外，非洲项目企业的管理者发现，当地不少员工在领到工资的第三天就向中方员工或单位财务借钱，造成用工成本的增加和财务管理的风险。部分非洲国家在"长期导向"维度得分较低，而放任度比较高，他们追求自由、快乐、悠闲的生活模式，很少考虑未来。为此，中方企业推行人性化的管理，制定专门的制度，例如借钱必须在月工资发放后的第 10～15 天，或者考虑修改劳动合同，工资由现金支付改为转账支付，这在一定程度上可以延迟员工的消费。这样一方面可以帮助员工解决一些实际困难，保证劳动力资源不流失；另一方面也控制了工人借钱的频率和数额。

　　开展文化沟通交流是一切文化融合的基础。一方面要尊重当地文化，因势利导，融合创新，实现跨文化适应；另一方面可以通过各种有效方式积极推介本国的文化价值观，形成"和文化"或"第三文化"，为跨文化沟通与管理提供重要的保障。

📎 **知识检测**

[QR code]

测试题

互动园地 👥

沟通游戏：五级梯形拍手

　　参加人员：所有成员。

　　游戏道具：板凳若干。

　　游戏规则：

　　1. 根据班级人数，每轮游戏分为若干个小组，每组 10 人左右。

　　2. 每组选一人指挥，喊口令："五级梯形拍手开始。"其余同学不得发声。

　　3. 动作要求：同学们双手掌心向上平放于胸前（间距略比肩宽）。

　　4. 指挥带领大家按五级梯形顺序拍手：1、12、123、1234、12345、1234、123、12、1（念出数字则判罚下场）。

　　5. 老师带领全班同学按要求示范两次，每组各自练习 3 分钟。

　　6. 各组依次呈现，每组只有一次机会，错误人次多者则判为游戏失败。

指导反思：对比观察各组的游戏结果，进而反思团队合作的标准和规则，进一步明确团队胜利的要点：一是团队领导者只能有一人，否则将导致团队无所适从；二是团队成员必须服从命令，否则会破坏游戏规则导致任务失败。如何克服各种障碍，让团队成员融为一体，共同协作以取得成功，这个问题值得每个参与者认真思考。

学以致用

外 贸 沟 通

【任务背景】

为推动经济高质量发展，我国政府积极鼓励国内有资质的企业按照市场化原则，依法有序地推动相关产品出口。在此背景下，外国某公司主动联系我国某医疗科技有限公司，双方以在线会议的形式进行了友好交流。中方企业以优质的产品和服务吸引了外方客户，双方顺利签约。按照合同要求，中方公司将向外方公司出口一批医疗药品。货物原计划通过某物流公司发出，时效 10 天左右。因为天气原因，货物在通关时有所延迟，中方一直在积极协调，但客户要求在两天内看到物流的更新信息，否则将终止合同并申请退款。

现如今，科技的进步促使很多对外贸易通过线上的形式开展。如何在防止核心技术外泄的前提下，借助镜头，用专业的知识和较高的工作能力向客户推荐公司的产品是外贸行业共同关注的问题。另外，受极端天气影响，各国对于进出口货物的时间把控有一定的不确定性，这在一定程度上也会影响企业的信誉，如何沟通此事也成为一项难题。

【任务目标】

请根据所学知识分析任务，针对以上情境，预判沟通障碍、拟定沟通方案，促使双方达成合作、实现共赢，并通过此过程融会贯通所学知识，提升换位思考能力、团队合作意识和跨文化沟通能力。

【任务描述】

5 个人为一个小组，以小组为单位实施任务并撰写任务报告，小组设组长 1 名，负责任务分工和统筹协调，并从外方的角度提出问题；4 名组员分别担任公司副总经理、外贸部经理、工厂主管及外贸业务员。报告内容由小组讨论汇总，思考不同角色在任务实施过程中可能遇到的沟通障碍，分别从个人、组织、跨文化三个方面预判具体的障碍类型，并提出解决问题的措施，为顺利沟通做好准备。

【任务考评】

任务考评成绩表

"外贸沟通"任务评价单			
教师填写	任务评价		
	沟通思路：　　　　　　　　　　　　□优　□良　□合格　□不合格		
	个人障碍：　　　　　　　　　　　　□优　□良　□合格　□不合格		
	组织障碍：　　　　　　　　　　　　□优　□良　□合格　□不合格		
	跨文化障碍：　　　　　　　　　　　□优　□良　□合格　□不合格		
	采取措施：　　　　　　　　　　　　□优　□良　□合格　□不合格		
	沟通准备：　　　　　　　　　　　　□优　□良　□合格　□不合格		
教师评价	打分对象	分值	备注
	组长：		
	小组：		
小组互评	打分对象	分值	备注
	小组：		
组长填写	教学反馈		
	素质获得感：　　　　　　　　　　□满意　□一般　□不满意		
	知识获得感：　　　　　　　　　　□满意　□一般　□不满意		
	技能获得感：　　　　　　　　　　□满意　□一般　□不满意		
	教学满意度：　　　　　　　　　　□满意　□一般　□不满意		
	意见建议		

注：任务评价采用百分制，教师打分与小组互评的权重比为6∶4（小组得分＝教师打分×60%＋小组互评×40%），小组得分即为小组成员得分。

方法解析篇

方法解析
篇

03

专题三

未雨绸缪　备预不虞

——职场沟通前期准备

沟通是为了一个特定的目标，在个人或组织间传递信息、思想和情感，并且达成共同协议的双向过程。在竞争激烈的职场中，高效沟通已经成为完成工作目标、满足实际需要、实现远大抱负的必要条件。职场沟通不仅是简单的口才问题，而且对人们的沟通技巧、能力等提出了更高的要求。

凡事预则立，不预则废，本专题主要介绍沟通前期的准备工作。设定明确的沟通内容、打造得体的职场形象、遵循恰当的职场礼仪、保持端正的沟通态度，这是营造融洽的社交氛围、实现高效沟通的重要前提，也是沟通中必不可少的首要环节。

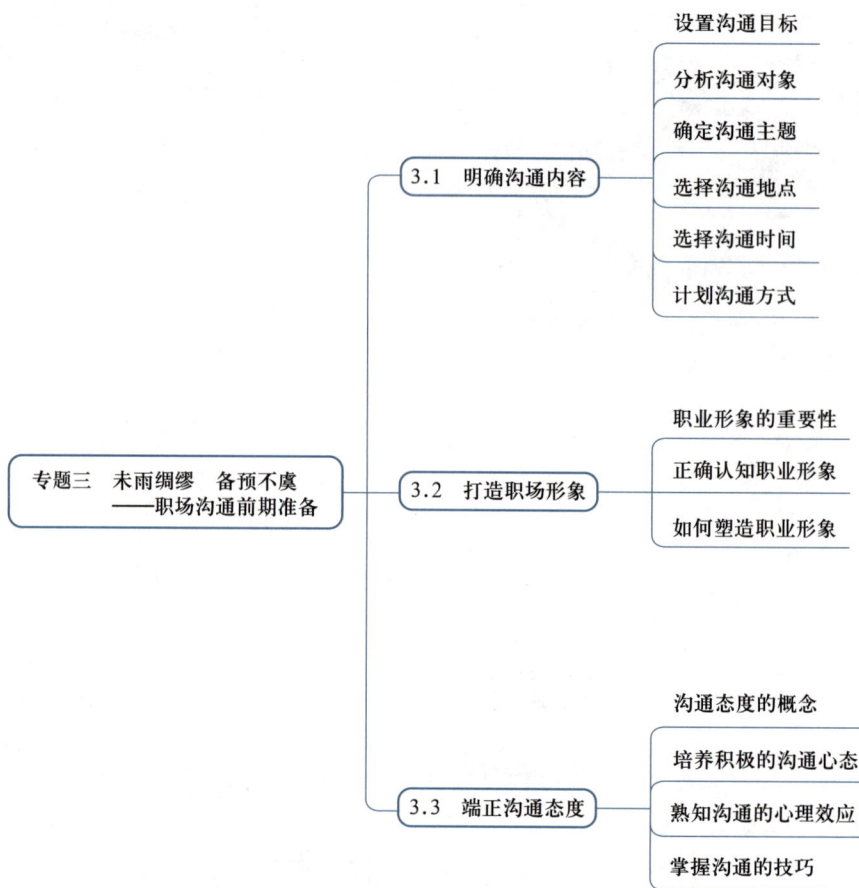

```
                                                              设置沟通目标

                                                           分析沟通对象

                                                           确定沟通主题
                                  3.1   明确沟通内容          选择沟通地点

                                                           选择沟通时间

                                                           计划沟通方式


                                                              职业形象的重要性
   专题三  未雨绸缪  备预不虞
      ——职场沟通前期准备        3.2   打造职场形象          正确认知职业形象

                                                           如何塑造职业形象


                                                              沟通态度的概念

                                                           培养积极的沟通心态
                                  3.3   端正沟通态度          熟知沟通的心理效应

                                                           掌握沟通的技巧
```

学习目标

1. 素养目标：培养面对职场难题迎难而上的进取精神，提升在沟通准备中精益求精的工匠精神和注重细节的职业素养。

2. 知识目标：了解沟通前的准备要素，认知职场形象要求及沟通礼仪，掌握职场沟通的心理效应和调整心态的方法。

3. 能力目标：能够在职场沟通前期进行有效准备，打造得体的职场形象，在沟通时能够端正沟通态度、实现沟通目标。

重点与难点

1. 重点：了解沟通前期的 5W1H 分析法，端正沟通态度。

2. 难点：掌握沟通中常见的心理效应，能根据具体情况采取恰当措施。

3.1　明确沟通内容

小冰是人力资源管理专业的应届毕业生，她的性格热情且坦诚，在校期间人缘很好。毕业后，她选择了一家金融企业，原因是该公司发展速度较快，其人力资源岗位处于摸索阶段，自己的发展空间比较大。

到公司实习几天后，小冰就发现这家公司充满了各种裙带关系，缺乏对员工的必要的管理。小冰认为这正是自己发挥能力的时候，因此，她带着建议书走到了上级的办公室。

"王经理，我有一些想法想跟您沟通一下。"

"来来来，小冰，早就想跟你谈谈了，最近太忙。"

"公司要发展必须在管理上下功夫。根据我对公司的了解，我认为目前公司的主要问题有……"小冰按照列出的提纲逐条叙述。

王经理皱着眉头说："你说的问题确实存在，但必须承认，公司现在仍在营利，这说明目前的体制有它的合理性。"

"可眼前的发展不等于未来也可以发展，很多中小型企业都败在管理上。"

"好了，那你有具体方案吗？"

"还没有，如果您支持，方案只是时间问题。"

"那你做方案吧，材料先放这儿，我看后答复你。"说完王经理的注意力就转到其他工作上了。小冰这时似乎已经预测到结局，果然，她的建议书石沉大海。

结合案例，你认为小冰为什么没有达成自己的沟通目标？她忽视了哪些沟通原则？如果你是小冰，你会如何提建议？

在当今时代，高效率、高效能、高效益已经成为社会发展的标志，当代职场更是一个追求高效的地方。要有效地进行沟通，不仅要遵循沟通的温度原则、完整性原则、实效性原则及灵活性原则，还要准确把握沟通的基本内容，并在沟通前做好充分的准备。

沟通准备的基本内容可以归纳为六个方面，即设置沟通目标（Why）、分析沟通对象（Who）、确定沟通主题（What）、选择沟通地点（Where）和沟通时间（When）、计划沟通方式（How），即沟通的5W1H分析法。

3.1.1　设置沟通目标

在职场沟通的全过程中，沟通的目标（Why）是沟通的灵魂，沟通前的准备、实施过程和沟通后的反馈都必须围绕沟通目标。设定明确的沟通目标，可以给沟通者提供理性、清晰的指引，从而规范沟通行为，避免偏离主题。

在进行职场沟通时，首先要明确自己的沟通目标。例如，一位部门主管例行向上级汇报工作，那么在他推开上级的办公室大门之前，就要明确自己的目的：是仅仅汇报自己所负责的项目的进展，还是讨论部门的未来发展；是想为现有项目争取更多的资金支持，还是总结工作中已经出现的经验教训；是沟通项目本身，还是要以此为切入点讨论其他话题……这些都需要在正式沟通开始之前思考清楚。

任何职场沟通都是有目的的，确定沟通目标是一件非常重要，但也比较困难的事情。因为沟通具有双向性，双方都希望能够通过沟通来满足自己的需求。如果在沟通前期能够了解并分析对方的目标，在沟通过程中换位思考，在不损伤自身利益的前提下提供对方期待得到的东西，职场沟通就能实现双赢。

在"职场沟通之惑"的案例中，因为工作内容的不同，小冰和王经理的沟通目标有较大的差异。根据文中所述，小冰和王经理的沟通目标如表 3–1–1 所示。

表 3–1–1　不同的沟通目标

小冰的沟通目标	王经理的沟通目标
1. 从公司利益出发，解决管理问题	1. 借机介绍公司现状，使新员工适应
2. 为员工发声，争取更多权益	2. 希望小冰拿出具体的改进方案
3. 证明自己的能力，获得上级的肯定	3. 不要随便改变权力结构、打破现状
4. 交流观点，希望得到指点并进一步完善	4. 争取支持者，巩固自身地位

在这个案例中，小冰可能更倾向于通过沟通满足自我实现的需要，因此更希望获得王经理的及时反馈，即使自己的建议没有被采纳，她也希望王经理能够说明理由并肯定自己作为新员工积极进取的工作热情。而王经理则可能更希望小冰在了解公司的实际情况之后，能够拿出切实可行的改进方案，而且尽量不彻底颠覆现状。可是小冰并没有在沟通前将方案做出来，王经理和小冰的意见不能统一，无法达成双赢，于是两个人只能不欢而散。由此可见，本次沟通失败的原因之一就在于沟通双方都没有明确对方的沟通目标，从而向对方传递了不合适的信息。

在大部分的职场活动中，尤其是在相处时间较短、尚未熟络的沟通者之间，己方很难确定对方的沟通目标，这时就需要提前收集大量信息并做好调研工作。很多时候，对方的目标是在沟通过程中逐步了解和确定的，这时可采取试探的方法，逐步摸清对方的意图和态度。这就要求沟通双方具有根据实际情况不断调整沟通目标的技巧和能力。

沟通有道

三思而后"言"

初入职场的人非常希望被肯定，渴望拥有更大的发展空间，具有挑战意识和创新精神，但由于缺乏实战经验，对事情的看法比较理想化，工作中容易因为急躁而忽略细节。因此，职场小白在进行沟通之前，要充分做好准备工作，明确沟通目标，分析沟通对象，确定沟通主题，选择沟通地点沟通时间，计划沟通方式，三思而后言，切忌准备不足、没有慎重思考就随意发表意见。

3.1.2　分析沟通对象

沟通对象又称沟通客体，即信息的接收者。在职场沟通的过程中，沟通对象是沟通的出发点和落脚点，具有极强的主观意识，即便使用同样的沟通方式、陈述同样的沟通内容，不同的沟通对象也会产生不同的反应。

微　课

分析沟通对象

在职场沟通过程中，部分人习惯把目光聚焦在自己要达成的沟通目标，以及沟通信息的传递是否清晰、准确和完整等问题上，而对沟通对象的特点和感受视若无睹，经常自说自话。这样的沟通一定是事倍功半，甚至是失败的。实际上，信息接收方的理解和接受程度是评价沟通效果的重要标准。

因此，如果想达到最佳的信息接收效果，沟通准备的一个重要步骤就是对沟通对象进行分析。在沟通开始之前，应尽可能调查清楚以下四个问题。

（1）能达成沟通目标的最佳沟通对象是谁？

（2）沟通对象的性别、年龄、性格、观念、受教育程度、职业经历等。

（3）沟通对象对此次沟通目标及沟通信息的了解有多少？他们对于沟通内容的态度如何？

（4）沟通对象的需求是什么？有可能出现的反馈是什么？

这些问题了解得越详细，职场沟通就会进行得越顺畅、越有效，沟通者也能通过信息的传递进而影响沟通对象的决策。在确定了这些问题之后，针对特定的沟通对象，我们需要具备锚定意识、对象意识、推动意识和共情意识。

1. 锚定意识

职场沟通一定要有锚定意识，在确定沟通目标的前提下，锁定具有决定权的沟通对象，针对特定的沟通对象进行准备，才能高效达成沟通目标，否则就会事倍功半，甚至无功而返。

2. 对象意识

在沟通时，面对不同的人，人们会下意识地给出不同的回复。比如聊到吃饭，对于一般的朋友，"吃过了"就是合适的答复；对于父母，具体说明自己吃了什么，可以让父母放心；对于好朋友，可以聊不同的饭馆、最近爱吃的食物，这样既扩大了话题范围，也针对特定话题进行了分享，是一种增进友谊的好方法。

在职场中，快速切换的沟通对象很容易让人们乱了阵脚，所以无论是表达观点、会议发言还是汇报展示，都要有对象意识。合理运用让沟通对象乐于接受的有声语言和肢体语言，高效达成预期目标，这才是职场沟通的重点。

3. 推动意识

在职场沟通中，无论是向领导请示，还是与客户谈判，"让对方理解沟通内容"不是沟通高手的最终目标。比如在向领导汇报工作时：

项目经理 A："我想跟人力资源部沟通一下，确定负责项目销售的人选。"

项目经理 B："我想跟人力资源部沟通一下，确定负责项目销售的人选。所以，总经理您能帮忙跟人力资源部协调一下吗？"

上面两位项目经理使用的话术，哪种更能推动项目进程呢？显而易见，项目经理 B 的话术给出了具体的建议，而项目经理 A 只是陈述了情况。

不少人在沟通前总会花费大量时间思考如何将自己的意思表达清楚，但却忽略了沟通的目的是影响对方，并让对方按照自己的思路行动。因此，一定要事先想清楚"你想让对方做什么"，并在沟通过程中明确这一点。

4. 共情意识

和对象意识、推动意识注重逻辑和技巧不同，共情意识更注重沟通对象的主观意愿。例如在职场演讲中，不论你准备的背景板多漂亮、噪音多吸引人，如果领导、同事或客户没有被打动、说服，那么这次演讲就毫无意义。成功的演讲者经常会在演讲正式开始前与观众交流、寒暄，拉近距离；甚至在演讲中开一些无伤大雅的玩笑，做一些搞怪的表情和动作，吸引观众放下手机，专注听演讲。毕竟跟华丽的语言相比，能让沟通对象产生情感上的触动，达到预期的沟通效果才是更重要的。

所以，在沟通时，能够打动对方非常重要。如果不能给沟通对象留下深刻的印象，他们很快就会忘了此次沟通的内容。锚定意识能让沟通的效率更高，对象意识能让沟通者更专注，推动意识能让目标更容易达成，而共情意识能让沟通的效果更好。

3.1.3　确定沟通主题

主题是人们在社交活动中所要表现的中心思想，也叫主要内容。在沟通过程中，沟通主题是指沟通活动紧密围绕的核心问题或话题，其主要作用是串联相关信息，帮助沟通双方理解和反馈沟通内容。

不同于日常沟通中五花八门的对话内容，职场沟通的主题和核心是工作。但由于交流过程的不确定性，沟通中随时都可能转向其他话题，这时就需要沟通者明确主题并保持主题意识，在沟通"跑偏"时使用恰当的方式引导沟通对象回到此次的主题上来。

虽然不同的职业有不同的沟通内容，但这些沟通内容都是针对特定工作、围绕特定事件展开的。总的来说，职场沟通中常见的内容包括：事情的原因、预期的目的或目标、遇到的问题、解决的方法、取得的结果、需要的支持、沟通的结论。

有效的沟通取决于沟通者对议题的充分掌握。在确定沟通目标的前提下，找准沟通的核心主题，在有限的时间中，围绕核心主题向特定的沟通对象传递关键信息，这是达成沟通目标、实现高效沟通的重要保证。

通事达人

如何获取评价

一个除草工请他的朋友帮忙打电话给一位老婆婆。电话拨通后，朋友问道："请问您需要锄草吗？"

老婆婆回应说："不用了，我已经有除草工了。"

朋友又说："如果您雇用我，我可以额外帮您拔除花丛中的野草。"

老婆婆回应："我的除草工就是这么做的。"

朋友再聊："我还可以帮您把草坪修剪得非常整齐漂亮。"

老婆婆回应："我请的除草工已经做了修剪，他做得非常好。感谢你，但我确实不需要新的除草工。"

朋友挂掉电话，好奇地问除草工说："你不是就在老婆婆那里锄草吗？为什么要让我打这通电话？"

除草工回答说："我只是想要知道老婆婆对我工作的评价。"

3.1.4　选择沟通地点

沟通地点是指沟通活动发生的空间范围，包括地理区域、特定场所和室内外布置等。在职场沟通中，同样一句话，在不同的场合说出来，效果可能会不一样。选择合适的沟通地点往往能对达成沟通目标起到良好的助推作用。

外企的沟通地点一般比较单一，基本是在办公室或者会议室。但是国内企业的沟通地点的选择就比较广泛，包括办公室、会议室、饭店、茶餐厅等。为什么会有这种差别？原因很简单，沟通地点的选择在很多时候暗示着某种态度或者方法，这一点在中国这种高情境文化的国家体现得尤为明显。很多小企业会选择在豪华的酒店会客，而不是在办公室，以示对对方的重视和尊敬。实力强大或形象较好的企业经常邀请客户实地参观，选择在企业内进行沟通，这有利于提高合作的成功率。此外，饭店、茶餐厅等都有可能成为沟通的场所。

所以，在进行职场沟通前，根据沟通目标、沟通对象的层次、喜好及沟通主题选择合适的沟通地点是一项必要的准备工作。

首先，在不同的地理区域进行沟通，往往蕴含着特定的文化背景和民风民俗。如德国常使人联想到严谨、细致，英国则让人联想到传统、绅士。尽管实际情况不一定如此，或者并不是当地的每个人都是这样，但这仍有一定的代表性。

其次，特定场所往往暗示着对沟通对象的身份和地位的评价。同样一场工作会议，如果安排在一家豪华酒店的综合大厅进行，则暗示主办方对此事非常重视；如果是在公司的普通会客厅进行，则可能被理解为接待方不太重视。很多擅长沟通的人，往往会选择某些特定地点作为见面或谈话的场所，以显示自己的特殊背景。例如一些商业掮客往往选择在政府机构内部附设的营业场所或附近的地点与沟通对象见面，以暗示自己与政府机构关系密切。因此，在沟通中最容易犯的一个错误就是在不适当的场合讲话。

最后，室内场所的布局和陈设对沟通双方的心理也有影响。试想，如果企业的老板坐在办公桌后面，桌前放了一张很小的椅子给员工坐，或者干脆让员工站着，那么员工在与老板沟通时就会有压力。现在很多老板会在自己的办公室摆放一张茶台，将会谈的地点设置在茶台周围，沟通双方边喝茶边会谈，这样就在无形中拉近了沟通双方的距离，沟通时气氛会更加融洽。

3.1.5 选择沟通时间

情景剧

选择沟通时间

孔子曰："言未及之而言谓之躁，言及之而不言谓之隐，未见颜色而言谓之瞽。"这句话的意思是：还没问到你的时候就说话，这是急躁；该说话的时候却不说，这是隐瞒；不看脸色而贸然开口，这是瞎说。

沟通的合适时机是指已经具备沟通的客观条件，且双方都愿意进行对话的时候。在职场沟通中，沟通时间对沟通效果的影响具有多面性和复杂性。

首先，沟通对象存在作息时间上的差异性。在上午，大多数人的情绪、注意力都处于最佳状态，但对于一个刚刚上完夜班的人，选择在早晨进行沟通就会影响沟通效果。

其次，不同的内容应该选择不同的时间沟通。无论是履行承诺、道歉还是祝福，都要把握最佳时机。例如，道歉的最佳时机是事发当天，因为迟来的道歉会大打折扣，即使对方表面接受，也会在心里质疑"早干吗去了"。此外，履行承诺最好是早于自己承诺的时间点，这会让他人感觉你非常重视，但同时也要求我们在承诺的时候要十分谨慎，这样才能建立诚实、可靠、守信的个人形象。

最后，沟通的时长也有很大的影响。一般来讲，沟通的时间越长，人们的注意力会越分散，反应速度也会越慢。例如，一些谈判高手会采取疲劳战术或者麻痹战术，故意拖长谈判时间，在对手反应缓慢时一击即中，达成谈判目标。

3.1.6　计划沟通方式

沟通方式是指实现沟通目标的手段，也是沟通的准备工作中最复杂、最困难的要素。职场沟通时有多种方式，选择恰当有效的沟通方式，不仅可以提升工作效率，还可以提升沟通者的专业形象。同时，不同的沟通方式也能反映出此人是职场小白还是职场老手，甚至可以看出一个人是否有很好的职场前途。沟通的方式多种多样，按照不同的分类标准，大致可以分为以下几种。

1. 正式沟通和非正式沟通

正式沟通是通过企业、团体、组织规定的渠道传递和交换信息的方式，如例会、项目计划、项目报告、变更大会、合同和协议、组织与组织间的往来公函等。非正式沟通是指在组织正式信息沟通渠道之外传递和交换信息的方式，如聚餐中的私聊、茶余饭后的拉家常、过年过节的问候等。

正式沟通的优点是比较严肃，约束力强，沟通效果好，信息具有法律效力，可以体现信息的权威性；缺点是沟通速度慢，方式刻板，需要依靠组织系统的层层传递。正式沟通常用于重要信息和文件的传达、组织公布决策等。非正式沟通的优点是形式多样，沟通速度快，畅所欲言，沟通压力小等；缺点是不留证据，难以控制，信息极易失真，甚至成为谣言。非正式沟通常用于领导了解员工情况、关系密切的成员之间进行交流等。

2. 垂直沟通和平行沟通

垂直沟通通常发生在上级与下级之间，按照沟通对象的不同又可以分为上行沟通和下行沟通。下行沟通多发生在领导布置任务时，所以一般下行沟通的速度要快于上行沟通的速度。而上行沟通大多是下属向领导反映问题、汇报工作等，领导的反馈一般会有所延误。平行沟通是指没有隶属关系的组织、企业、部门、团队成员之间平等的沟通方式。

垂直沟通的优点是沟通速度快，信息传递准确；缺点是层级多的时候，信息传递变慢，可能会出现越级沟通或隐瞒事实的情况。平行沟通的优点是沟通主体之间彼此平等，沟通顺畅；缺点是容易产生矛盾和冲突，难以控制局势。

3. 对内沟通和对外沟通

对内沟通是在组织内部进行的信息沟通，对外沟通是组织与其他平等主体为了交流、合作而进行的沟通。这两种沟通方式通常是因为业务和工作的需要而展开，所以无明显的优缺点可言。

4. 单独沟通和集体沟通

单独沟通是平等个体之间一对一的沟通，其优点是可以就某一问题进行深入讨论，不占用他人时间；缺点是受沟通双方主、客观因素的影响，沟通结果不够全面。集体沟通是平等主体全部或绝大多数参与交流的一种沟通方式，其优点是集思广益，气氛热烈；缺点是分歧较多，难以统一观点，比较耗费时间。

3.2　打造职场形象

职场沟通之惑

小张是一家装饰公司的设计师助理，工作认真踏实，任劳任怨，但每次与客户洽谈时，她的老师——资深设计师陈杰基本不会让她出席。最让小张感到委屈的是，陈杰没有同意她的晋升，而是让另一位与她工作能力不相上下的助理升任了设计师。小张觉得委屈极了，她向公司的人力资源部提出了申诉，表示陈杰对她有偏见，在晋升考核时不够公平。

为了确保晋升机会的公平公正，人力资源部与陈杰进行了沟通。原来，陈杰认为小张的业务能力尚可，但是仪容仪表方面实在令人不满意。例如，她经常穿露脐装，浓妆艳抹，平时的行为举止也没有职业人应有的仪态等。陈杰认为员工升任设计师之后，就要经常与客户沟通，而小张的仪容仪表会有损公司的形象。所以综合考虑下来，在工作能力差不多的情况下，他同意了另一位设计师助理的晋升。

结合小张的案例，你认为陈杰的观点合理吗？什么样的形象才更符合职场要求？你打算以什么样的形象进入职场呢？

从心理学的角度来看，形象是指能引起人的思想或感情活动的具体形态或姿态。形象不是事物本身，而是人们对事物的感知，所以不同的人对同一事物的感知不会完全相同，其判断会受到人们的意识和认知的影响。

3.2.1 职业形象的重要性

经常有人说"这是一个看脸的社会""颜值即正义"。在职场，这里的"脸"或"颜值"绝不仅仅是指外表的美丑。职业形象的组成因素除了外表之外，还包含举止行为、品德修养、工作能力等。无论是对组织还是对个人而言，职业形象都是非常重要的，它不仅代表了一个人的个人能力，当职场人士作为企业的一员出现在社交场合时，其形象也代表着该企业的形象和文化。

不管你承认与否，当你第一次进入一个陌生的场所，即使这个地方没有一个人认识你，人们也可以通过你出现时的形象对你进行初步判断：你的整体水平是什么样的，包括经济水平、文化水平；你的社会地位如何，包括你的家庭教养、职业情况；你的可信任程度如何，是否值得被他人信赖等。

实际上，在求职过程中，我们就能够感受到职业形象的重要性。例如，参加同一个招聘会，有的人会因为得体的穿着和良好的表现获得理想的职位，有的人因为没有注意到这一点而与机会失之交臂。所以，想要取得事业的成功，一定要注重自己的形象。

3.2.2 正确认知职业形象

不同的人受到各种主、客观因素的影响，对于同一个事物的感知不会完全相同，甚至会大相径庭。正是因为每个人的审美各不相同，在职场沟通时，我们除了要根据自身特点尽量扬长避短之外，还要考虑沟通的目标、沟通对象的审美及沟通发生的场合，然后再进行职业形象塑造。例如，与时尚、广告或是设计等艺术行业的人士沟通时，职业形象可以活泼、时髦些；而与行政机关、律师事务所等以严谨著称的行业人士交往时，则应尽量保持简单稳重的造型。

职业形象与个人的职业发展有着密切的关系，一个人的性格特征可以通过形象表现出来，会给他人留下第一印象，而第一印象在个人求职、社交活动中会起到关键作用。特别是人力资源部门在招聘员工时，对应聘者职业形象的关注度非常高，他们会认为那些职业形象不合格、气质差的员工不容易在同事和客户面前获得高度认可，极有可能令工作效果大打折扣。此外，职业形象还会影响个人业绩乃至晋升的机会。比如业绩型的职业人，如果自己的职业形象不能体现专业度，不能给客户带来信赖感，极有可能破坏良好的合作关系。特别是对于一些进行非物质性销售工作的职业人，客户更多的是认可员工本身，如果因为职业形象问题导致误会、尴尬甚至引起客户厌恶，那么沟通时再多的技巧也无济于事。

很多人在打造职业形象时，仅仅以"美"作为唯一的目标，认为只要妆容精致、装扮时尚就是好的，这就偏离了塑造职业形象的正确轨道。职场是人的社会属性的从属区域，职业形象要注重职业第一、美丽第二。展示自己的优势、魅力当然不可或缺，但更重要的是理性认知和规划职业形象，迅速提升职业感和角色认知，在保持自我风格优势的同时，根据自己的角色定位确定职业形象。总而言之，在打造形象时要注意以下几点。

1. 杜绝"畸形"审美

近年来，不少人相信"瘦到极致就是美"，身高 1 米 7 的女孩子，认为自己超过 100 斤就是"太胖了"；40 岁的中年女性一定要"少女感"，不然就是"大妈"；年轻的男孩子一定要画眼线、戴耳环，追求所谓的"潮"……这种职业形象不仅不会受到职场人士的好评，还使得很多人开始为自己的容貌、身材感到焦虑，甚至有不少人为这种畸形审美付出了健康的代价。例如一些人以过度节食、催吐、服用减肥药等方式无下限地减重，轻则造成营养不良，重则患上厌食症。

2. 切勿盲目跟风"时尚"

"时尚"一词已成为当今世界的潮流代言词，不少初入职场的新人有了一定收入后，开始跟风时尚。实际上，时尚的本质是新鲜，它无关美丑。当一个人被评价为"时尚"时，有可能是这个人的形象很"惊人"。而将时尚元素进行恰当的处理，变成适合个人气质、符合职场要求的存在，才是更有价值的。就像每年都在变化的流行色，虽然流行是一种潮流，但如果它不能跟个人风格相结合，那么这种流行就很可能成为一种浪费，甚至对个人的职场形象造成伤害。所以说，追求时尚不在于被动的追随，而在于理智而熟练地驾驭它。

3. 不要随意变换风格

在职场，个人形象应该是一种在他人心中清晰的、深刻的印象，别人一想到你，你的形象就会浮现出来。换句话说，职业形象体现了你在他人心目中的能力、作用和价值，是职场上的第二个自我。这就意味着职业形象应该是连贯的、稳定的，随意、频繁地改变个人形象，往往会影响他人对你的评价。

在 30 岁以前，我们可以尝试不同的风格，但最终目的是根据工作的性质，塑造出具有个人风格的职业形象。30 岁之后，如果仍然没有形成属于自己风格的职业形象，往往会影响职业生涯的发展，也是职业人不够成熟的表现。

3.2.3　如何塑造职业形象

形象的塑造如同对产品的包装，一个人形象的好坏代表其内在修养，甚至会影响其职业生涯的发展。那么，如何塑造适合自己的职业形象呢？我们可以从以下几个方面入手。

1. 正确认识自己

很多人有这样的经历：跟风美妆博主、穿搭博主购买了大量的化妆品和服饰，在使用和穿着的时候却发现跟自己的预期大相径庭。你是否也遇见过这样尴尬的情况呢？其实这是因为你没有深刻地认识自己。

找一面全身镜，从头到脚认真地审视自己，找到自己面部和身材中最满意的部分，同时也试着去发现自己不完美的部分。对于那些满意的部分，在形象打造时要突出它们，提升自己的自信；对于不完美的部分，则可以通过化妆、服饰来进行修饰，也就是我们常说的"扬长避短"。

2. 学会化妆

在现代社交中，女士化淡妆既可以表示对他人的尊重，也能够在外貌上扬长避短，还是让后续的交流沟通更加顺畅的有效助力器。职场人士在工作时对自己进行修饰是必要的，化妆是为了突出面部的优点、修饰面部的缺点。一直以来，人的面部都有"三庭五眼"的说法（图 3-2-1）。

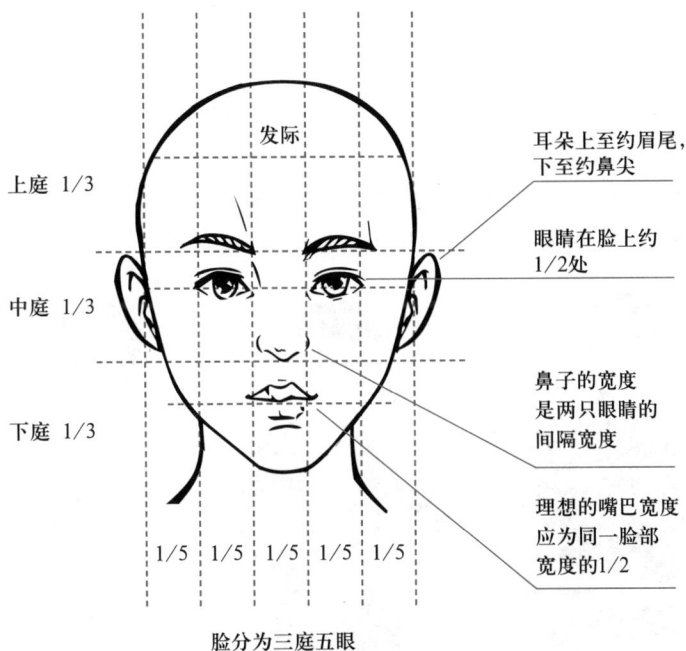

发际

上庭 1/3

中庭 1/3

下庭 1/3

1/5　1/5　1/5　1/5　1/5

耳朵上至约眉尾，下至约鼻尖

眼睛在脸上约 1/2 处

鼻子的宽度是两只眼睛的间隔宽度

理想的嘴巴宽度应为同一脸部宽度的 1/2

脸分为三庭五眼

图 3-2-1　三庭五眼示意图

三庭，是指额头顶部到眉毛最低处、眉毛到鼻翼最底部、鼻翼到下巴的三个部分，这三个部分的距离越趋近一致，就越符合大众审美。五眼，是指用双眼的两个眼角，把面部分为五个部分，这五个部分的宽度越趋近一致，人就会更漂亮。大部分人认为美的面部都符合或接近这样的标准，化妆就是要用不同的化妆品或化妆技巧来使容貌接近这样的标准。例如用眼线的长度来调整自己"五眼"的距离，用高光和阴影来使自己的三庭更加和谐等。

3. 设计得体的发型

头发常常没有面容那样受人重视，但如果想提升自己的形象，就要把头发作为重要环节来考虑。职场人士的发型设计通常没有严格的要求，但起码要做到干净整洁，头发不油腻、无头屑、无异味。男士应避免剃光头。如果不是从事时尚行业，尽量不要漂染过于夸张的颜色，如近年来非常流行的"奶奶灰""闪电蓝"甚至是"荧光绿"，在大部分行业中都不会受欢迎。如果有条件的话，最好能定期做头发护理，让发质看起来更健康。

除此之外，在正式的工作场合，要打造干练、让人信任的形象。男士发型尽量做到前不遮额，也就是刘海不要把额头全部盖住，甚至遮到自己的眉毛。发型的侧面不超过耳朵，如果两侧的头发较长，应该整理在自己的耳后。头发尾部，尽量不要长于西服的衣领。有必要的话，可以适当使用定型产品来整理自己的发型。女士的发型比较多样，短发凸显干练，长发展现柔美。如果发长过肩，在会议等场合将头发盘起来会更显正式。

4. 着装要得当

如果在工作中需要向人求助，你会向下图（图3-2-2）中的哪位男士求助呢？实际上，图中是同一位男士，之所以会给人不同的感觉，是因为这位男士穿着了不同的服装。虽然人们的审美不会完全一致，但是正装一定是所有服装款式中最容易让人产生专业感和信任感、也是最容易树立起职业形象的服装。所以，如果不确定在正式的社交场合应该如何着装，选择正装基本不会出错。

情景剧

职场着装的
选择

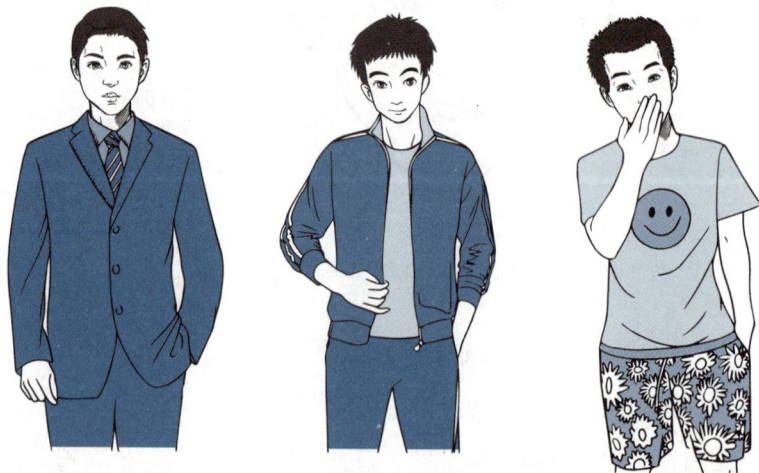

图 3-2-2　风格迥异的着装

（1）西服套装。一套在正式场合穿着的西服套装，应该由较为挺括的面料缝制，上衣和下装要采用同一质地、同一色彩的素色面料。着装者需要扬长避短，所以提倡量体裁衣。上衣注重平整、挺括、贴身，较少使用饰物或花边进行点缀。在穿着时，要讲究大小适度，衬衫的袖长要盖住手腕，外套袖长可以略短于衬衫袖长的 0.5~1 厘米左右。外套的领子要翻好，不要随意当着别人的面脱下上衣。西裤的裤长最长可盖住脚面，最短可及脚踝，尽量做到修身而不紧身。

（2）正装配饰。小丝巾和胸针是女士套装和西装裙最好的装饰物，但如果佩戴工牌，那么可以不再佩戴胸针，以免显得冗余。年轻女性的西装裙下摆可在膝盖以上 3 厘米左右；中老年女性则可以选择下摆在膝盖以下 3 厘米左右的西装裙，裙内应穿着衬裙。裙子过长会显得不精神，过短则会显得不庄重。一般来讲，女士穿西装裙最好穿肉色的长款丝袜或者连裤袜。丝袜的长度应该高于裙边。正式的西服套装应该配质感好的皮鞋，并保持鞋面整洁，避免穿布鞋、凉鞋或运动鞋。

（3）三色原则。服装的三色原则适用于任何场合，包括鞋子、皮包和配饰，全身大面积的颜色不要超过三种。对于职场人士而言，着装色彩的几个禁忌要特别注意。例如，不要穿上下花色不统一的印花服装，看起来会非常杂乱；避免穿颜色过于鲜艳的服装，尤其是避免身上同时出现两种以上特别鲜艳的颜色；不要穿过于暴露的服装，露肩装、露脐装、大面积的透视装、低腰裤等都是应该避免的。

（4）TPO 原则。在工作之外的场合，着装应该符合 TPO 原则（Time，Place，Occasion），即服装的选择和搭配应考虑所在的时间、场合，以及要留给对方什么样的印象等因素。

除此之外，服装的选择还应该扬长避短，不要盲目跟风，适合自己的才是最美的。无论身材如何，均应避免穿过于紧身或过于宽松的款式，合体的剪裁和修身的款式才是最好的选择。如果腿部比例或线条不够美观，穿着修身而不紧身的裤装，就可以有效修饰自己的不足。

沟通有道

饰品佩戴也是无声的语言

恰当地佩戴饰品，有助于职场人士更好地传递信息、传达情感，在塑造职业形象时能够起到画龙点睛的作用。

职场佩饰虽不能过于浮夸张扬，但也绝不能过于平淡无奇，利用搭配技巧将首饰盒中的基本款搭出特色感也是职场时尚达人的必修课程。如果你是职场小白，饰品可以是素雅清新风；如果你想成为职场精英，饰品可以是简约干练风。

职场中不同的职位需要展现不同的气场，饰品也是不错的帮手，效果最为明显的要数耳饰，它能很好地帮助人转换气场。通常个性强势的女性可以试戴一些造型圆润、低调的耳饰，用来中和气场；存在感较低的女性可以挑色彩鲜艳或造型活泼的耳饰，或许会令人眼前一亮；如果是领导级的人物，一些大气硬朗风格的耳饰能让人气势倍增。

5. 饰品选择要搭配

随着人们生活水平的提高，越来越多的人喜欢佩戴各类饰品。作为职场人士，饰品的佩戴要有品位，尤其是在工作场合，佩戴得当能向他人传递美好的感觉，也显现了佩戴者的爱好和气质。

在选择饰品时，要注意以下几点：首先要根据自己的年龄、职位选择配饰，以合适为佳。如果一个职场小白的佩饰风格是珠光宝气的感觉，难免与其职场定位不符。其次，不要佩戴过于夸张的配饰，佩戴时要注意与自己的外貌、肤色相符。最后，女士的耳环、项链、手环、戒指戴得越少越好，尽量不要超过三种。如果确实特别喜欢，可以让这些配饰同质同色。如佩戴了银色的耳环，就可以不戴金色的项链手环了；如果佩戴了珍珠材质的耳钉，则其他配饰也应是珍珠材质。此外，在特定场合进行职场活动时，饰品的佩戴还要注意符合当地的习俗。

通事达人

修饰要得当

某水产公司的秘书王某注重在职场中合理利用合乎环境、身份、自身条件和时节的服饰来扬长避短，而且她很会为同事的着装出谋划策。

同事刘某身材瘦小，但爱穿厚底的高跟鞋或者是带有内增高的鞋子，结果不仅会更加突出其身高的不足，还会有滑稽的效果。王某就建议她尽量选择粗跟款式的黑色尖头皮鞋，这样延长的鞋头会显得腿部更加修长，视觉上有增高的效果。

同事李某皮肤黝黑，为了美白，经常涂一层厚厚的粉底，因与其肤色差异较大，给人假面之感。王某建议她保证充足睡眠、注意保湿美白，还可以穿弱饱和色的暖色调衣服提亮肤色。

无论是在职场还是在日常生活中，用服饰、化妆等方式对自己进行适当的修饰可以提升个人形象，但过分的修饰则会适得其反。

3.3　端正沟通态度

职场沟通之惑

某知名公司总部的财务总监王某退休后，其职务由该公司下属的一家针织厂的财务处处长刘某继任。财务部门在公司内部有着举足轻重的地位，原总监王某专业技能过硬、待人随和、经验丰富，他要求下属相互协作，一直以来，财务部门的工作效率很高。刘某年富力强，工作时雷厉风行，学历和工作经验在员工中属于佼佼者，他本人对管理财务部门有极高的热情，被认为是接替王某的最佳人选。

可是就职两个月以来，刘某明显感觉到财务部门的工作效率下降了，不顺心的事情不断发生。有一天，他刚上班，财务部门的一位年轻员工来请事假，说要去机场接人，刘某没有批准，结果两个人吵得不可开交。有一次，刘某急着要用最新的成本资料，负责的员工却不断拖延，刘某认为他是故意的。不久后，一位老员工做的报表出现失误，导致刘某在给公司总裁的报告中出现差错，刘某十分恼火，当着所有财务部员工的面批评了这位老员工。如此等等，令刘某深感苦恼。

原本工作效率极高的财务部门为何会在刘某接任后频繁出现问题？刘某与下属的相处之道应如何改进呢？

3.3.1　沟通态度的概念

很多人认为职场沟通顺畅与否，关键在于是否掌握了职场沟通的技巧，实际上这样的想法是不准确的。态度不合适，即使巧舌如簧，也不会取得理想的沟通效果。很多能够迅速融入职场的新人，最终的成功都是得益于谦逊、勤奋、主动、真诚的工作态度。

态度是个体对特定的人、事件、观念或者情感等所持有的稳定的心理倾向，这种心理倾向蕴含着个体的主观评价，以及由此产生的行为倾向。职场沟通中的表现归根到底是沟通态度的外在流露，而沟通对象也会通过这种外在流露感受到对方的沟通态度，从而影响沟通结果。

一般情况下，人与人在沟通时会出现三种态度：侵略、退缩和积极。侵略态度是一种沟通时常见的态度。人们在职场沟通时，侵略态度往往会比较强势，很容易因为意见不合而发生争执，甚至是拳脚相向。实际上，大多数人都不愿意在沟通时表现出侵略性，只是很多时候会在不经意间流露出侵略的意味。与侵略态度相对的是一种服软的退缩态度。如果一个人在职场经常表现出退缩的态度，会引起他人的轻视，这个人的职业生涯也难以顺遂。因此，在沟通时既不能极具攻击性，也不能退缩不前，而是要有积极的态度。积极的沟通态度通常有以下六种具体表现。

测试

沟通态度测试

1. 直接说明型
直接说明型的态度就是在沟通时不做保留，直截了当地说明自己的意见和建议。直接说明时要注意语言要准确、精炼，语气应温和、得体。

2. 共情型
共情型既要表现出理解对方，谅解对方的不足和错误，又要表现出自己仍然需要对方完成某项事务。

例如，周五下班时，经理对小安说："小安，很抱歉，你负责的方案需要在下周一进行汇报评估。所以麻烦你在周一前把这个方案赶出来，可以吗？"经理的话语中既包含了对小安的歉意，又希望他务必在周一之前完成任务。

3. 告诫型

在沟通中使用告诫话语一般是向对方说明：如果不改变原有的思路或做法，就会产生严重的后果，从而让对方重新思考并做出改变。

例如，某员工着急报销 2 000 元的出差费用，财务人员小娜向其表示："很抱歉，实在帮不了你，公司规定，1 500 元以上的报销需要总经理审核后才能通过。建议你先去找总经理审核，如果通过了，我马上给你报销。"小娜意在说明正确的办事流程，以免对方白费力气。

4. 提示型

当一方想要提醒另一方一件事情的现状与之前沟通的情况有所出入时，就可以采用提示型的沟通态度。

例如，秘书小丽在处理公司订单时发现了一个问题，于是向经理请示："经理，之前您跟我说，需要订 ×× 型打字机 2 台，但是我发现订单上却标注 5 台。我是按照您原来的要求订 2 台，还是照订单要求订 5 台呢？"在与经理的沟通中，小丽利用提示的方式，让经理发现了问题所在，从而作出指示。

5. 直言不讳型

采用直言不讳型态度沟通时，大多是对方的某些言语或者做法已经触犯了行为准则，对你造成了一定程度的影响。

例如，经理对经常迟到的员工说："公司规定上班要准时，你这周已经迟到两次了，这样影响很不好，对其他按时上班的同事也不公平。如果你再迟到，我就要按照公司的规定，扣你的事假了，希望你以后注意。"

6. 询问型

采取询问的态度和别人沟通，是希望对方说出内心的想法，从而了解对方的立场或者意愿。

例如，小张在一家互联网企业任经理，有一天公司总裁对他说："最近我们在成都开办了分公司，急需出色的管理人员去开拓市场。你的工作能力很强，我们打算把你派过去，你觉得怎么样？有什么要求尽管说。"

合理运用以上这六种沟通态度，能够做到既不显露侵略性，又不让别人感觉你很软弱，有利于同他人更好地交流，取得较好的沟通效果。

谦逊真诚的小汪

小汪是一名网络直播与运营专业的高职学生，她勤奋好学，性格开朗。临近毕业，她开始了漫长的求职生涯。

有一天，小汪在招聘网站上看到一家直播公司招聘主播，待遇很好，她便投递了简历，顺利地通过了该公司的笔试，并被通知三天后进行面试。

参加面试的人实在太多了，竞争异常激烈。在最后一关的面试中，小汪没有被选中。虽然很遗憾，但她仍怀着感激之情给这家直播公司的招聘专员发微信致谢："非常感谢贵公司为我提供了笔试和面试的机会，虽然我没能加入这个优秀的大家庭，但这次应聘使我获益匪浅。再次向您和贵公司致以真诚的谢意！"

一周后，小汪再次接到了这家直播公司的电话，原来，她的微信给公司的招聘专员留下了深刻的印象，当公司又出现新的职位空缺时，招聘专员第一个就想到了小汪，并且主动向公司进行了推荐。

初入职场的新人在专业、能力上或许稍有欠缺，但一定要保持谦逊、真诚、主动的态度，以虚心学习的姿态跟同事、领导交流，并对他人的帮助表示感谢，这样才能迅速融入职场，获得更多的机会。

3.3.2　培养积极的沟通心态

在经济全球化的背景下，科技迅速发展，国与国之间、企业与企业之间、人与人之间的竞争日益激烈，整个社会处于快节奏中，人们面临的压力越来越大。在这样的环境中，能否保持健康的心态，直接决定着职业生涯的发展。那么，如何培养积极的心态呢？"费斯汀格法则"指出：生活中的10%由发生在你身上的事情决定，而另外的90%则是由你对事情的反应决定。

大多数职场新人在刚进入一家公司时，会因为各种各样的人或事而产生不满，这种不满有可能是来自公司的管理制度，有可能是来自工作内容本身，有可能是来自顶头上司的责备，也有可能是来自身边的同事或者客户等。当不满情绪积攒到一定程度之后，有人选择愤然离职，有人选择放弃初衷而躺平混日子，当然，也有人选择正视自己的不足，继续努力工作。其中产生不满的原因就是费斯汀格法则中提到的10%，而产生不满之后所做的选择则是另外的90%。很显然，正是那90%决定了一个人职业生涯的走向。

在漫长的职业生涯中，一定有很多事情是不受我们控制的，我们经常会遭遇挫折、失败，甚至绝望。我们也许控制不了前面的10%，但可以调整自己的心态，

微课

培养积极的
沟通心态

让自己保持积极的情绪，通过自己的心态和行为决定剩余的90%。积极的心态是每个人都可以练就的，无论这个人的气质、处境和智力如何。在工作和生活中，多观察、体会和回忆美好的部分，当遇到不顺心或压力大的情况时，多寻找积极的一面，化压力为动力。真正能帮助自己的不是他人，而是自己。

3.3.3　熟知沟通的心理效应

心理效应是社会生活中常见的心理现象和规律，是指特定行为引起其他人或事物产生相应变化的因果反应或连锁反应。正确地认识心理效应，并对其进行合理运用，在社交中具有非常重要的意义和作用。在职场沟通中，常见的心理效应包括漏斗效应、首因效应、近因效应、光环效应、刻板效应、定式效应和投射效应。

1. 漏斗效应

漏斗效应又称沟通漏斗，是指在实际沟通中，信息在由沟通者发送到沟通对象接收的传递过程中呈现出逐渐缩水的趋势。

对于沟通者来说，他心里想的是100%的信息，当此人向沟通对象表达时，这些信息已经漏掉20%了，而剩下80%的信息传递给沟通者后，由于沟通对象的文化水平、理解能力等差异，信息只能存活60%。与此同时，真正能被沟通对象理解、领悟的信息大概只有40%。等沟通对象遵照领悟的信息采取具体行动时，这些信息只剩下20%。三个月之后，最终沟通呈现的效果大约是原本信息的5%。这就是"沟通漏斗"（图3-3-1）。

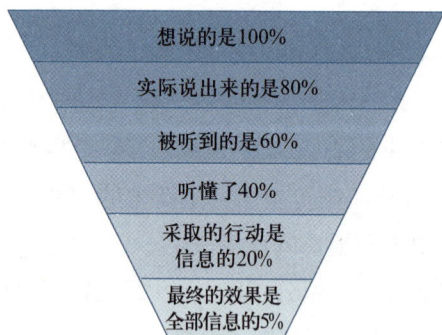

图3-3-1　沟通漏斗

2. 首因效应

首因效应又称首次效应、优先效应或第一印象效应，是指职场沟通双方形成的第一印象对今后交往的影响，即先入为主的想法带来的效果。

心理学家研究发现，人们在初次会面时的45秒内就会对他人产生第一印象，而这一印象会在后续交往中占据主导地位。所以初次见面应做好充分的准备，人们都愿意与衣着整齐、落落大方的人交往，给对方留下良好的印象就有了较好开始，后续的各种沟通工作就能顺利许多。

3. 近因效应

近因效应也称新颖效应，是指在交往过程中，对他人最近、最新的认识占据了主导地位，掩盖了以往形成的对他人的评价。"士别三日，即更刮目相看"就是这个道理。很多人在晋升前期勤奋工作、努力表现，最终获得成功，正是利用了近因效应。

4. 光环效应

光环效应又称晕轮效应、月晕效应等，是指在对别人进行评价时，常喜欢从局部印象出发，以点概面，以偏概全，进而形成整体印象。所以职场人士出席重要场合或进行重大事务的沟通时，应该进行充分的准备，表现出自己的最佳状态，因为这时的表现很容易让他人产生光环效应。

5. 刻板效应

刻板效应又称刻板印象，是指人们用刻印在自己头脑中的关于某人或事、某一类人或事的固定印象，作为判断和评价人或事的依据。例如，青年人往往认为老年人墨守成规，而老年人又往往认为青年人举止轻浮；大家普遍认为大学教授总是白发苍苍、文质彬彬，工人则身强力壮、举止豪爽等。在进行职场沟通时，要避免使用自己已有的刻板印象对他人进行评价，以免与优秀的合作伙伴失之交臂。

6. 定式效应

定式效应也称"心向"，是指由一定的心理活动所形成的固定倾向去反映现实，从而表现出心理活动的趋向性和专注性。例如，一说到候鸟成群结队到某个河域过冬，大家就会认为该河域的污染问题得到了改善。但是有一种红嘴鸥，被称为"湖水的清洁工"，它们之所以常到东湖过冬，就是因为东湖被污染多年，藻类大量繁殖、菌虫密布，而这正是红嘴鸥过冬的食物。在高速发展的当下，工作环境瞬息万变，职业人在工作中更要做到以发展的眼光看问题，才能更好地实现沟通目标。

7. 投射效应

投射效应即"以己度人"，在认知和对他人形成印象时，把自己的感情、意志、特性投射到他人身上并强加于人，这是一种推己及人的认知障碍。投射效应在生活中经常发生，大致可以分为以下三种表现形式。

相同投射，是指人们会在不知不觉中把自己的感受投射到别人身上，就像生活中常说的"有一种冷叫妈妈觉得你冷"。

愿望投射，常常发生在老师、家长与孩子之间。例如，很多家长收到老师对孩子的点评时，重点关注孩子的缺点，将整篇评语理解为老师的批评。

情感投射，一般是指人们在看待自己喜欢的人时，会越看越喜欢。明明喜欢的人没做什么特别的事情，却还是"情人眼里出西施"。反之，对于讨厌的人，看到他就心生厌恶。这就是带着个人情感看待事物，不能客观对待人或事。

人有一定的共同性，在很多情况下，职业人根据投射效应对别人做出的推测是比较准确的。但人与人之间既有共性，又有个性，如果投射效应过于严重，总是以己度人，那么将无法真正地了解别人，更无法建立良好的社交关系。

3.3.4 掌握沟通的技巧

职场沟通是一个双向互动的过程，沟通的目的是要让对方明白自己的想法，以便达成共识。良好的沟通需要稳定的情绪、健康的心态、对沟通对象的尊重，以及一定的技巧和手段。可使用以下技巧进行沟通。

1. 尊重沟通对象

每个人都是独立的个体，有自己的人生经历和对世界的认识，个体差异会导致对同一事件的认知大相径庭。这时候更需要通过充分的沟通来传递自己的想法，寻找统一的意见。能够在职场沟通中保持稳定的情绪、倾听他人的想法，并让沟通对象把自己的观点和立场表达出来，才算是做到了对沟通对象的尊重。例如，在领导布置任务时，如果有一位员工突然插话说："领导，这事儿咱们还是再议吧，我们部门现在哪有时间和精力接手新工作啊，现在都已经忙不过来了！"这句话没有表现出对领导应有的尊重，就更不要想达成自己的沟通目标了。比较好的做法是先接受任务，在会议结束之后再单独向领导说明自己目前的困难，用请示的态度与领导进行协商，这样有助于达成双方都能接受的目标。

2. 不要吝惜感谢

"谢谢你"虽然只有三个字，却代表了对他人的肯定和感激。无论是面对熟悉的人，还是面对相对陌生的人，当别人帮助了你，一句"谢谢"、一个友好的微笑或者一个感恩的眼神都会让人感到温暖，让人觉得自己的付出是值得的。换位思考一下，如果自己收到感谢，往往会感觉自己被需要，不仅会提升别人的幸福感，也会提升自己的自我价值感。所以，感谢他人是职场交往中很重要的一个方法和技巧。在得到帮助时，不要吝惜感谢，要经常表达自己的谢意。

3. 委婉提出建议

同事之间进行沟通时，往往会认为自己的观点是正确的，很多时候不愿意听取他人的建议。此时提建议就要委婉些，可以使用"不妨试试""供你参考"这样的字眼。尤其是当与被建议方不够熟悉时，试着使用下面的这些方法，可能会有不一样的效果。

➢ 隐晦点拨，维护他人颜面
➢ 正话反说，引人主动思考
➢ 侧面提醒，避免防备心理
➢ 表示谦虚，切勿自作聪明

➤ 大方赞美，收获良好人缘

➤ 先说优点，避免对方难堪

4. 尝试以"咱们"开头

职场沟通中常见的人称有"我""您""大家"等。职场人士之间常常存在很强的距离感，如果能够找到恰当的方式，迅速打破彼此间的隔阂，拉近与工作伙伴之间的距离，就能使工作更高效地向前推进。不妨尝试在沟通时以"咱们"作为开头，例如，"咱们来讨论下一步的工作计划吧""咱们团队目前的困境是……"，这样的句子能够增加沟通对象的归属感、团队感，从而提高沟通效率，达成沟通目标。

5. 学会使用敬语

敬语是谈吐文雅的重要体现，是展示沟通者风度和魅力必不可少的方式之一。例如，在职场沟通中，当称呼对方为"您"的时候，沟通者表达了一种尊敬的态度，而这种态度能够使对方乐于交流，让沟通更加顺畅，工作目标更容易达成。以下是职场沟通时常用的敬语（表 3-3-1）。

表 3-3-1　常用敬语类型及使用场合

敬语类型	表达方式	使用场合
问候型敬语	您好、早上好、久违了、久仰大名	见面彼此问候时使用
请求型敬语	劳驾、拜托、麻烦、冒昧	请求帮助时使用
道谢型敬语	谢谢、不胜荣幸、承蒙提携	表达感激时使用
致歉型敬语	不好意思、对不起、打扰您了、请多包涵	表达歉意时使用

6. 表现诚意

向对方表示出合作的诚意，既要有勇于承担责任的态度，又要有合作共赢的精神，这是促成职场有效沟通的重要因素。表现诚意的方式有很多，例如，当面交谈比通过邮件或电话沟通显得更有诚意；精心打造自己的形象比休闲的装扮显得更有诚意；投其所好，用沟通对象乐于接受的沟通方式进行交流比自说自话显得更有诚意。无论使用什么方法，针对不同的沟通目标、沟通对象，在沟通前进行充分的准备，在沟通时诚恳地表达，用自己的真心进行交流才是最大的诚意。

7. 敢于道歉

人非圣贤，孰能无过。人与人相处，即使再怎么小心谨慎，也难免会发生一些不愉快的事情，职场中更是如此。为争胜负，难免一时冲动，说错了话、办错了事。所以，职场沟通更要三思而后行，有分寸地说话。但不管是有意还是无意，每个人都会在工作中出现各种意想不到的差错，出了错，要有道歉的勇气。不要小看道歉这件事，适时的道歉能够令沟通对象感受到你的诚意，多数情况下都能大事化小、小事化了。真诚的道歉不仅可以弥补破裂的关系，还可能增进彼此间的感情。

8. 迂回的态度

迂回是一种技巧，它与东方社会含蓄深沉的文化心理相适配。因此，在商务交往中，迂回战术更适合东方人。在人与人沟通的过程中，由于信任程度不同，采取的态度也不一样。如果与对方的观点发生冲突，最好的态度就是双方各让一步，或者避其锋芒，采用其他方式寻找双方的共同点，重新开始沟通。例如，在商务谈判中常使用的迂回式谈判，就是通过其他途径先接近谈判对象，建立一定的感情之后再进行谈判，这种方法非常奏效。这是因为人的生活是丰富多彩的，除了工作之外还会有许多兴趣爱好，如果从对方的兴趣入手，成为其伙伴或者支持者，就容易建立一定的情感基础，工作上的合作也会更加顺遂。

沟通有道

学 会 道 歉

道歉是体现一个人修养的行为，学会及时、恰当的道歉，会在无形中给我们加分。

最简单的道歉方式莫过于一句诚恳的"对不起"，但很多时候用委婉的方式表达歉意也会实现同样的效果。例如，彭德怀元帅有一次错怪了洪学智将军，后来彭德怀拿了一个梨，笑着对洪学智说："来，吃梨吧！我赔礼（梨）了。"说完两人就哈哈大笑起来。

在职场沟通中，上下级之间、同事之间或与客户沟通时都难免会产生一些矛盾，而后续职场交往的顺利与否往往在于你是否有解决问题的良好态度。道歉就是解决矛盾的第一步。麻烦了别人，我们要说"劳驾""麻烦您"；给别人带来困扰，我们要说"不好意思""打扰了"；伤害到别人，我们要说"对不起""请原谅"等。道歉是人与人和解的桥梁，更是一个人胸襟与修养的体现。

互动园地

知识检测

测试题

沟通游戏：职场模拟

请在下面的沟通场景中，选择你最认同的沟通准备方式，并进行相应的标注。

职场沟通场景 1：

你现在要去参加一个重要的面试，快到了才发现自己穿了一双运动鞋，回去换鞋已经来不及了，想再买一双，自己又没带那么多钱。这时你发现该公司的一个员工穿了一双新皮鞋，你想借来穿一下，但你身上只带了一个特意为爸爸买的价值 150 元的打火机。这时你会怎么做？

你可能选择的做法：

1. 向人提出借皮鞋的请求：您好，我是 ×× 职业学院的应届毕业生，今天来公司参加面试，我的前三轮面试都通过了，这是最后一次，对我来说特别重要。可是我太着急了，直接穿了运动鞋出来，回去换已经来不及了。我看您有一双很棒的鞋，估计我能穿。我明白，自己的鞋都不希望被别人穿，我只需要在面试的时候借用一个小时左右，之后就马上还给您。我没有带什么值钱的东西作为答谢，身上只有为我爸爸买的打火机，虽然不清楚您是否能用到，但这是我的一点心意，请您收下。

2. 向人提出借皮鞋的请求：亲，我是 ×× 职业学院的应届毕业生，今天来公司参加面试，这个面试对于我来说真的非常重要，我可能是太紧张了，居然直接穿了运动鞋出来。我看到您脚上这双鞋特别棒，请问您能不能借我穿一个小时？您放心，我绝不会不还给您。我没有带什么值钱的东西作为答谢，身上只有一个为我爸爸买的打火机，我可以把它放在您这儿作为抵押，或者把我的手机作为抵押，您看怎么样？

3. 直接穿运动鞋进入面试考场，主动向面试考官说明情况，求得面试考官的谅解。

4. 直接穿运动鞋进入面试考场，认为面试考的是应聘者的才华，穿什么鞋并不是最重要的。

职场沟通场景 2：

你上司的上司邀请你共进午餐，席间偶遇你的上司。午餐结束回到办公室后，上司的种种语言行为都暗示着他对你们午餐中的谈话内容颇为好奇，你会如何应对上司的好奇呢？

你可能选择的做法：

1. 主动邀请上司在下班后共进晚餐，在轻松愉快的氛围中将谈话内容详细告知。

2. 敲门后进入上司的办公室，探明上司想知道的内容，并将相应的内容如实告知。

3. 在上司多次暗示自己后将谈话内容中能说的部分告知上司。

4. 找机会在非工作场合与上司碰面，对午餐时的谈话内容进行粗略描述，淡化内容的细节，并尽可能地消除上司可能产生的疑虑。

5. 不主动提及，等上司询问后再将情况选择性地告知他。

职场沟通场景 3：

公司计划选派优秀员工到国外接受培训，培训结束后将有望晋升至公司的管理岗。你对此非常心动，但也知道公司内部的竞争非常激烈，不少跟你资历、能力不相上下的同事也在跃跃欲试。此时的你会采取什么样的行动呢？

你可能选择的做法：

1. 先下手为强，总结自己过往的业绩，主动出击，在培训负责人有空的时候前往其办公室毛遂自荐。

2. 以工作为借口邀请培训负责人共进晚餐，加深与负责人的感情，加强其对你的印象，并在席间"顺便"提及培训事宜，同时进行自我推荐。

3.寻找与培训负责人熟络的中间人，请他在负责人面前推荐你。

4.更加努力地做好本职工作，期待培训负责人发现你的闪光点。

5.对自己的工作能力与业绩有足够自信，顺其自然。

职场沟通场景4：

你被新公司聘任为部门主管，但你知道部门内部还有好几位资深同事都在关注这个职位，其中有两人对于你的走马上任颇为不满，甚至在背地里诋毁你。上班的第一天，你会怎么做？

你可能选择的做法：

1.将这些问题记在心上，但在上班第一天全身心地投入工作，并开始主动结识部门里的每一个人。

2.重视这个问题，借由"新官上任三把火"的机会召开部门会议，并严肃提出团队团结的问题。

3.重视这个问题，并主动找可能对你不满的员工谈话，希望他们在今后可以配合你的工作。

4.重视这个问题，但认为情绪的波动很快就会过去，只要在未来工作中做出成绩，其他人就会心服口服。

结果：在表3-3-2中找出每段谈话中你所选择的答案序号，并进行标记。

表3-3-2　谈话评分表

	场景1	场景2	场景3	场景4	合计
A	1	1，2	1	1	
B	2	4	2，3	2	
C	3	3	4	3	
D	4	5	5	4	

在表格最右侧"合计"一列的空白处写出每一横排所选项目的总数。如果有一排集中了你的大部分选项，那么这一排最左边的字母就代表了你的回答类型。某一排集中的选项越多（最多4项），那么你具备这一排字母所代表的类型特征就越明显。

结果分析：

A：你是主动型沟通者。在各种社交场合都能根据沟通目的、沟通对象进行充分准备，并在沟通过程中正面表达，坚持自己的立场。你自信心强，充满正义感，善于团结身边的人，营造和谐的社交氛围。但需要注意的是，有时过于主动地显示自己反而会让人不喜欢。

B：你是经营型沟通者。你心思细腻，善于把握沟通对象的心理，并利用人脉资源进行各种正式或非正式沟通。但需要注意的是，有时过于极端地揣测沟通对象的心理可能会弄巧成拙。

C：你是自我型沟通者。你善于激励自我、完善自我，在沟通中常以自我为中心，容易忽略沟通对象的感受，有时对沟通方式的把握有所欠缺，所以在某些情况下沟通目标难以达成。

D：你是消极型沟通者。你的原则性很强，不容易被他人影响。但在社交中常将自己放在被动的位置，缺乏主动出击的信心和勇气，这样会错失良机。

学以致用

不同职业的职场沟通

【任务背景】

从稚嫩的职场新人成长为自信的沟通高手，职场生存艺术不可或缺。职场形象和沟通技巧是职场生存的重要基础，发型妆容、服装配饰、言谈举止、气质风度、文明礼貌等，这些细节都会影响一个人的形象，影响他人对自己的印象和评价，甚至决定着自己的前程和命运。

【任务目标】

通过职场沟通实践，职场小白们能够学会运用必要的沟通技巧应对典型工作场景，改善其职场沟通中的仪表和举止，使其在工作中表现得更加专业与得体。

【任务描述】

5个人为一组，每位成员扮演不同的职场人士，模仿典型的职业行为。如售货员处理退货、设计师应对难缠的客户等。从职业形象、沟通态度等方面评价谁扮演得最好。评价时应从沟通准备、沟通态度、沟通方法和沟通反馈等方面进行分析，并总结原因，讨论一下所扮演的角色如何能做得更好。

【任务考评】

任务考评成绩表

	"不同职业的职场沟通"任务评价单				
	任务评价				
教师填写	参与讨论思路：	□优	□良	□合格	□不合格
	沟通准备（5W1H）情况：	□优	□良	□合格	□不合格
	仪容仪表是否得体：	□优	□良	□合格	□不合格
	沟通态度：	□优	□良	□合格	□不合格
	沟通反馈：	□优	□良	□合格	□不合格
教师评价	打分对象	分值		备注	
	组长：				
	小组：				

续表

小组互评	打分对象	分值	备注
	小组：		

组长填写	教学反馈		
	素质获得感：　　　　　　□满意　□一般　□不满意		
	知识获得感：　　　　　　□满意　□一般　□不满意		
	技能获得感：　　　　　　□满意　□一般　□不满意		
	教学满意度：　　　　　　□满意　□一般　□不满意		
	意见建议		

　　注：任务评价采用百分制，教师打分与小组互评的权重比为 6∶4（小组得分 = 教师打分 ×60%+ 小组互评 ×40%），小组得分即为小组成员得分。

04

专题四

道路万千　齐通罗马

——职场沟通方式选择

从原始社会的口口相传到 21 世纪的互联网社区，日新月异的信息技术使移动电话、微信、电子邮件等沟通方式高度普及。人类社会的沟通渠道被极大地拓宽，沟通方式与工具的多元化促使社会关系及人与人之间的相处模式出现了质的变化。

本专题聚焦职场沟通领域的沟通方式，在完成沟通前期准备工作的基础上，教授同学们如何确定最佳沟通方式，以及如何在不同的沟通方式中呈现出最好的状态，从而保证信息传递的有效性和渠道的畅通性。

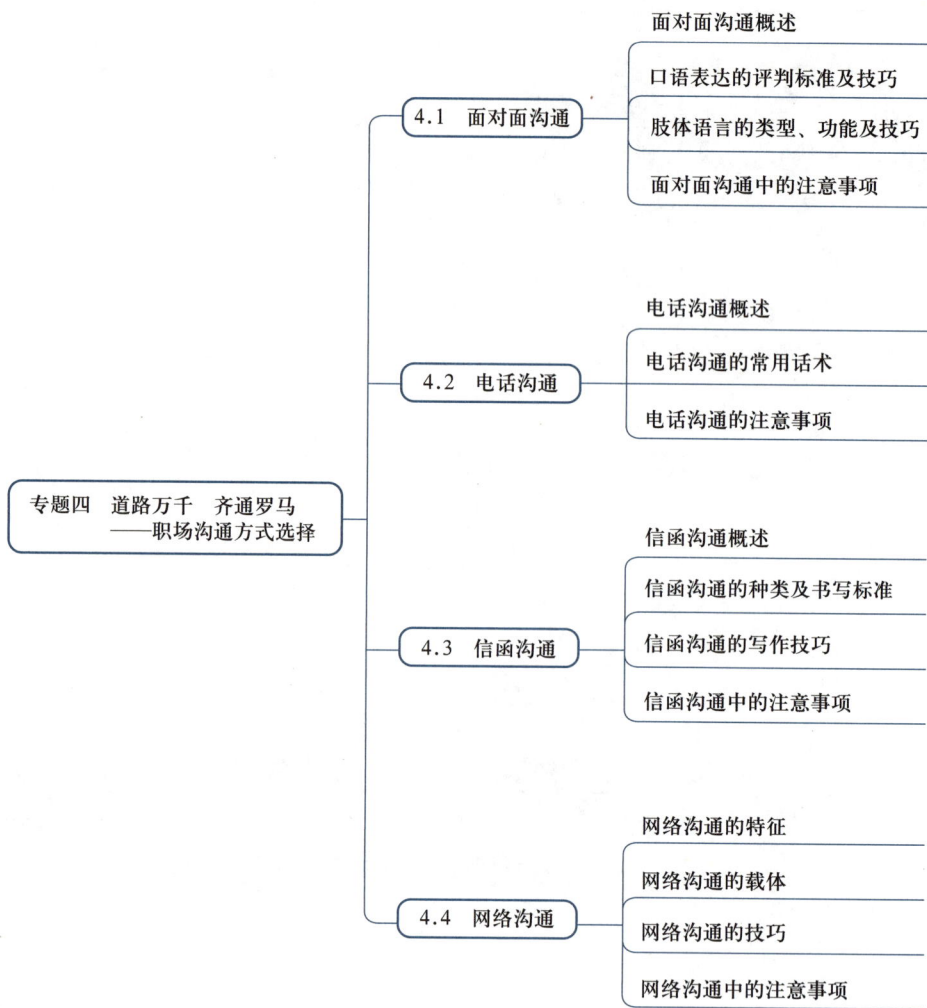

```
                                                          面对面沟通概述
                                            ┌─────────┐   ┌──────────────────────┐
                                            │4.1 面对面沟通│──│口语表达的评判标准及技巧│
                                            └─────────┘   ├──────────────────────┤
                                                          │肢体语言的类型、功能及技巧│
                                                          ├──────────────────────┤
                                                          │面对面沟通中的注意事项   │
                                                          └──────────────────────┘

                                                          电话沟通概述
                                            ┌─────────┐   ┌──────────────────────┐
                                            │4.2 电话沟通│──│电话沟通的常用话术      │
                                            └─────────┘   ├──────────────────────┤
                                                          │电话沟通的注意事项      │
                                                          └──────────────────────┘
   ┌──────────────────┐
   │专题四　道路万千　齐通罗马│
   │　　——职场沟通方式选择  │
   └──────────────────┘                                  信函沟通概述
                                            ┌─────────┐   ┌──────────────────────┐
                                            │4.3 信函沟通│──│信函沟通的种类及书写标准  │
                                            └─────────┘   ├──────────────────────┤
                                                          │信函沟通的写作技巧      │
                                                          ├──────────────────────┤
                                                          │信函沟通中的注意事项    │
                                                          └──────────────────────┘

                                                          网络沟通的特征
                                            ┌─────────┐   ┌──────────────────────┐
                                            │4.4 网络沟通│──│网络沟通的载体          │
                                            └─────────┘   ├──────────────────────┤
                                                          │网络沟通的技巧          │
                                                          ├──────────────────────┤
                                                          │网络沟通中的注意事项    │
                                                          └──────────────────────┘
```

学习目标

　　1. 素质目标：培养在职场沟通中的职业意识、职业态度、职业作风和职业道德，树立沟通的自信心。

　　2. 知识目标：了解面对面沟通、电话沟通、信函沟通及网络沟通的特点，理解不同沟通方式的沟通技巧与注意事项。

　　3. 能力目标：能够根据沟通内容、沟通场景、信息接收者的偏好等条件，选择恰当的沟通方式，并熟练运用沟通技巧，与沟通对象进行有效沟通。

重点与难点

　　1. 重点：根据沟通目的，结合不同的沟通对象及沟通场景选取恰当的沟通方法。

　　2. 难点：结合真实的职场场景，熟练运用沟通技巧，实现有效沟通。

4.1 面对面沟通

某日上午，公司经理给新来的助理小曹布置了一项任务，要求他向各个部门下发空白的岗位职责表格，并要求全公司 12 个部门在当天下午五点之前上交到经理办公室。经理问小曹是否明白这个任务，他说完全明白，于是前去执行。

到了下午规定的时间，技术部没有上交表格。经理问小曹："你怎么向技术部传达要求的？"小曹说："完全按您的意思传达的。"经理又问："为什么技术部没上交？"小曹说："技术部就是没上交，不知道为什么。"

于是经理把小曹和技术部负责人一起召集到经理办公室，询问此事的缘由。技术部负责人回答说，当时他并没有听到小曹传达的关于上交时间的要求。而小曹说，自己确实传达了，为什么 12 个部门就技术部没听到？到底是小曹没传达，还是技术部没注意听？没有书面的记录，谁都说不清楚。

请思考，职场中的面对面沟通有什么优点和缺点，如何尽可能地避免面对面沟通的缺点？

根据沟通的渠道和媒介，我们将职场沟通方式划分为四种类型，分别是面对面沟通、电话沟通、信函沟通及网络沟通。本节我们重点探讨面对面沟通。

职场的面对面沟通，从问候寒暄开始，谈话内容的选择、交谈时的倾听与回应，到谈话的结束或收尾，都需要合理的方式与技巧。只有有讲有听、善始善终，并合理运用各种技巧，才能达成沟通的目的。

4.1.1 面对面沟通概述

面对面沟通是指沟通主体采用面对面的方式进行信息的交流与传递，它是职场中最常用、最主要的沟通方式。在所有的职场沟通方式中，两个人守着白板，边讨论边写写画画地进行沟通是最高效的。

苏世民在《我的经验与教训》一书中，总结黑石在创业早期收购埃德科姆钢铁公司遭遇重大失败的教训时写道："书面上的分析可能无法全面地反映风险，因此我会亲自跟分析师交流，请他们从自己的角度给我介绍交易。此时，他们的语调就可以说明问题——你能听出他们是喜欢这个交易，还是内心忐忑。洞悉人的心理是我作为投资者的优势之一。我不需要记住分析中的每个数字。我可以观察和聆听那些知道具体细节的人，通过他们的姿势或语调判断他们的感受。"可见，面对面沟通在所有沟通方式中占据着重要的地位。

4.1.2　口语表达的评判标准及技巧

面对面沟通在职场交往中的重要地位，是其他任何形式的沟通都难以替代的。沟通时人们的表现是其知识、阅历、才智、教养和应变能力的综合体现。在我国古代，就讲究在人际交往中要"听其言，观其行"。

1. 口语表达的评判标准

（1）树立自信心。自信的人能在职场交谈中从容不迫，言之有物、言之有理、言之有据，增强你的可信度，从而更有效地影响对方、打动对方、说服对方，让对方不知不觉地与你产生亲近感。反之，一个缺乏自信的人，则会在职场交流中精神紧张、语无伦次，最后导致沟通的失败。

（2）进行周密的准备。《左传》中说："居安思危，思则有备，有备无患。"开始沟通前，尤其是在重要的洽谈前，应首先对下列问题进行思考：沟通对象是谁、沟通的内容是什么、为什么要讲这些内容、怎么讲、有什么有利因素和不利因素。

（3）保持谦和的态度。谦和的态度容易获取对方的信任，使双方友好交流，从而为信息的有效传递打下坚实的感情基础。为此，我们在职场沟通时一定要平等待人、亲切谦和。

（4）具有敏锐的应变能力。无论是与公司内部人员还是外部人员沟通，都会有意想不到的问题出现。此时必须沉着冷静，以自己敏锐的应变能力去解决各种矛盾，掌握沟通的主导权。

（5）用语准确、规范、简洁。通常最简单、最具体、最能生动引起感官反应的词语是最佳选择。尽量少用形容词和各种限定词，注重实义动词和名词的使用。要达到此目标，一是要掌握准确的资料和信息。二是要将资料、信息及你个人的观点表达到位，要选择正确的表述角度、准确的词汇、语气及语句组织方式。三是用语要体现职业规范。职场沟通中不要使对方可能听不懂的方言、土语，否则有不尊重之嫌。四是表达要简洁。言语表达要力求言简意赅、简单明了，不要短话长说、废话连篇，也不要任意发挥、不着边际。简化语言的重中之重就是讲话要有重点。

（6）考虑时机、场合、对象等诸多因素。针对职场中的不同时机、不同场合及不同对象，应该灵活运用不同的语言表达，否则难以取得良好的沟通效果。首先要把握说话时机。同样的一句话，在不同的时候说，效果往往会大相径庭。在反映情况、提出要求的时候，最好选择对方心情平和、情绪较好之时。在公司的讨论会上发言，可以选择在两三个人发言结束后再说话，此时气氛已经形成，人们的注意力比较集中，发言容易受到关注。其次要注意场合，在特定的场合只能说特定的话语。最后要了解说话的对象。知己知彼，才能实现面对面沟通的最佳效果。

　　2. 口语表达的技巧

　　口语表达需要灵活地运用技巧，使自己能够顺畅地表达出想法和态度，从而达成沟通的目的。在口语表达中，最重要的两个技巧是重音技巧和语调控制技巧（表4-1-1）。

表 4-1-1　口语表达的技巧

技巧		含义		实例
重音技巧	逻辑重音	根据沟通内容和重点自行确定。一般情况下，某些需要突出或强调的词语要重读。同样一句话，逻辑重音不同，意思也就不同		1. 他完成了本月的业绩（表示：是他，而不是别人） 2. 他完成了本月的业绩（表示：是完成，而不是没有完成） 3. 他完成了本月的业绩（表示：是本月，而不是其他月份） 4. 他完成了本月的业绩（表示：是业绩，而不是其他任务）
	感情重音	表达强烈的感情或细微的情绪变化		本月整个部门的业绩，是在小李的辛勤付出和带领下大家一起取得的
语调控制技巧	平调	语调平直舒缓，整句无显著变化	表示严肃	我们这周的主要任务就是配合人力部门把本月的招聘指标完成
			表示冷淡	这个问题应该提前报备处理，现在才说已经晚了
	升调	语调前低后高，整句话后半部明显升高，句末音节上扬	表示反问、设问、质疑	这样的错误你还要出现几次
			表示惊讶、出乎意料	小周，这么晚了，你还在办公室加班吗
			表示号召、鼓动	奋斗吧，成功之路就在你的脚下
	曲调	句调高低起伏，整个句子语调变化较多	表示怀疑、讽刺、反语	是啊，你的为人确实是太好了
			表示暗示、双关	小周，你不觉得小李最近的行为举止有些反常吗
	降调	语调先高后低，但不能明显下滑，句子语调逐渐降低	表示肯定、坚决、自信	这件事结束后，我可能再也不会轻易相信他了
			表示赞扬	他确实是一位不可多得的人才
			表示话语结束	好了，你多保重

周奇的沟通

某地税务局要召开年度总结大会，办公室提前一周研究讨论相关文件。首先讨论的是办公室韩处长给局长写的年度总结报告。报告写得洋洋洒洒，韩处长汇报得声情并茂，结束后，大家便开始讨论报告内容。这时周奇作为代表举手，并起立发言，他说："韩处长的汇报在充分结合下属单位提供的样本数据的基础上，抓住了我局发展的核心重点，高度凝练了本年度局内的工作内容，确实是一篇极为出色的汇报。但听后我有一个不成熟的建议，如有冒昧还请谅解。下属单位上报的数据是否可以再细化处理？这样的话可能会更有说服力。"

原来，韩处长的报告中的数据只是统计人员对多项数据的简单加减，没有进行分类处理和分析，确实需要更改。但不得不承认，周奇委婉地表达体现了他的职场沟通技巧。

在职场中，我们经常需要发表自己的观点，但如何以恰当的方式进行陈述与表达，是需要特别注意的一点。职场中的语言表达风格主要分为直爽型、严肃型、幽默型和委婉型，具体如下表（表4-1-2）所示。

表4-1-2　职场中语言表达风格的类型

职场中语言表达风格的类型	
直爽型	直爽型语言风格的特点是说话直来直去，不善于对话语进行加工。这样的人往往热情真诚、值得信任，但由于说话内容过于"真实"，有时候会让人感觉难堪
委婉型	委婉型与直爽型是两种相对的语言风格，委婉型语言风格的特点是措辞细腻、表达方式含蓄
幽默型	幽默型语言风格最受欢迎，其特征是遣词造句风趣、诙谐，不仅能活跃谈话气氛，使话题顺利进行，还能有效缓解冷场、冲突等尴尬局面
严肃型	严肃型语言风格说话中规中矩，极少运用夸张类的修辞方法，并且出言谨慎，不爱开玩笑。在生活中，具有这类表达风格的人思维模式较为固定，遵循较常规的表达方式

4.1.3　肢体语言的类型、功能及技巧

肢体语言，也称体态语言、态势语言、态势语，它是运用身体或身体的某一部分肢体做出动作，来表达思想、沟通感情、传递信息的一种表达形式。肢体语言是一种无声的语言，它与有声语言一样，是人们交往中经常使用的一种不可或缺的沟通方式。英国生物学家、进化论的奠基人查尔斯·达尔文认为，读懂肢体语言对学习和工作都很有帮助。奥地利精神分析学派创始人西格蒙德·弗洛伊德曾指出，人

类不自觉的心理状态，能在自身不经意间，在行动上毫无保留地暴露出来。因为无论怎样刻意隐藏内心的精神状态，外在的行动一定会露出破绽。心理学教授艾伯特·麦拉宾在 20 世纪 70 年代，通过一系列研究提出了"73855 定律"（图 4-1-1）：在人类的日常沟通中，文字语言占 7%，通过听觉传达的有声语言占 38%，通过视觉传达的肢体语言占 55%，此定律也被称作麦拉宾法则。

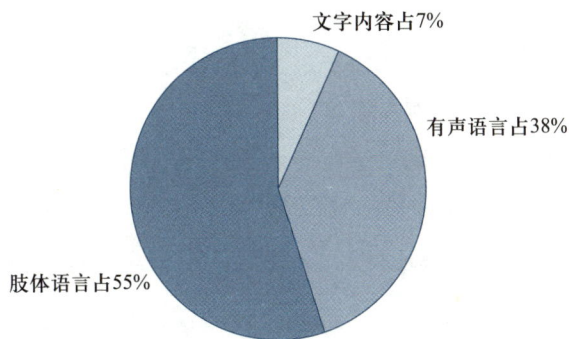

文字内容占7%

有声语言占38%

肢体语言占55%

图 4-1-1 "73855" 定律

1. 肢体语言的类型及功能

我们将肢体语言按照人的身体结构分为头部语言区、手部语言区、躯干语言区及腿脚语言区。本节中对肢体语言的解读是在国内职场情境下的解读，沟通对象预设是中国人，其他语境需具体问题具体分析。

微 课

肢体语言

（1）头部语言区。我们说的头部语言区是指颈部及以上的体态语言区。心理学家华莱士·弗里森的调查表明，人的基本情绪是通过颈部以上部位表示的，主要通过眼神、眉毛和嘴巴进行信息传递（表 4-1-3）。

表 4-1-3 头部语言区的类型及功能

部位	状态	解释
眼睛	瞳孔放大	兴奋、积极、渴求、喜爱
	瞳孔缩小	忧愁、消极、厌恶、反感
眉毛	双眉上耸	惊讶、惊奇、惊恐、惊喜
	双眉紧皱	反感、厌烦、疲惫
嘴巴	嘴角向上	愉快、喜悦、轻松、积极
	嘴角向下	厌恶、反感、紧张、消极
	一侧嘴角向斜上方拉起	讥讽、轻蔑

（2）手部语言区。直立行走、手脚分工在人类的进化过程中起着决定性作用，手被称为人的"第二心脏"，它在日常交流中所传达的意思也十分丰富（表 4-1-4）。

表 4-1-4　手部语言区的类型及功能

部位	状态	解释
手	双手自然下垂	心情轻松、坦诚而无顾忌
	以手支头	正在思考、全神贯注或者闲极无聊
	紧攥双拳	生气、紧张
	用手迅速捂在嘴前	深感意外、十分吃惊
	用手挠后脑、抓耳垂	羞涩、不知所措
	不自觉地摸鼻子、嘴巴、擦眼睛	心慌意乱或言语欠真实
	双手相搓	天冷，或是在表达期待
	"V"型手势	成功、胜利、开心
	举大拇指	夸奖、赞赏
	"OK"型手势	赞同

当然，以上这些手势语在不同国家和地区也有寓意上的差别，职场人员在对外沟通时要慎用。

（3）躯干语言区。躯干语言区是指由肩、颈、胸、腹、背及腰等部位构成的语言区。肩部的主要语义功能是表现威严与责任感。人们总认为肩膀宽而平的男性更值得信赖。胸部的主要语义功能是表达自信。挺胸是自信、无所畏惧的表现；相反则是自卑、缺乏精神的表现；过分挺胸是傲慢、自大的表现。背部是与胸直接相对的部位，其主要语义功能与胸部相似。挺直脊背的人往往充满自信、心地坦诚、严于律己、性格刚直，精神上具有优势；相反，驼背的人往往缺乏自信心、性格孤僻，精神上处于劣势。腹部与胸部相连，中国古人把腹部看作是知识之宫、智慧之所、情感之寓，如"腹有诗书气自华""满腹经纶""肝肠寸断""愁肠百结"等俗语、成语就反映了这一点。腰部的语言同样与人的心理状态相关联。挺直腰板，是有较强的自我认同感、自信心足、自制能力和自律能力强的表现；弯曲腰身，是谦恭、缺乏自我认同、自信心不足、缺少面对现实的勇气的表现；为鞠躬而弯腰，是谦虚的表现，出于礼节的需要，但如果弯腰幅度过大，达到跪、伏、叩拜的程度，则是屈服、自轻的表现。

（4）腿脚语言区。腿脚语言区是指由腿和脚组成的动作语言区。和其他体态语言区的最大不同在于，腿脚语言区的语言表现具有强烈的潜意识性。通俗地说，腿脚更能不自觉地、也更真实地表现人的内心状态，特别是表现人的情感状态（表 4-1-5）。

表 4-1-5　腿部语言区的类型及功能

部位	状态	解释
腿脚	不停地变换站立姿势、抖腿、无目的地来回走动、坐着不停地改换腿脚的摆放姿势	紧张、顾虑、恐惧、渴求、期盼、激动等心理状态

2. 肢体语言的技巧

肢体语言虽然无声，但传递信息的功能往往超过有声语言。人际交往离不开肢体语言，职场沟通更需要肢体语言，肢体语言是成功塑造和维护职场形象的有力武器。剖析肢体语言，可以使我们在职场沟通中明察秋毫，抢占先机；善用肢体语言，可以让我们在职场演讲时稳操胜券。

以上我们简要地介绍了身体各语言区最基本的语义功能，强调了在一定条件下它们相对独立的表情达意功能。同时，我们也发现，人体的确是一个绝妙的复杂系统，各个组成部分并不是孤立存在的，任何一个部分如果脱离了整体都不可能完整地表达思想；如果脱离整体，他人也无法准确识别单个部位所表现的思想内容。因此，在职场沟通中，当我们通过肢体语言判读对方时，一定要以系统论的思想为指导，避免盲人摸象式的判断。

4.1.4　面对面沟通中的注意事项

面对面沟通虽然有明显的优点，但信息在传送过程中存在着严重失真的可能。首先，每个人都会根据自己的偏好增删信息，以自己的方式诠释信息，因此传达给接收者后，信息的内容往往与最初的含义存在极大的偏差。其次，如果传达者口齿不清，或不能掌握要点做简洁的表达，那么接收者将难以了解其本意。再次，面对面沟通是即时性的，不易保留。沟通时如果接收者不专心、不注意或心里有困扰，则信息转瞬即逝，无法再追认。最后，它有随机性，会随沟通内容、对话情绪等而发生变化。面对面沟通缺少仔细斟酌的时间，容易产生摩擦。

在职场中，无论是上层领导还是普通职员，都不可避免地需要通过面对面的方式处理各项事务。在此基础上，有几个要点需要提醒大家注意。

第一，留心观察，换位思考。多使用对方能够接受的表达方式，包括口语表达及肢体语言等。

第二，适应环境，灵活运用。职场中没有绝对有效的沟通技巧，对待不同的沟通环境、沟通对象、沟通内容，需要结合具体情况灵活使用。

第三，汲取经验，时常反思。职场小白更应该抱着学习的态度，如果认为自己的沟通能力仍需提高，就应在工作中多观察、勤请教、常领悟。

沟通有道

学习职场语言的方法

1. 勤学

语言是一个不断学习、不断提高的过程，学习语言的途径是多方面的。语言在生活中是丰富的、多样的，只要善于总结、提炼，我们就可以从与职场相关的电影、电视、文学作品及周围的同事、同学、同乡、邻里那里学到许多有关职场交际的口头语言、肢体语言和服饰语言等。只要我们注意总结、收集，把它们装进自己的"职场语言档案"，日后再加以提炼、运用，就可以形成自己独特的语言能力和风格。

2. 细察

学习语言，绝不能照搬照抄，否则难免出现邯郸学步、东施效颦的情况。要做有心人，细致观察职场中的人与事。要静心、诚意，在不该表现自己的时候，认真用眼睛、用耳朵、用心去看、去听、去体验、去感受，从而做到于细微处见职业素养。

3. 多思

职场上的语言，无论是听来的还是看来的，无论是从书本上学到的，还是在生活中学到的，只有通过思考才能消化、吸收，变成自己的东西。孔子说："学而不思则罔，思而不学则殆。"学、察、思紧密结合、相互促进，才能使自己的职场语言水平不断提高。

4. 苦练

历史上许多读书不多的人之所以能成为语言大师，原因就在于他们能利用各种机会刻苦练习。练习的方式有很多，基本功主要在于自我训练。练习职场语言一定要在自觉的状态下进行。如果要在职场沟通时表达自己的想法，一定要事先进行准备，表达时要精益求精，表达结束后要总结反思。

记住"勤学、细察、多思、苦练"这八字箴言，希望你的职场语言水平可以有所提升！

4.2　电话沟通

职场沟通之惑

今天是小张第一天进入××公司实习，他被安排在办公室接电话。小张心想："这有何难，接电话小菜一碟，一定可以好好表现。"办公室铃声刚起，他便紧张地抓起电话，声音急促地问道："喂，你找谁？"电话找行政部经理，小张便把电话转给了行政部经理。第二通电话接起后，发现是对方打错了，小张就告诉对方："你打错了。"随即挂上了电话。下午，办公室的人都外出办事，经理交代小张留下值班。这时电话铃又响了，第二遍铃声后小张拿起话筒。对方说："请李总接电话。"小张慢条斯理地解释道："李总外出和开发商公司的王总打高尔夫去了。"对方问："你知道李总的手机号码吗？"小张热情地帮他查了号，并在对方的道谢中说了再见。

　　第二天，小张被经理告知，自己在工作中出现了一些问题。请帮助小张找出他的问题，并逐项进行分析。

　　如果你是小张，在接到这三通电话时，你会如何回答？

　　电话是人们开展社交活动时不可缺少的工具，在日常生活和工作交往中，我们常要用电话联系他人。相关资料显示，一个人一生平均有 8 760 个小时在打电话。某些商务人员甚至有一半以上的工作时间都在打电话。电话沟通看起来容易，对着话筒与对方交谈，似乎与面对面沟通一样，其实不然。电话沟通大有讲究，可以说是一门学问、一门艺术。

4.2.1　电话沟通概述

　　电话沟通能体现出对通话人的尊重程度，同时也是个人修养的体现。一次良好的电话沟通有利于人际交往的进一步深入，也有利于维护本部门、本单位的形象。

　　电话沟通具有沟通速度快、沟通双方平等、沟通双方无须见面等特点。在进行电话沟通时，我们需要掌握基本的程序与方式。

1. 接听电话的程序

　　在接听电话时，为避免对方误拨，可等电话响两声后再接。如果电话响了很久，接通电话后要先向对方致歉。如有不清楚的地方，需要先咨询他人时，注意把话筒盖好再咨询，或做好记录，问清后回电告知对方。如需查找资料，可先挂断，稍后再打过去。对于本人无法负责的电话，应迅速交给相关人员处理。一般可以按照以下程序接听电话（图 4-2-1）。

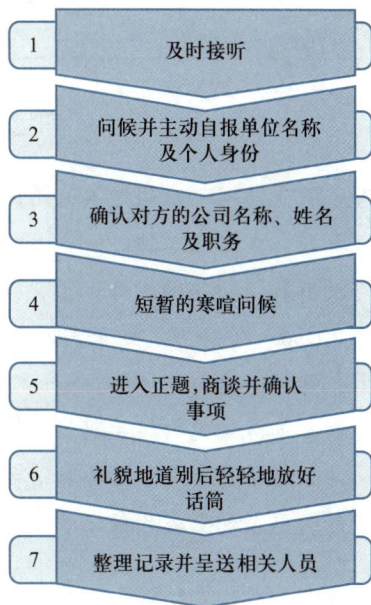

微课

电话沟通

1	及时接听
2	问候并主动自报单位名称及个人身份
3	确认对方的公司名称、姓名及职务
4	短暂的寒暄问候
5	进入正题，商谈并确认事项
6	礼貌地道别后轻轻地放好话筒
7	整理记录并呈送相关人员

图 4-2-1　接听电话流程

2. 拨打电话的程序

在拨打电话前，需要先做好通话准备，包括明确对方的姓名、性别、职位及工作情况等，同时调整好自己的情绪。拨打电话时应该左手拿话筒，右手拿笔随时准备记录。注意，一通电话最好控制在 3 分钟之内。在职场中一般有 3 分钟通话原则，在许多国家被当作一种制度，要求每一个公务员严格遵守。一般可以按照以下程序拨打电话（图 4-2-2）。

3. 电话沟通与面对面沟通的区别

电话沟通与面对面沟通是职场中最常用的两种沟通方式，将两种沟通方式进行比较，便于职场人士更加灵活地选用合适的方式进行沟通，从而提升沟通效果（表 4-2-1）。

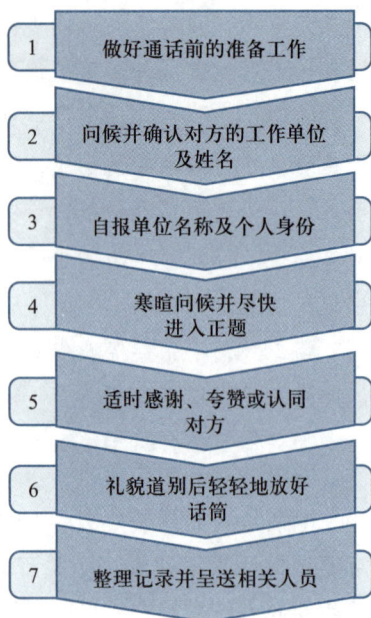

1	做好通话前的准备工作
2	问候并确认对方的工作单位及姓名
3	自报单位名称及个人身份
4	寒暄问候并尽快进入正题
5	适时感谢、夸赞或认同对方
6	礼貌道别后轻轻地放好话筒
7	整理记录并呈送相关人员

图 4-2-2　拨打电话流程

表 4-2-1　面对面沟通与电话沟通的异同

	面对面沟通	电话沟通
言语性	声音（语气、语速、声调）	声音（语气、语速、声调）
非言语	肢体语言	

通事达人 📢

职场中的电话沟通礼仪

张芳和王晓是同一时间进入公司的同事，两个人虽然没有分配在一个部门，但都在各自部门负责接打电话的工作。一个月后，张芳因为表现出色，在公司会议上被点名表扬，但王晓却没有获得领导的认可。王晓很纳闷，她想知道张芳为什么得到了表扬，而自己却没有。于是，在一个下午，她默默地坐在张芳工作的办公室内，观察张芳接打电话的过程。

"喂，您好，这里是 ×× 公司 ×× 部的 ×××，请问怎样称呼您？"

"抱歉，您应该是打错号码了，这里是 ×× 公司 ×× 部。"

"××× 项目经理不在，请您稍后再来电话好吗？或者我来替您转告，您看可以吗？"

"好的，这个问题我已经记录下来了，请您留下联系电话，我们会尽快给您答复，非常感谢！"

"不客气，这是我应该做的！"

……

大概观察了半个小时，王晓彻底明白了为什么张芳会获得领导的肯定。每次电话接通时，张芳都是语音清晰，态度积极，表述清楚，即便遇到难缠的客户，张芳也能保持良好的沟通态度。王晓下定决心，要向张芳看齐，学习她的电话沟通技能和礼仪。

4.2.2 电话沟通的常用话术

电话沟通的语言内容占据了沟通效果的 80%，所以在电话沟通时，我们要格外注意自己的话术。在使用话术时，我们需要注意三点：首先，积极地表达，加强谈话的亲切感；其次，将否定的表述改为肯定的表述；最后，如果可以的话，尽量用"我"代替"你"，多说"我会……"，少说"你应……"。

职场中的语言表达已经上升成为一门为人处世的艺术，一句话能成事也能败事。在电话沟通时，话语表述极其重要，有的人可以把自己内心想法准确无误地说出来，表达清晰不拖拉；然而有的人却不懂得说话的逻辑及技巧，或者说出来的话跟自己内心的想法不一致，阻碍了目标的达成。请同学们仔细斟酌表中（表4-2-2）列出的两种表达方式，对比体会其中的区别。

测 试

电话沟通能力
测试

表4-2-2 不同情境中的消极表达与积极表达

情境	消极的表达	积极的表达
情境1：询问事由	你找谁	您好，这里是 ×× 公司，请问有什么可以帮您
情境2：询问名字	你的名字叫什么	请问怎么称呼您
情境3：听不清对方的话语	哦？听不清	对不起，电话杂音太大，请您再说一遍好吗
情境4：对方没有理解	你理解错了，我再说一遍	也许我说得不够清楚，请允许我再解释一遍
情境5：遇到自己不知道的事	不知道	抱歉，对于这件事我不太了解，请您拨打电话 ×××××××× 咨询
情境6：对方询问他人的联系方式	我不能给你他的手机号码	不好意思，我可以把他的办公电话告诉您，如果您想得到他的私人电话，您可以直接和他沟通，这样可以吗
情境7：对方询问的人不在场	他还没到公司，等一下吧	张经理应该一会儿就到，您先喝点东西等一下吧，请问您习惯喝白水还是喝茶水
情境8：对方打错部门	对不起，我不是这个部门的	对不起，这里是 ×× 部门，您可拨打电话 ×××××××× 咨询相关事项

续表

情境	消极的表达	积极的表达
情境 9：有其他电话进入	你等一下，我要接个别的电话	抱歉，请稍等，我一会给您打回去
情境 10：拨错电话时	我打错了	抱歉，我拨错电话号码了，真是不好意思，打扰了

4.2.3 电话沟通的注意事项

在电话沟通时，要想顺利达成沟通目标，同时展现公司的对外形象，有以下几点事项需要注意（表 4-2-3）。

表 4-2-3 电话沟通的注意事项及要点

注意事项	要点	说明
事项 1：准备笔记本和签字笔	1. 是否把笔记本和签字笔放在触手可及的地方 2. 是否养成随时记录的习惯	即使是人们用心记住的事，经过 9 小时，遗忘率也会高达 70%，日常琐事遗忘得更快
事项 2：事先整理沟通内容	1. 时间是否恰当 2. 情绪是否稳定 3. 条理是否清晰 4. 语言能否简练	应事先按照 5W1H 原则，把想讲的事逐条逐项地整理记录下来，然后再拨打电话，边讲边看笔记，随时检查是否有遗漏
事项 3：态度友好	1. 是否语气亲善 2. 是否真诚地面对通话者 3. 是否使用平实的语言	"言为心声"，态度的好坏会表现在语言之中，友好的态度会让对方产生亲近感
事项 4：注意自己的语速和语调	1. 谁是你的信息接受对象 2. 语速适中，不急不缓 3. 声音应清晰悦耳	讲话速度并无定论，应视情况灵活掌握语速和语调，随机应变
事项 5：避免使用简略语、专用语	1. 用语是否规范准确 2. 对方是否熟悉公司的内部情况 3. 是否需要对专业术语加以必要的解释	专用语仅限于行业内使用。有的人不以为然，得意扬扬地乱用简称、术语，不但不能正确地表达自己的思想，有时甚至会导致误会，这无疑是自找麻烦
事项 6：养成复述的习惯	1. 善于分辨关键字句 2. 及时对关键字句加以确认	为了防止听错或遗漏电话内容，一定要当场复述。特别是同音不同义的词语、日期、时间、电话号码等内容，务必养成听后立刻复述、予以确认的良好习惯

沟通有道

电话沟通的时间原则

1. 避开周一早上的时间

周末没有办公，周一一早大部分人都有许多事情要处理，同时很多单位、部门也会选择在这个时间开例会，总结上周的工作，布置本周的任务。因此，在电话沟通时应尽量避开此时段，除非工作特别紧急。同样道理，在节假日结束后的第一天工作日亦是如此。

2. 避开周五临近下班的时间

很多人在这个时候开始着手规划周末的安排，在此时段打电话，对方通常心不在焉，很难保证工作的落实效果。

3. 避开中午休息的时间

多数职场办公人员都有午休的习惯，在午饭或中午休息时间（中午11点30分至下午14点）打电话，沟通效果一般不理想，甚至会出现对方很不耐烦或着急挂断电话的情形。因此，应该尽量避开这个时段打电话。

4. 国际长途电话要考虑时差

沟通国际业务，拨打国际长途电话时一定要注意时差问题，电话沟通一定要考虑到对方的作息时间。

4.3 信函沟通

职场沟通之惑

周一的例会结束后，职员王森被李经理单独叫到了办公室。刚来荣源贸易公司不到两个月的王森，此时有些紧张。一进门，李经理就提到了上周交给他的一项重要工作：书写并邮寄邀请函至合作公司，邀请他们来公司参观。"你发的邀请函我后来看了，问题很大啊！"李经理说完后，王森更加紧张了。"你再仔细看看！"李经理指着信函说。

　　　××先生：

　　　我公司得知你们这几年在贸易行业发展得很快，经公司领导商讨后，想邀请你们来公司参观下，与我们沟通切磋。不知道你们是否愿意？

　　　如果你们同意，请尽快回复参观的具体时间，以便我们提前做好准备。期待你们的光临。

　　　此致敬礼！

××省荣源贸易有限公司

王森

202×年××月××日

　　王森看了信函半天，支支吾吾地说不出来有什么问题。

　　请你帮助王森，看看这封邀请函有什么问题？同时思考，在书写信函时应该注意哪些问题？

　　以文字为媒介的信息传递方式被称为书面沟通，主要包括文件、信函、书面合同、广告和传真等。本节重点围绕信函沟通进行讲解分析。

　　信函属于商务礼仪文书的范畴，是组织与外部进行沟通的主要方式，是企业与企业之间在商务场合或商务往来过程中撰写的文书，其主要作用是在商务活动中传递信息、建立关系、联系商务事宜、答复问题、处理具体事项等。

4.3.1　信函沟通概述

微课

信函沟通

　　信函沟通是职场沟通的基础渠道，具有相对持久性，因此被广泛使用。在信函沟通中，要遵守"明确、清晰、准确、完整、简洁、友善"的原则。"明确"是指信函沟通的目的要明确；"清晰"体现在正文的表达方式及格式中；"准确"体现在撰写的内容观点要准确，材料要真实，语言要恰当；"完整"体现在信息应表达撰文者想表达的全部内容；"简洁"是指信函内容与语言表达的简洁性；"友善"是因为信函表达了撰文者及其所代表的组织的形象，所以要以礼貌、友好的态度进行沟通。信函一般由三部分组成，分别是信头、正文和信尾。

1. 信头

　　信头即信函的开头，由发信人名称及地址、标题、函号、称谓、收信人地址和单位等组成。

　　（1）发信人名称及地址。发信人名称及地址一般要写明发信人的单位名称及详细地址，还包括电话号码、邮政编码、传真、网址等联系信息。

（2）标题。与普通信件不同，商务信函可以有标题。标题位置在信文首页上方，居中书写，其内容是标明事由。事由要求概括出函件的主旨、中心，使收信人通过标题就能对信文的主要内容有大致的了解。

（3）函号。函号即编号，分为对方编号和己方编号。在外贸业务信函的信头上注明编号，可方便查阅和管理。

（4）称谓。称谓是对收信人或收信单位的称呼，一般写收文者的尊称或全称，这是商务信函必需的一项。其位置一般在标题或函号的左下方，单独占行，顶格书写，后面用冒号。书写时有以下三种称谓：第一种是泛指尊称。"尊敬的"后加称谓并加冒号，如"尊敬的先生："尊敬的女士："等。尊称中可以使用职务，如"尊敬的办公室主任："尊敬的财务部部长："尊敬的销售部经理："等。第二种是具体称谓，即指名道姓的尊称，在姓名后面加称谓语。这类称谓一般用于写信人与收信人彼此认识或者非常熟悉的情况，因为这种称谓能够体现写信人与收信人之间的密切关系。称谓可用泛称中的"先生""女士"等，也可以使用职务，如"尊敬的办公室石主任："尊敬的财务部张部长："尊敬的销售部王经理："等。第三种是写清收信单位的全称，以示正式，如"×××有限公司"等。

（5）收信人地址、单位。收信人地址、单位要写明收信人企业单位名称及详细地址。

2. 正文

正文是信函的主体，叙述商务往来的实质内容。正文写作要求内容单一，文字简明，行文礼貌。正文包括问候语、主体及结尾语三个部分。

问候语即应酬语或客气语。开头的问候语是商务信函必不可少的，即发信人对收信人的礼貌问候语，一般使用一两句表尊敬的客气话即可，如"您好""近来生意可好"等。如果是初次联系，可使用"久仰大名，未亲雅教"等语句。如果是回函，可使用"惠书敬悉，不胜感激"等语句表示感谢来函。

主体是商务信函的核心内容，是发信人要说明的事项。不同信函的内容是不同的，一般包括以下两个内容：一是说明发函缘由，直截了当、简明扼要地说明发函的目的、依据、原因等；复函则要引叙对方的函件要点，以示复函的针对性。二是说明发函事项，主体表达信的中心内容，一般是根据发函缘由详细地陈述具体事项，或针对所要商洽的问题及事项阐明自己的意见。陈述时语气要平和，问题要明确，事实要清楚，表达要清晰。如果主体内容简单，逻辑上可采用篇段合一式结构；如果主体内容较多，逻辑上可采用分段式结构。

结尾语一般要用精练的语言将主体所叙之事加以简单概括，并提出本函的有关要求，强调发函的目的。请求函的结尾语可以是"拜托之事，承望协助解决为盼"，希望回函的结尾语是"不吝赐函，静候佳音"等。结尾语视发信人与收信人的关系及信函的内容而定，要求恰当得体。

3. 信尾

信尾包括四部分内容，分别是祝颂语、签署、日期及附件。

（1）祝颂语。所有的商务信函都要写明祝颂语。祝颂语分为祝者自身的请候语和收信人的安好语两部分。请候语是在正文结束后另起一行空两格处书写。常用的请候有"敬祝""顺颂""恭祝"等。安好语是另起一行顶格书写，以示对对方的尊重。常用的安好语有"商棋""金安""生意兴隆"等。

（2）签署。即发信人的署名或签名、用印。商务信函的署名可根据企业的要求或发信人的意见而定。有的企业署名以单位名称加盖印章的方式呈现；有的企业要求发信人直接签名，以示对信函的内容负责。个人签名一定要由发信人亲手所签。

（3）日期。日期一般是发信具体时间。商务信函因为涉及业务往来，务必写明发信日期。一般采用以下三种形式书写。

第一，公文日期形式。即在信函签署下方用汉字小写写明发信日期，如二〇二三年五月十八日。

第二，阿拉伯数字形式。即在信函签署下方用阿拉伯数字写明发信日期，如2023 年 5 月 18 日。

第三，国际标准简写法形式。即在信函签署下方用阿拉伯数字标记年、月、日，在一位数的月、日前加"0"，如 2023 年 05 月 18 日。

无论哪种写法，日期务必写全，以便存档备查。如 2023 年 05 月 18 日，不能写成"23 年 5 月 18 日"。

（4）附件。附件是随函附发的有关材料，如报价单、发票、确认书、单据、回执等。需要标注附件的，在信函签署的下方可以标注附件。如果附件有两个或两个以上，要分别标注附件一、附件二等。

沟通有道

古代的信函沟通

古代没有电话和网络，国家政令的发布很大程度上依靠书信的传递，这一类属于政府公文书信。除此之外还有针对普通人的家书邮递，邮递商人将人们需要表达的内容写下来再寄送出去，从中收取钱财。通信技术落后的古代，背井离乡的人只能通过这种方式了解彼此的近况，缓解思乡之情，"家书抵万金"就是对此情境的真实写照。

早在夏商时期，我国就出现了快递的雏形——"捎带"，这一时期的快递类似于今天的"跑腿"。通常是个人从事此项业务，短距离送信、捎东西是主要的劳动形式，但不具有专门性和组织性。

到周朝时，政府认为"快递"能提升办事效率，于是官方设置了掌管"快递"的官员——"行夫"。同时还规定了"快递业"的标准："虽道有难，而不时必达。"这句话对于今天的快递业都具有重要的启发意义。无论是中通的"誉满中华，通达天下"的口号，还是圆通的"客户要求，圆通使命"的口号，都是借鉴了这句话的精髓。

春秋战国时期，对快递快捷性的要求推动了"马传"的出现。距离较近的物品传递通常采用"单骑"的形式，距离较远的则采用"接力"的形式，这奠定了中国古代快递的主要形式。到了秦朝，书信传递时往往采用接力的形式，并且明确规定了快递业的从业标准是"隶臣妾老弱及不可诚仁者勿令"，也就是年龄大、体弱和不诚信的人是禁止从事快递员这个职业的。

到了汉朝，传递方式主要是"轻车快马"；宋朝时又出现了"急脚递"，快递的速度越来越快；唐朝时，快递业更加发达，由于大运河的开凿，水路快递也得到了进一步发展。宋朝官府成立的传递文书的"递铺"及清朝设置的"邮驿"（图4-3-1）和"镖局"，推动了快递业向规范化、组织化进一步发展。

图 4-3-1　古代邮驿

4.3.2　信函沟通的种类及书写标准

商务信函是商务活动中常用的商务文本，它简洁明了，有明确的目的性。根据沟通目的不同，商务信函可以分为不同种类，比较有代表性的有邀请函、答谢函、资料呈送函、订购函及谢绝函等。

1. 邀请函

邀请函作为商务信函的常用种类，其用途是邀请对方参加会议或来本公司考察访问等。格式范例如下图（图4-3-2）所示。

知识拓展

古代常用
书信套语

邀 请 函

尊敬的 ××× 先生 / 女士：

　　贵公司在钢铁加工行业里取得的骄人成绩，为业界所敬仰；贵公司快速发展的经验，是行业的宝贵财富。作为一家致力于"创建一流钢铁加工基地"的企业，我们一直珍惜与业界优秀公司的合作机会，以期共进共赢。

　　为促进贵公司和茂通科技有限公司进一步沟通，我司诚挚地邀请您来访考察。如蒙赏光，请告知来访日期。届时，我将在机场专程迎候。热切期待您的莅临！

　　顺颂

商祺！

×× 省茂通科技有限公司

部门　　职位　　姓名

联系方式：×××××××××××

年　　月　　日

图 4-3-2　邀请函格式范例

邀请函在首次发出和多次发出时，需要注意措辞间的区别。

2. 答谢函

　　答谢函又称感谢函、致谢函，是重要的礼仪文书，是单位或个人对关心、帮助、支持本单位或个人的人或团体表示衷心感谢的函件。答谢函中的正文需要突出两层意思：一是感谢对方的理由，二是表达谢意。要求准确、具体、生动地叙述对方的帮助，然后对对方的帮助作恰当、诚恳的评价，以揭示其精神实质、肯定对方的行为。格式范例如下图（图 4-3-3，图 4-3-4）所示。

答 谢 函

尊敬的 ××× 先生 / 女士：

　　非常感谢您能在百忙之中亲临茂通科技有限公司考察，您的来访增进了我们之间的了解，加深了我们的友谊，奠定了彼此合作最坚实的基础，您及您的团队严谨务实的工作作风与我们倡导的风气十分贴合。

　　热切盼望能和您早日进行真诚而又互惠互利的合作。

　　此致

敬礼！

×× 省茂通科技有限公司

部门　　职位　　姓名

联系方式：×××××××××××

年　　月　　日

图 4-3-3　答谢函格式范例 1

答 谢 函

尊敬的××先生/女士:

此次邀请您了解××商品的市场情况,承蒙您在百忙之中做深入调查,不胜感激。关于××商品的市场价格,待我公司调整修订后再函告您。

望今后加强往来,并请给予大力支持!特此书面表达感谢之意!

此致

敬礼!

××省茂通科技有限公司

部门 职位 姓名

联系方式:×××××××××××

年 月 日

图4-3-4 答谢函格式范例2

3. 资料呈送函

当本公司传送重要的项目资料至对方公司时,需随同资料发送一封资料呈送函,简述资料内容,提示对方查收信息。格式范例如下图(图4-3-5)所示。

尊敬的×××先生/女士:

长久以来,贵公司给予茂通科技有限公司许多关注与支持,对此,我司深表感谢,并铭记在心。

现随信附上茂通科技有限公司××系列产品202×年度使用报告及××杂志202×年第5期对我司的专访,敬请参阅。

个人认为,这些材料可以弥补我以往向您介绍茂通时可能存在的遗漏或偏颇,以便您对我司产品有更深入的了解,这将有助于我们今后更好地交流沟通。

耽误您宝贵的时间,还望海涵。

此致

敬礼!

××省茂通科技有限公司

部门 职位 姓名

联系方式:×××××××××××

年 月 日

图4-3-5 资料呈送函格式范例

4. 订购函

订购函是买方按照与卖方协商好的条件向其订购所需货物时所使用的一种商务文书，一般应包含商品名称、牌号、规格、数量、价格、结算方式、包装、交货日期、交货地点、运输方式、运输保险等内容。格式范例如下图（图4-3-6）所示。

```
                        订  购  函

尊敬的 ×××经理：

    贵公司202×年××月××日的报价单收悉，谢谢。贵方报价较合理，
特订购下列货物：
    FAQ35 彩电 10 台    单价 2 400 元    总计 24 000 元
    FBQ33 彩电 12 台    单价 1 600 元    总计 19 200 元
    FCQ24 彩电 18 台    单价 1 000 元    总计 18 000 元
    FCQ24 彩电 18 台    单价 1 000 元    总计 18 000 元
    结算方式：转账支票
    交货地点：××市××港口
    交货日期：202×年××月××日前
请准时运达货物。我方收到贵方装运函后，将立即开具转账支票。
请即予办理为盼。

                                      ×××× 有限公司
                                    部门   职位   姓名
                           联系方式：××××××××××
                                        年    月    日
```

图4-3-6 订购函格式范例

5. 谢绝函

谢绝函是通过礼貌答复，对他人的邀请表示委婉拒绝的函件。格式范例如下图（图4-3-7）所示。

```
                        谢  绝  函

尊敬的 ×××先生：

    我对贵公司在今年×月份即将举办的人才管理交流研讨会非常感兴趣，我
相信这一倡议一定会得到业界各方的广泛支持。
    非常感谢您邀请我出席会议并作汇报。不过十分遗憾的是，今年×月初我
将赴澳洲考察，历时3个月，届时将无法出席研讨会。
```

　　我可否推荐我的同事李某参加？他在人力资源部已任职 10 年，现为高级主管，工作经验丰富，对人才管理有独到的见解，曾亲自组织十余次颇为成功的活动。我相信，如果时间允许的话，他会非常乐意参加此次研讨会。如您认可此提议，可提前告知我，我和他沟通相关事宜，并请他和您联系。

　　预祝研讨会圆满成功！

　　此致

敬礼!

×××

年　　月　　日

图 4-3-7　谢绝函格式范例

4.3.3　信函沟通的写作技巧

　　为了达到有效交流、传达友好情感、增加合作机会的目的，商务信函必须注意表述风格和语言。现代商务信函的写作技巧可以概括为以下六点：主题的明确性、材料的真实性、结构的模块化、文风的简洁正式性、措辞的礼貌性及回复的时限性。

1. 主题的明确性

　　主题是信函沟通的中心思想，是信函沟通的灵魂。职场人员在动笔之前，首先应当考虑清楚写什么，不要让对方看完之后产生"不知所云"的困惑。一般来说，一件信函只能表达一个中心。这个中心在信函的起始部分就要提出，是邀请还是婉拒？是推进还是扼制？是承诺还是反对？要让人一目了然。

2. 材料的真实性

　　材料是信函沟通时的事实依据，是内容的重要支撑。这里的材料通常表现为数据、图表、引语、事件经过等。只有典型、准确、真实的材料才能产生影响力和说服力。材料要做到真实可信，就要克服无中生有、信口开河、主观臆测、随意拔高等错误倾向。

3. 结构的模块化

　　结构是信函中各部分的构成关系，是信函的骨骼。任何文体都有一定的结构，结构都要力求以主题为中心，做到形式完整、条理清晰、层次分明、逻辑严密、重点突出。

4. 文风的简洁正式性

　　文风是行文风格，是信函沟通的风度和气质。信函沟通的最大特点就在于行文风格的简洁、朴实和得当。商务信函中的文体大都要求语言干净、精练，不拖泥带水，忌繁杂冗长；讲求行文通俗朴实，不矫揉造作，忌故弄玄虚；注重措辞严谨得当，不欺上瞒下，忌胡言无礼。

5. 措辞的礼貌性

措辞礼貌是商务信函的一个重要特征，友好的语气和措辞在促进双方情感交流中发挥着巨大的作用。商务信函的措辞应恰当，最好使用委婉的语气以示礼貌。可以使用一些短语，如"拜托""我很感激"等。写信的语气要真诚、体贴、周到，避免使用带有歧视性的语言。

6. 回复的时限性

商务信函是在商务活动的过程中形成的，每封信函都是一定时限内双方意愿的明确表达。因此，接到对方的信函后必须及时回复。目前，信函的传递越来越多地使用图文传真、扫描后网络发送等方式，以适应这一特点的需要。

4.3.4   信函沟通中的注意事项

商务中的信函沟通与个人书信完全不同，需要突出内容的严谨性和法律效力。在写作商务信函时要注意以下四点。

第一点，信文内容言之有理。如果经过全面构思，做到这一点不成问题。

第二点，书写格式务必正确。格式正确是最基本的要求。

第三点，不要出现拼写错误。检查拼写错误时还应该检查标点符号是否正确，是否遗漏逗号、引号、括号等。

第四点，文中数据要复核。要复核文中使用的数据是否准确，尤其在写统计报告或进行报价时更要小心谨慎。最后再看一下页面是否整洁美观。

综上所述，要认真校对信息与格式之后才能寄发信件。

通事达人

王坤的自荐信

王坤是即将毕业的学生，前几天，她看到一家心仪的企业在网上发布招聘广告，立即编制简历并书写了一封自荐信发送至招聘公司的邮箱中。不久后，她收到公司人力资源主管通知面试的好消息。以下是她的自荐信。

尊敬的领导：

您好！

感谢您在百忙之中阅读此信。我叫王坤，女，出生于20××年2月，××省××市人，中共党员，自20××年9月起就读于××职业学院大数据与会计专业。经过三年的刻苦学习，我将于202×年7月顺利毕业。大学生活使我树立了正确的人生观、世界观、价值观，形成了热情、上进、乐观、开朗的性格和诚实守信、有责任心、不怕苦不怕累的人生信条。

只问耕耘，不问收获，是我大学生活的真实写照。虽然没有考入本科院校，但是随着国家大力支持职业教育，社会对高素质技术技能人才的需求的不断增多，我认为只要努力，在未来也能找到属于自己的一片天空。作为大数据与会计专业的一名学生，我知道随着社会步入大数据时代，财务工作也已经从自动化迈向信息化和数字化，并朝着智能化的方向发展。在上学期间，我夯实专业基础，了解大数据会计的最新发展动态，注重实操技能。经过努力，在校期间我获得了××次国家级奖学金，××次校奖学金，××次院奖学金。三年的学习使我具备了扎实的理论基础和较系统的知识结构，出色的学习能力使我能快速掌握工作所需的知识，并尽快适应工作岗位。

课余时间，我积极参加各种实践活动，不仅充实了自己的课余生活，还锻炼了自己的各项能力。通过担任团支书一职，我锻炼了组织能力、沟通能力；专业实践活动加强了我理论联系实际的能力；社会实践工作加强了我处理人际关系的能力，并使我深深地意识到，工作时应以大局为重，为他人着想，勤勤恳恳，兢兢业业。

知遇之恩，涌泉相报。诚望贵单位全面考察我的情况，若能蒙您垂青，我深感荣幸，并在日后的工作中不懈拼搏之劲、不失进取之心，克尽己能，为贵单位贡献自己的力量。

祝贵单位蒸蒸日上，全体员工健康进步！无论录用与否，我都很感激贵单位给我这个机会，希望能有机会为这个集体添砖加瓦，敬盼回音！

此致
敬礼！

自荐人：王坤
202×年××月××日

4.4　网 络 沟 通

职场沟通之惑

王娜和孙琪同在一家网店做客服人员，网店的生意很红火，每天都会接到很多顾客的在线咨询。王娜觉得时间有限，如果和一个顾客聊太久会分散大量精力，而且很多顾客时常在咨询后并未下单。因此，她总是用最简单的文字回复顾客的问题。下面是她与顾客的聊天记录。

顾客："你好，请问有这件T恤的尺码标准么？"

王娜："关于尺码标准请看图（并附上一张衣服尺码表）。"

顾客："请问价格可以便宜点儿吗？"

王娜："现在已经是最低价格了。"

可是孙琪却不这么认为，她觉得网络沟通不能与顾客面对面交流，就要通过亲切的文字体现出自己真诚的服务态度，所以她喜欢用流行的网络用语、表情进行回复。下面是她与顾客的聊天记录。

顾客："你好，请问这件毛衣有黄色吗？"

孙琪："亲，很抱歉，这件衣服只有白色的~"

顾客："那请问价格可以便宜点儿吗？"

孙琪："亲，不好意思哦，小店薄利销售，这已经是最低价了呦~不过我保证，您现在购买是最划算的！(*￣︶￣)"

你认为职场中应该怎样利用常见的网络通信工具进行沟通呢？在沟通中又应该注意哪些问题呢？

网络沟通就是以互联网为媒介，以文字、声音、图像及其他多媒体为工具的沟通方式。这里指的网络沟通主体是个人、企业、单位等组织，对象是个人、企业、单位等。网络沟通需要借助互联网，主要手段包括建立企业网站、电子邮件传递、设立讨论区、建立信息管理系统、搭建即时通信工具平台等。网络沟通突破了时间与空间的界限，使人们进入一种新型的沟通环境之中。

4.4.1 网络沟通的特征

微 课

网络沟通

网络作为继报纸、广播、电视之后出现的第四种具有超强影响力的传播媒介，具有其他媒介无法替代的功能。网络时代让沟通更加便捷，我们随时随地都可以获取信息。与传统沟通方式相比较，网络沟通具有网络化、智能化及多样化的特点（表4-4-1）。

表4-4-1　网络沟通的特点及其含义

特点	含义
网络化	网络化是网络沟通的显著特点，网络化使工作更加快捷，为工作提供了更为丰富的资源
智能化	区别于传统的信息沟通，智能化要求人们必须熟练掌握各种办公软件，在处理事务时要做到应变自如。目前工作中比较常用的网络沟通工具有企业微信等及时通信App、电子邮件、电子传真等
多样化	多样化是指媒体形式多样，包括视频、音频、动画、图片等

将面对面沟通、电话沟通、信函沟通及网络沟通的优、缺点进行比较，具体如下表（表4-4-2）所示。

表 4-4-2　四种职场沟通方式的对比

沟通方式	优点	缺点
面对面沟通	1. 真实、拉近距离 2. 便于说明复杂问题 3. 沟通效率高	1. 无书面记录 2. 沟通成本相对较高 3. 多人沟通时效率较低 4. 一旦陷入僵局回旋余地较小
电话沟通	1. 即时、有效，沟通效率较高 2. 适合解决紧急问题	1. 不利于传达微妙的情感 2. 特别复杂的问题不容易说清楚，有可能会引起误会 3. 不方便查看图片等信息 4. 不便查找记录
信函沟通	1. 持久、有形，可以核实 2. 规范、信息传递的准确性高	1. 时间花费多，效率低 2. 反馈性低
网络沟通	1. 沟通形式多样，可选择的沟通工具多 2. 工作便利化，传输速度极快 3. 沟通成本更为低廉 4. 跨平台，易集成，沟通范围扩大	1. 沟通方式缺乏真实性，较难建立信任关系 2. 双向沟通时，根据个人理解进行解读，容易造成误解

通事达人

互联网＋时代下的企业沟通

在互联网＋时代，企业的内外部沟通都发生了颠覆性的变化，很多公司在不断地调整与改革，国内的小米公司就是其中的典范。

该公司充分利用社交网络与用户保持高度的沟通与联系，通过用户的参与完成产品的研发、营销和推广。一方面，公司让员工成为用户，鼓励员工与用户做朋友。公司的创始人和高管也很注重和用户的互动，他们在社交媒体上开设账号，直面用户，了解用户的需求，这使用户觉得很有亲切感。另一方面，公司有一个专门负责微博运营和营销的团队，团队中大都是对技术、产品精通的员工，他们会在微博上及时发现用户反映的问题并与之沟通。此外还有相关论坛和社区，这里是发烧友的阵地，新品发布、测评均会在这里呈现。论坛上的发烧友可以对产品提出各种意见甚至批评，在某种程度上，这些发烧友就是产品的义务检测员、建议员和宣传员。而在社区里，用户可以讨论玩机心得、第一时间体验新品、与开发组人员直接交流，这使该公司的工作人员能够与用户"面对面"沟通，在收到反馈后第一时间研发更新，再以最直接的方式呈现给用户，由此形成一个良性的循环。

在互联网＋时代，新媒体的发展使企业品牌和文化的传播载体更加丰富、传播速度更快、传播形式更加灵活多样，特别是对年轻一代的影响力更大，而这些都为企业的内外部沟通带来了全新的机遇和挑战。只有把握时代脉搏、积极变革、顺势而为，充分利用互联网＋时代的优势，才能推动企业走上持续、健康、快速的发展道路。

4.4.2 网络沟通的载体

现代网络涌现的电子媒介和各种电子沟通工具，为人们提供了经济实惠、方便快捷的信息服务。由于网络对人们的生活、学习和工作产生了巨大的影响，网络技术开发得到了高度重视，网络沟通工具无论在种类上、形式上，还是在数量上、质量上都以惊人的速度得到发展。新的网络沟通工具不断涌现，功能日趋完善，使用者越来越多，影响范围越来越大。

1. 电子邮件

电子邮件是通过信息网络传送的，凡是有网络账户的用户，都可以给其他网络用户发送电子邮件。电子邮件具有速度快、界面友好、用途广的特点，它是商业沟通的主要媒介。另外，电子邮件可以使员工了解情况的同时节省纸张。电子邮件作为一种便利快捷的沟通方式已经被越来越多的大众接受，尤其是在商务领域已成为主要的沟通方式。

在互联网时代，电子邮件是一种合适的沟通媒介，它类似于书面沟通，信息发送者和接收者都可以通过个人信函的方式进行沟通，只不过这些话语是出现在屏幕上而非纸张上。《Inc.》杂志对中小企业所做的一次调查显示，56% 的企业在公司内部使用电子邮件进行沟通，41% 的企业用电子邮件和不在营业场所的雇员进行沟通，23% 的企业用电子邮件和供应商沟通，18% 的企业用电子邮件和商务顾问沟通。

但是，电子邮件作为一种常用的沟通方式也有局限性。在实际工作中，时常会出现客户没有收到邮件的情况，经常性的回复邮件也比较浪费时间。此外，邮件对发信者的写作水平有比较高的要求，有时会因为措辞不当引发不必要的误会。

2. 微信和企业微信

微信是腾讯公司推出的一款为智能终端提供即时通信服务的应用程序，微信支持跨通信运营商、跨操作系统平台，通过网络快速发送（需消耗网络流量）语音短信、文件、视频、图片、文字和表情。微信提供公众号平台、朋友圈、消息推送等功能，用户可以通过"摇一摇""搜索号码""附近的人"、扫二维码等方式添加好友和关注公众号平台，同时可以将看到的精彩内容分享至好友或朋友圈。

2016 年，企业微信 1.0 版本上线，它是腾讯微信团队为企业打造的专业办公管理工具。企业微信替代了传统的纸质办公媒介，将报表的填写、审批等环节移至线上，通过随身携带的手机实现了无纸化办公，既提高了职场沟通效率，又降低了行政管理成本，它在协助内部高效办公的同时还可以对外联系客户。在对内办公中，企业微信具有审批、汇报、打卡等一系列功能；在对外办公中，企业微信实现了与微信的互通，在企业微信中可直接添加客户的微信好友，进一步提升了客户的消息触达率。

3. 腾讯 QQ 和企业 QQ

1999 年，腾讯公司推出了腾讯 QQ，这也是一款基于互联网技术开发的即时通信软件，它具备视频语音通话、点对点断点续传文件、在线聊天、电子邮箱等多种功能，并不断推出符合年轻用户需求的新功能。例如，支持用户根据个人需求和兴趣快速扩展关系的"扩列"，以及精准匹配用户兴趣的内容社交平台"看点"等。此外，腾讯亦提供提升企业工作效率的 TIM（办公版 QQ）。

知识拓展

微信与 QQ 的
对比

2012 年，腾讯公司为中小企业搭建了一款企业间的即时通信工具——企业 QQ。这款工具延续 QQ 的通信功能，并且添加了群组讨论、多人语音视频、电子邮件与短信、文件离线传输、远程协助等功能，使职场沟通更加便捷、高效。企业 QQ 可以实时更新企业组织架构和员工个人名片，使查找同事和内部联络更顺畅。同时，企业主管可对所有员工账号进行统一管理，包括消息记录、群聊、外部客户资料等，信息尽在掌握。

4. 腾讯会议

腾讯会议提供便捷易用、高清流畅、安全可靠的云视频会议服务，可以随时随地高效开会。在特殊时期，腾讯会议可以助力远程协同，让身处各地的人们共同工作。国际版也已在全球超过 100 个国家和地区上线。

依托于腾讯公司 20 余年音视频领域的积累，腾讯会议从企业开会痛点出发，结合腾讯在 AI、云计算等方面的能力，多方面突破创新。腾讯会议支持通过手机、电脑、小程序灵活入会，更独家支持微信一键入会。音视频智能降噪功能让会议沟通更顺畅，强大的会议管控功能保证了会议的有序进行；在线文档协作、实时屏幕共享、即时文字聊天等功能也让沟通更高效。考虑到特殊场景的会议需求，腾讯会议还特别配备了虚拟背景、美颜强化等功能。

目前，腾讯会议已广泛应用于政务、金融、教育、医疗等行业，并解锁了云签约、云招商、云招聘、云课堂及云培训等场景。

4.4.3　网络沟通的技巧

不同于面对面沟通、电话沟通和信函沟通，网络沟通需要灵活运用以下几种方法。

1.巧用网络表情包

网络表情是表达情绪和交流感情的重要手段，在网络沟通中，文字加上表情，更能传达准确的含义和情绪。但在职场沟通中，要注意分寸，谨慎使用表情，避免造成误解。职场沟通时的常用表情及含义如下表（表4-4-3）所示。

表 4-4-3　职场网络沟通常用表情及其含义

网络表情	含义	网络表情	含义
👍	真棒、赞同	🤝	合作、问候
💪	加油、努力	✌	胜利、开心
🙂	微笑，现也有"阴阳怪气"之意	OK	好的、没问题

2.适时加入网络配图或动画短片

网络配图和动画短片也是职场沟通中的一种非语言沟通方式。在职场沟通中，可以使用恰当的图片或动画短片来表达沟通者的感情或微妙情绪。例如，过年过节期间，除了编辑节日问候的文字外，可以搭配与节日相关的祝贺图片或者动画短片，可以更充分地表达自己的情感。

3.合理运用网络流行语

目前，一些年轻网民追求时尚，富有个性，创造了大量的网络流行语，增强了现代汉语的表现力，使语言更具活力。但在职场沟通时，要注意职场的规范性与严肃性，可以适时使用网络流行语增加气氛，切不可滥用。

4.4.4　网络沟通中的注意事项

在网络时代，随着组织结构形态、组织文化的变化，职场沟通也必然发生变化。尽管有着快捷、发达、高效的电子沟通媒介，现代职业人也并没有放弃传统的沟通形式。为了适应21世纪的竞争和组织发展的需要，在使用网络沟通时应注意以下事项。

1.面对面交流不可或缺

网络沟通十分便捷，但相比于面对面沟通时直观可见的言谈举止和容易流露的真实情感，网络沟通虽然节省了时间，提升了效率，却无法代替面对面沟通的效果。

2. 尊重网络礼仪

网络构成了人们生存的"第二社会"，人们在网络沟通时也要遵守一些基本的规则，即网络礼仪。网络礼仪主要体现为五大精神，即"正确""简洁""清楚""安全与隐私"及"友善与尊重"（表4-4-4）。

表4-4-4　网络礼仪的五大精神

五大精神	做法
正确	1. 留意写作格式，检查文法 2. 使用合宜的格式、用语和称谓 3. 注意字词、标点符号和表情
简洁	1. 避免重复询问 2. 先停下来浏览之前的对话，看看是否已有类似的回应内容 3. 用字宜简单明了，谨慎思考后再发送，高效地回复信息 4. 熟悉网络术语的简写 5. 尽量不用斜体字等花哨格式
清楚	1. 写电子邮件时应写清楚、完整的句子，使用结语和署名 2. 在公开信息中加入个人邮件地址，以便他人联络 3. 使用电子邮件时，要写清主题，主题中可以简述邮件内容，让人容易辨识
安全与隐私	1. 不继续使用即时通信软件时，记得退出自己的账号 2. 时刻提醒自己：这里是公开场合 3. 要注意个人隐私和他人隐私 4. 别把自己或者别人的密码、住址、电话、身份证号告诉网络上的陌生人
友善与尊重	1. 进入聊天室，跟大家打招呼，离开时最好也跟大家道别 2. 如果你是群主、主持人或者管理员，要注意聊天区的纪律，但不要滥用权力 3. 时刻保持礼貌，友善对待他人 4. 善用表情符号可以缓解气氛

3. 注意网络安全

网络技术在使用过程中存在诸多安全隐患，一些不法分子会通过网络技术进行违法行为，给个人及企业造成不同程度的损失。因此，在职场沟通时，应采取一些措施并运用技术保护网络安全。

（1）设置防火墙。计算机防火墙是计算机外部网络和内部网络之间的一道无形的屏障，对保护用户的信息安全有着极为重要的作用。防火墙可以过滤计算机的各种代码、程序及来自其他网络的危险因素，同时还可以防止病毒或者网络黑客入侵办公系统。

（2）安装并运行计算机杀毒软件。使用办公电脑时应当主动安装并运行计算机杀毒软件，杀毒软件可以定期对计算机中的程序、文件等进行扫描，确保计算机中没有病毒潜伏。安装并运行计算机杀毒软件是保障办公网络安全的重要手段。

（3）设置网络访问权限。网络访问权限的设置是否科学、合理会直接影响职场中网络信息的安全性。如果不设置网络访问权限，黑客就可以直接对用户的计算机进行攻击，窃取公司重要的信息和资料。

我们要正确认识网络的安全隐患，并对其进行有效、准确的分析；增强网络防火墙的防护能力和计算机软件的杀毒能力，正确设置网络的访问权限，避免企业资料的外泄。同时，应该注意的是，网络沟通现在一样具有法律效力，所以在职场沟通或商务往来时，重要的聊天内容要及时截图保存，为防止过期或丢失，重要的资料也应及时备份。

沟通有道

利用网络沟通需注意信息安全

社交网络给我们的工作和生活带来很多改变。使用社交网络，用户可以与认识或不认识的人进行沟通，分享知识，分享心情等。不仅如此，社交网络还可以进行商务活动、招聘或相亲等。社交网络就相当于是一个虚拟的社会，这里的人五花八门，所以，人们应对个人在社交网络上的信息多加关注，避免隐私外泄或者个人信息被恶意利用。

在社交网络的个人档案中，有很多用户信息，如生日期、工作电话、即时通信工具、电子邮件、地址，还有照片、音频及视频等。这些资料包含了很多真实的个人信息，甚至是隐私内容。用户在社交网络上留下的这些信息可能有被诈骗、算计的风险。此外，用户如果将网上的公开信息（如生日、电话等）作为密码，就有可能被网络诈骗者利用，并以用户的名义访问网上银行账户等。

因此在网络沟通中，一定要注意个人的信息安全，避免公开个人的真实信息，与陌生人聊天时也不要随意透露个人隐私，减少网络诈骗等情况的发生。

知识检测

测试题

互动园地

沟通游戏：面对面的冲击

参加人员：所有成员。

游戏道具：白纸、黑色水笔。

游戏规则：

1. 游戏设定的环境背景是职场，老板将和员工针对业绩和表现进行面对面的谈话。

2. 每轮游戏分成 A、B 两个小组，每组 2 人，即 A1、A2 与 B1、B2。

3. 游戏时间为 8~10 分钟，每组以公司领导的口吻，写出一个 4 分钟内能表达完的台词剧本，其中可以出现一些激怒人的句子。

4.游戏开始，A、B 两组将已完成的台词剧本进行对调，即 A、B 两组拿着对方写的台词剧本进行表述。首先，由 A1 进行叙述。要求听众者 B1 面对 A1，而听众者 B2 背对 A1。在 A1 叙述表演时，B1、B2 需要及时记录激怒自己的语句。再由 B1 进行叙述。要求听众者 A1 面对 B1，而听众者 A2 背对 B1。在 B1 叙述表演时，A1、A2 需要及时记录激怒自己的语句。

5.注意：两组代表在表述过程中要尽可能地表现出真诚的态度，减少激怒的程度。

指导反思：对比 A1 与 A2，以及 B1 与 B2 的记录结果，感受语言表达在面对面沟通与非面对面沟通中的不同，进一步明确各项沟通方式的要点。

学以致用

职场年会邀约

【任务背景】

李林是一所大型商贸公司的职员。近两周，他特别忙碌，原因是马上要年底了，公司要举办一场大型的年会活动，想邀请来自政府、行业各界的重要人士参与，扩大公司的影响力，顺便进行宣传。作为已在公司市场部工作 8 年的老员工，李林被主管要求负责邀请相关重要人士参加本次年会活动。当他拿到人员名单，看到写满三页纸的 90 多个名字时，李林顿时有些崩溃。主管还告诉他，在联系时可以运用多种渠道，如面对面邀约、电话邀约、信函邀约及网络邀约等。

李林先初步了解了一下这 90 多个人的情况，并针对不同人的情况选定合适的邀约方式。为增加成功率，李林对四种邀约方式应该注意的具体细节也进行了分析。

【任务目标】

请根据所学知识，针对李林即将开展的年会邀约工作进行现场模拟，包括面对面邀约、电话邀约、信函邀约及网络邀约。在实践中提升沟通技能和灵活应变能力。

【任务描述】

6 个人为一个小组，小组设组长 1 名，负责任务分工和统筹协调。小组成员模拟不同的邀约场景。信函邀约以纸质形式提交，网络邀约以 Word 文档的形式提交。

【任务考评】

任务考评成绩表

"职场年会邀约"任务评价单		
任务评价		
教师填写	面对面邀约：　　　　　□优　□良　□合格　□不合格	
	电话邀约：　　　　　□优　□良　□合格　□不合格	
	信函邀约：　　　　　□优　□良　□合格　□不合格	
	网络邀约：　　　　　□优　□良　□合格　□不合格	

续表

教师评价	打分对象	分值	备注
	组长：		
	小组：		
小组互评	打分对象	分值	备注
	小组：		
组长填写	教学反馈		
	素质获得感： □满意 □一般 □不满意 知识获得感： □满意 □一般 □不满意 技能获得感： □满意 □一般 □不满意 教学满意度： □满意 □一般 □不满意		
	意见建议		

注：任务评价采用百分制，教师打分与小组互评的权重比为 6∶4（小组得分 = 教师打分 ×60%+ 小组互评 ×40%），小组得分即为小组成员得分。

05

专题五

道山技海　择善而为
——职场沟通技巧选用

在日常生活与职场沟通中,陈述、倾听、提问、回答、说服、拒绝、赞美和批评是人们经常用到的沟通技巧,但很多人是不自觉或无意识地运用这些技巧的,其效果并不显著。如果能深入理解这些技巧的特点和作用,掌握常用的沟通技巧并自觉地运用,将有利于加强沟通效果、增进相互了解、改善人际关系、提高工作效率。

本专题主要介绍陈述与倾听、提问与回答、说服与拒绝、赞美与批评,以及演讲的概念、意义和技巧,旨在帮助同学们了解并掌握职场中常用的沟通技巧,提高人际交往能力。深度学习并合理运用相关技巧,你将在提高职场沟通能力的道路上迈出关键的一步。

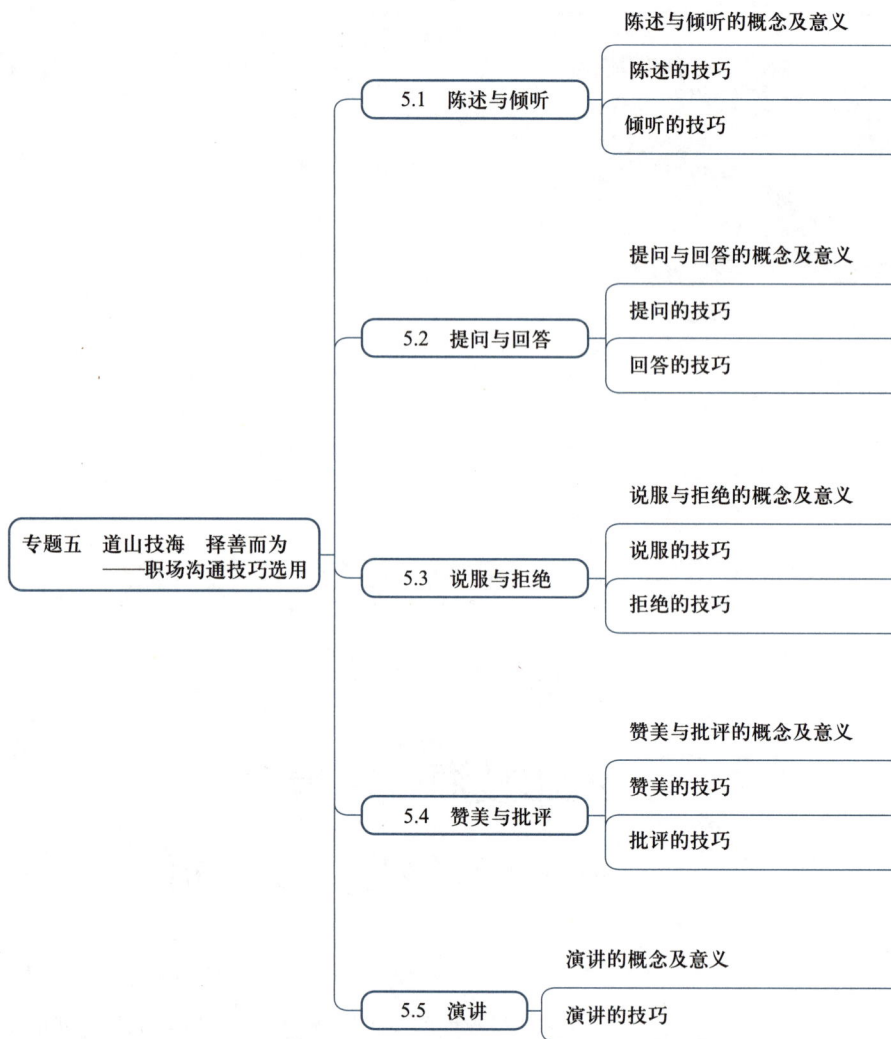

陈述与倾听的概念及意义

5.1　陈述与倾听
陈述的技巧
倾听的技巧

提问与回答的概念及意义

5.2　提问与回答
提问的技巧
回答的技巧

说服与拒绝的概念及意义

专题五　道山技海　择善而为
——职场沟通技巧选用

5.3　说服与拒绝
说服的技巧
拒绝的技巧

赞美与批评的概念及意义

5.4　赞美与批评
赞美的技巧
批评的技巧

演讲的概念及意义

5.5　演讲
演讲的技巧

学习目标

　　1. 素质目标：培养主动参与社会交往的意识，展示文明、诚信、友善的品质，构建和谐的人际关系。

　　2. 知识目标：理解陈述与倾听、提问与回答、说服与拒绝、赞美与批评及演讲的概念和意义，掌握职场沟通的基本知识和常用技巧。

　　3. 能力目标：提高职场沟通能力，能在不同的人际交往情境中灵活运用沟通技巧，实现顺畅的人际沟通。

重点与难点

　　1. 重点：了解陈述、说服、拒绝、赞美等沟通技巧的作用。

　　2. 难点：根据具体的情境，合理、恰当地运用沟通技巧。

5.1　陈述与倾听

职场沟通之惑

　　小张到一家招聘单位参加面试，负责面试的主考官对小张说："请你简单准备一下，然后做一个自我陈述，时间不超过两分钟，主要介绍本人的学历、专业、能力、特点，以及对我单位的了解等。"有点儿紧张的小张稍加思索之后，便开始了他的第一次自我陈述。他从幼儿园说到小学，从初中说到大学，从个人性格说到爱好特长，从现实愿望说到长远理想……小张语速很快，滔滔不绝，但两分钟的时间到了却还没有说完。自我陈述之后，主考官的表情看似不太满意，又随便问了几个问题，便把小张打发走了。小张的第一次应聘以失败告终。

　　小张的应聘为什么失败了？如果你是小张，你会怎么做呢？

　　仔细分析案例，可以发现，自我陈述的不成功是导致小张应聘失败的重要原因之一。一是他没有认真倾听主考官对自我陈述的要求，陈述时主次不分，缺乏重点；二是语速太快，容易表达不清；三是自我陈述超过规定时间，对时间的把控能力不强。那么，我们在陈述与倾听的过程中应该注意些什么呢？

测　试

沟通能力测试

▶ 5.1.1　陈述与倾听的概念及意义

　　陈述的含义是有条理地说出，倾听的含义是耐心地听取。通俗易懂地说，陈述与倾听就是对别人说话和听别人说话。

　　在沟通时，陈述一般是指有条理地叙述事实、介绍事物或者表达观点和看法。倾听是指耐心、认真地听别人在说什么。陈述和倾听在一定程度上可反映交流者的沟通态度和能力水平。

　　陈述与倾听是最常见的人际沟通行为。人际沟通过程中的陈述与倾听不仅是用语言描述事物或表达看法，也不仅是用耳朵来听别人说些什么，更重要的是要全身心地感受对方在沟通过程中传达出的言语信息和非言语信息，这样才能取得更好的沟通效果。陈述和倾听往往同时发生，人们不是在陈述，就是在倾听，而每个人都会在沟通过程中不断地进行陈述与倾听的角色转换。因此，陈述与倾听在人际交往中的使用频率非常高。

情景剧

陈述与倾听

沟通是信息双向传播的过程，陈述与倾听是传递和获取信息的重要途径。学会在陈述与倾听中传递和捕捉关键信息，有助于更好地表达自己的看法和主张，听取别人的意见和建议。清晰地陈述和耐心地倾听是沟通的艺术，是沟通能力的基本表现，可以让沟通双方增进了解、获取有用信息、加深感情。懂得如何陈述与倾听，能提高沟通效率，促进顺畅沟通，也是一个人成熟的重要标志。了解陈述与倾听的注意事项，掌握陈述与倾听的基本方法与技巧，会取得更好的沟通效果。

5.1.2　陈述的技巧

1. 明确目的，条理清晰

王经理在会议上说："下面我布置一下这个月每个部门的主要生产任务……"小张在会议上说："下面我对这个推销活动的策划方案进行简要介绍……"小李对面试官说："我的自我介绍主要从……几个方面说起。"从以上几个人的陈述中可以看出，职场沟通中的陈述都有一定的目的和作用，即为什么陈述，如布置任务、说明情况、阐述理由、自我介绍、申报项目、年度述职或汇报工作等。陈述之前必须首先明确陈述的目的，只有明确了陈述目的，才能合理地选择陈述的方法，抓住陈述的重点，实现陈述的核心要义——有条理地说明。

例如，布置任务的陈述要求清楚、具体，让大家知晓自己的具体任务和职责，这样才方便大家开展工作、完成任务。说明情况的陈述要细致、真实，既全面详尽，又突出重点，使听众对所说明的事物有比较清晰的认识和理解。阐述理由的陈述要实事求是、说理充分、层次分明，力争以理服人、以情动人，使更多的听众认同你的观点。当然，在很多时候，陈述的目的和作用不是单一的，而是综合性的，如果既要说明情况，又要阐述理由，这就需要根据具体情况来确定陈述的思路和重点。

自我陈述是求职过程中较为常见的陈述方式，相当于做一个正式的自我介绍。这种陈述的目的主要是介绍求职者的基本情况，如学习和职业经历、能力和承诺等，可以通过陈述展示求职者的语言表达和逻辑思维能力。因此，自我陈述前要了解应聘单位和职位性质，以及陈述的要求，如重点是什么、规定多长时间等，按要求做好陈述准备。陈述时要条理清晰，重点突出，主次分明，生动具体，既要扬长避短、凸显特色，又要实事求是、谦虚谨慎，努力把一个真实、生动、有特点的自己呈现给对方，留下良好的第一印象。

通事达人

秀　才　买　柴

《笑赞》中有一个秀才买柴的故事。一个秀才对一个卖柴的说："荷薪者过来。"卖柴人不知道"荷薪者"什么意思，但听懂了"过来"，于是便担着柴来到秀才面前。秀才问道："其价如何？"卖柴人听不太懂这句话，但明白"价"的意思，于是便告知了价格。秀才看了看柴说："外实而内虚，烟多而焰少，请损之。"卖柴人这次实在听不懂秀才在说什么，只好担起柴走了。

可以设想，如果秀才说："你的柴外面干、里边湿，烧起来烟很大，火却很小，价钱能不能便宜点？"这笔生意很可能就成交了。这个故事告诉我们，了解并根据沟通对象的身份和特点，运用合适的语言，让对方听明白你的意思，是顺畅沟通的重要前提。

2. 客观公正，实事求是

先请看一位中层管理人员向上级领导汇报某员工情况的一段陈述。

"王总，我想从三个方面向您介绍一下近期小张的工作表现？

"一是一个月以来，我一共交给小张三项独立负责的工作，其中有两项工作是在规定时间之前完成的。从我们部门的整体情况来看，小张的工作效率还是很高的。

"二是交给小张的这几项工作都是部门近期的重点项目，其间小张一共召集并主持了3次线下专题会议,8次线上会议,外出拜访客户6次,但这个月内也迟到4次,时间都在20分钟以内，没有请假和早退的现象。

"三是小张的个性很强，坦诚直率，执行力高，但不太善于控制情绪，人际关系不是很和谐。以上是小张的基本情况，供您参考。"

上述汇报性的陈述从工作表现、出勤情况和性格特点等方面简要介绍了小张的近期表现，有事实，有数据，没有夹杂个人情感和较多的个人评论，较好地体现了客观公正的要求。

客观的含义之一是按照事物的本来面目去考察，不带有个人偏见。公正的意思是公平正直，没有偏私。有无偏私是有一定标准的，而这个标准一般被认为是国家法律、社会规范和主流价值观念。客观公正，实事求是，说的是陈述内容要尊重客观事实，不夹杂个人好恶、主观意愿、关系人情等因素，表达观点应符合国家法律和社会道德，符合社会主义核心价值观。

想要客观公正地陈述一件事情或表达一种观点，就必须按照事实的本来面目进行讲述，不要夸大其词、修饰细节，也不要随意压缩、任意删减。不管是单位领导还是普通员工，对人对事持公平公正的态度是应该具备的重要品质之一。人们在职场中对他人都有品行上的期待，其中最重要的就是公正公平。无论是组织还是个人，公平、正义、诚信、友善等都是非常重要的品质，也是陈述的基本要求。

3. 简洁明了，语速适中

在一次活动的开幕式上，活动主办方邀请一位嘉宾做一个 5 分钟左右的致辞。这位嘉宾认为这是一次宣传的好机会，于是做了很充分的准备，讲了 10 分钟还没有打算结束，简短的致辞变成了"重要讲话"。开幕式之后还有好几个环节要进行，时间都是安排好的，主持人不停地暗示嘉宾结束讲话，听众也早因讲话冗长而失去了耐心，开始交头接耳，议论纷纷。

陈述并非越长越好。陈述者应根据陈述的性质、场合、时间要求等因素，在规定的时间内把事情说清楚，尽可能用简洁的话语进行陈述。陈述时避免出现类似"嗯、啊……""这个、那个……"等习惯性口语，不啰唆繁杂，不冗长乏味，这些是提高陈述效果的重要因素。

播音速度是比较标准的语速，但随着人们生活和工作节奏的不断加快、信息量的不断增加，人们接受信息的心态也在发生变化，如今新闻播音的速度已达每分钟300 字左右，这比 20 世纪 60 年代的播音速度快了近一倍。一般来说，日常工作中陈述的语速控制在每分钟 180~250 字比较适宜。由于个体差异，有的人语速稍快一些，有的人语速稍慢一些，这都属于正常现象。在特殊情况下，如时间紧张、信息量大、事情紧迫、内容重要等，可适当加快或放慢语速，以适应沟通的需要。

5.1.3　倾听的技巧

1. 保持沉静，少说多听

一位同事正在给大家讲一件趣闻，讲得兴致勃勃、手舞足蹈，周围同事也被吸引过来，听得津津有味。这时，突然有人插嘴道："嘿，这是你昨天看的小说里的情节吧？有些夸张啊！"可想而知，那位同事因为此人打断了他讲故事的兴致，很难对他产生好感，而其他正在听故事的人也难以对他产生好感。这个例子告诉我们，随意插话令人讨厌，也很没有礼貌，在人际沟通中学会倾听非常重要。

当对方在讲话时，听者应保持安静，眼耳并用，认真倾听对方说话，双眼注视对方，这既是一种对对方的尊重，也是礼貌和友善的表现。倾听时一般不要随意打断对方，应把注意力集中在对方想说的重点和主要观点上，并适当给予对方清晰的反馈。

倾听时不是不可以插话，但一定要少说多听，无必要尽量不插话。对于必要的询问、确认或需表示赞同的谈话内容，可以适当插话，但一定要把握好插话的时机。如听到精辟的见解、有意义的陈述或有价值的信息，可用"这个想法真好"之类的话语来夸赞；偶尔说"对的"或"是吗"，可以让对方明白你正在倾听并且对他的话题很有兴趣。当需要确认自己理解的意思是否就是对方要表达的意思时，可在对方讲完之后加以确认，如"您刚才讲的意思是不是……""我不知道我理解的对不对，您的意思是……吗？"

在一些非正式场合的交谈中，陈述者和倾听者往往是随机变换的，谁说谁听并没有严格的规定和限制，但这并不意味着我们可以随意插话，因为随意打断别人讲话是不礼貌的表现。尤其是当领导、贵宾、前辈等人在谈话时，更不要随意插话。

2. 排除杂念，集中注意

单位领导在讲话，小张对讲话内容不感兴趣，便拿出手机看小说。正在讲话的领导似乎看出了小张没注意听讲，突然对小张说："小张呀，你对这个问题有什么看法？可以谈谈你的想法。"所有人的目光一下子集中到小张身上。小张根本没注意听领导所说的问题，能说出什么看法呢，但他已经清楚地感觉到了领导的提醒。

别人讲话时不随意插话，这是对他人起码的尊重和礼貌。但是，不打断别人的讲话远远不够，还应集中注意力、认真倾听。上面那个例子中，小张虽然没有随意插话，也没有打断领导的讲话，但是却没有认真倾听，这也是对别人的不尊重和不礼貌。尤其是当两个人交谈时，倾听者除了不随意插话之外，保持与对方进行表情、眼神的交流同样是不可忽略的沟通方式。

能使陈述者产生好感的做法是：倾听者身体稍微前倾，注视对方，表现出对谈话内容很感兴趣。倾听者还可以用头部动作和适宜的表情回应陈述者，表示你在认真倾听。倾听时不要做小动作，如看手机、抠手指、交头接耳或看其他物品等，这些动作说明你对谈话内容漠不关心，陈述者会感到很不舒服。

在两个人的交谈中，如果你感觉谈话内容确实没有什么意义和价值，可以在适当的时机转移话题。如果感觉领导讲话水平不高，可以思考怎样改进讲话方式，提高讲话水平。以上做法既不使对方感到难堪，还可以提高自己的沟通能力。

3. 边听边想，慎重评论

小张和一位客户谈话，客户先说了一件过去发生过的事，本意是通过这件事引出下面要讲的问题，可对方下边的话还没说，小张就插嘴道："哦！我知道你想说什么了，你的意思是不是想……"对方赶紧说："不！不！我没有这个意思。"小张没听清对方想要表达的完整意思，就急于发表见解，结果使双方都很尴尬。

倾听别人的谈话，要一边倾听一边思考，仔细听对方说了什么，想要表达什么，特别要注意话语背后有没有隐藏的含义。要弄明白陈述者想要表达的完整意思，不要急于评价对方的观点，不要急切地发表意见和建议，也不要匆忙给对方的陈述下结论，更不要因为与对方见解不同而发生争执。

有人说，我们用几年的时间学会说话，却需要用一生的时间学会保持沉默。这句话的意思不是说在倾听中不能说话，而是要慎重说话，不轻易定义和评价他人，这是一个人职业素养和沟通能力的体现，也反映了一种为人处世的态度。

当你对别人陈述的事情和观点并没有准确把握时，别着急发表自己的看法和评论，不妨"让子弹再飞一会"。越是在问题复杂、观点多样的时候，越要保持清醒的头脑和分辨是非的能力。在复杂的情境中，保持理智和清醒是最好的选择。

沟通有道 👊 ────────────────────────────────

沟通中的同理心

《庄子·秋水》中有段对话，惠子曰："子非鱼，安知鱼之乐？"庄子曰："子非我，安知我不知鱼之乐？"

每个人都有自己的经历、经验和想法，我们不能拿自己的经历、经验和想法来评判别人的思想观念。在倾听时，要关注讲话的完整内容及其含义，注意区分谈话涉及的事实和观点，要排除个人情感因素对理解的影响，避免曲解别人的意思。喜欢以己度人的人，自己看到什么样的世界，便认为别人看到的世界与自己一样。习惯性地将自己的情感、意识投射到他人身上，从心理学角度来讲，这其实是一种情感认知障碍。

"己所不欲，勿施于人"。在要求别人、期待回报的同时，应该以同样的标准来衡量自己。自己不喜欢的人和事不能强加给别人，愿意付出就不要期待太多的回报，这是为人处世应有的态度。

5.2 提问与回答

职场沟通之惑 📌

小张被一家大型化妆品公司录用，进入市场部工作，领导要求他对一款眼霜进行市场调研。小张花了两天的时间拟定了一份市场调查问卷，在街上询问正在等公交车的上班族："您好，能帮我填一份调查问卷吗？"等车的人摆摆手说："抱歉，我等的车马上就来了。"小张又到菜市场对来买菜的大妈说："您好，请问有时间帮我填一份调查问卷吗？"大妈很不为意地接过问卷，看了一眼说："我这个年纪不需要用眼霜了，你找别人吧。"小张的市场调研一时陷入了窘境。

小张的提问存在什么问题？如果你是小张，你会怎样完成市场调研呢？

提问就是提出问题，是一种了解、调查和掌握具体情况的沟通方法。提问要讲究技巧，要能启发被问者的思路，便于被问者回答。小张在提问时不考虑场合，不考虑被问者是否有其他安排、有没有时间，而且不区分被问者的身份特征和年龄层次，没有考虑到对方是否便于回答，当然很难到预期的效果。那么，我们在沟通过程中该如何提问，又该如何回答别人提出的问题呢？（图 5-2-1）

图 5-2-1　提问与回答

5.2.1　提问与回答的概念及意义

提问的含义是提出问题。回答的含义是对问题给予解释、回答或表达观点等。在职场中，提问和回答是经常用到的沟通方式。人们在交流时会自觉或不自觉地运用提问的方法来获取信息，而有提问就会有回答，于是，这一问一答就形成了一个人际沟通的过程。

职场沟通中，提问的目的和方式是多样的，有的提问是为了了解情况、寻求办法；有的提问是为了征询意见、改进工作；有的提问是为了明确要求、强调重点；有的提问开门见山；有的提问由浅入深……而回答也由于提问的不同而表现出多样化的特点，有时回答要紧扣问题，有时回答应适当回避问题；有时回答需要简明扼要，有时回答需要翔实具体。根据具体情况和实际需要，灵活、适宜、恰到好处地提出问题与回答问题，有助于增强沟通效果，提高工作效率。

在职场沟通中，会提问、善回答是沟通能力强和思维敏捷的表现。优质、高效的提问与回答可以开启良好的沟通局面，建立互相信任的和谐氛围，对于增进了解、促进交流、获取有用信息、找到解决办法等起到很好的作用。在职场上善于提问与回答，能够打开对方心扉、启发对方思考、建立关系和感情，有助于全面把握沟通的方向、深度和进程。

微　课

提问与回答

5.2.2 提问的技巧

1.紧扣主题，开门见山
请看下面两个提问：

"你认为这个活动策划案的关键环节是什么？"
"要进一步提高我们产品的销售量，你觉得应该从何处着手？"

不难看出，上述提问的共同点是不兜圈子，不绕弯子，没有多余的寒暄和铺垫，而是紧扣主题，开门见山，直接把问题抛出来让回答者思考并作答。

如果提问的目的是了解情况、征询意见或确认某事，那么紧扣主题、开门见山不失为一种简洁、高效的提问方法。这样做可以节省时间、提高效率，同时也便于对方思考和回答问题。开门见山式的提问关键在于抓住问题的核心，用直截了当的语言提出问题，让对方明白你想问的是什么，他又该回答什么。

但开门见山的提问并不是不讲礼貌或毫不客气，提问时也需要注意职场沟通礼仪。例如，如果提问者和被问者还不太熟悉，提问者应该先表明身份、介绍背景，如"王经理你好，我是刚入职的小张，我在工作中有个疑惑想请教您，不知道您现在方便吗"，得到肯定回答后再提出问题让经理解答。

为了提高提问的质量和效率，提问前应事先思考一下，怎么提问效果最好、效率最高。可能的话，还可以预先准备几个备选答案，供回答者从中选择。如"为了节省您的时间，对于这个问题，我有几个理解，您看哪个更准确"或者"您更赞同下面那一种说法？一是……，二是……"

求职者在应聘时也可以提问，但所提问题要简单明了，最好是通过网络查询不到的信息。在没有确定应聘成功的时候，避免上来就问工作条件与待遇等问题，应该把提问的重点放在单位的需求及你如何能满足这些需求上，如应聘岗位的职责及面临的挑战、该岗位的工作特点、晋升通道等，通过提问达到自我推荐的目的。

需要注意的是，在关系一般的情况下，并不是什么问题都适合开门见山、直接发问。涉及年龄、收入、婚姻等隐私问题，最好不要直接发问。

2.由浅入深，层层递进
有时候提问是为了发现和解决实际问题，在这种情况下，简单或单一的提问很难有效实现这一目的。发现和解决问题的提问应该由浅入深、层层递进，提问者和被问者在对一个个问题的思考过程中，可能会被激发灵感，碰撞出思想的火花，找到解决问题的办法。

一家汽车公司的一台机器在生产期间突然停止运转，主管人员立即把大家召集起来，并提出了一系列问题。

　　问："机器为什么停止运转？"答："因为保险丝断了。"

　　问："保险丝为什么会断？"答："超负荷运转导致电流太大。"

　　问："为什么会超负荷运转？"答："因为轴承不够润滑。"

　　问："为什么轴承不够润滑？"答："因为油泵吸不上润滑油。"

　　问："为什么油泵吸不上来油？"答："因为油泵产生了严重的磨损。"

　　问："为什么油泵会产生磨损？"答："因为油泵未装过滤器，铁屑混进去了。"

　　问到这里，机器停止运转的根源已经找到，问题也就迎刃而解。如果只是换个保险丝，机器停转的问题可能也会暂时解决，但却不能从根本上解决问题。

　　在这个案例中，由浅入深、层层递进的连续提问对于发现和解决问题起到了重要作用。需要注意的是，由浅入深、层层递进的提问是一种有准备的、需要预设的提问，提问者要对问题有一定了解，有相关的知识储备，并预先对问题进行深入思考和设计。

　　3. 善于诱导，启发思路

　　提问是一种启发思考的艺术，优质的提问有助于启发被问者深入思考，从而找到解决问题的方法、提高解决问题的能力。提问者提出的问题应能够给被提问者创造机会，使他们增强信心、促进学习、提升能力、促进个人的专业成长。要使提问具有诱导和开启思路的作用，可从以下几个方面着手。

　　一是多采用开放式的提问。提问要以启发为导向，应多问没有唯一答案或标准答案的开放式问题。如，"你打算怎么做""你怎么看这个问题""你的资源有哪些""还有别的办法吗"……这些都属于开放式提问。而只需要用"对不对""行不行""好不好"等来回答的问题属于封闭式提问，答案相对单一，不如开放式提问更有价值。

　　二是多采用将来时进行提问。将来时的问题可以引导被问者把思路和眼光瞄准将来，而不是停滞在过去或当下。如，"你希望这个策划案达成的结果是什么""接下来你有什么打算""你准备如何实现预期目标"等。

　　三是多采用"怎么办"式的提问。"为什么没完成指标""为什么没有考好""为什么效果不理想"之类的提问属于"为什么"式的提问，是针对过去的提问，容易给人感觉是在追究责任。"你打算怎样开始操作""你的客户对这一决策会有怎样的反应""你准备如何创新"之类的提问是"怎么办"式的提问。相对于"为什么"式的提问，"怎么办"式的提问更有利于激发被问者思考问题、寻求解决问题的办法。

沟通有道

站在被问者的立场发问

某公司的离职率特别高，一位很有发展潜力的年轻人也辞职了，经理特别不解，问："咱们公司薪酬高、待遇好，有年假、有车补、有餐补，你为什么辞职？"年轻人回答："普通员工的薪酬并不高，且不完全享受您所说的那些福利待遇。"这些情况经理并不清楚，他和普通员工所处的立场不同，所面对的问题不同，想要改变现状，应该考虑的是"如果自己是一名普通员工，对公司有哪些期待？"

尝试改变立场，实质就是我们经常说的"换位思考"。站在别人的角度思考、提出问题，则更容易理解他人的想法，也更容易获得真实的答案，双方沟通起来也更加顺畅。

5.2.3 回答的技巧

1.态度坦诚，简洁明了

在一些重要场合，如会议、面试、研讨活动、汇报工作等，提问者一般是单位领导、面试官或其他重要人物，问题一般也比较重要和正式。此时回答的态度要坦诚谦虚，内容要真实可信，语言要简洁明了。不能回避问题，不能避重就轻，更不能谎报信息。人不可能知道所有的事情，知之为知之，不知为不知，真诚的"不懂"比不真诚的"装懂"更容易让人接受，而不懂装懂、自以为是的人最容易令人生厌。

例如，面试官问："如果让你做一个部门的负责人，你有什么领导才能？"可以回答："虽然我的个人领导能力比较有限，但我会把主要精力放在调动大家的积极性上，使大家学会相互协作，形成团队意识，共同做好部门的工作。"上述回答不卑不亢，而且十分坦诚，既不回避自己能力的局限，又谈到了调动大家积极性、相互协作、形成团队意识的工作思路，这也是一种可贵的领导能力。

招聘的面试环节常会出现这样的问题："请谈谈你在工作中一次失败的经历。"一位求职者以坦诚的方式回答了这个棘手的问题，他说："我在策划一个活动方案时遇到了困难和阻力，同事们不看好我的想法，我努力说服他们，但没有成功，最后我的方案被否定了。我承认这是一次工作的失败，但我从中也学到很多东西，我的策划能力经过此事也有明显提高。"承认失败很不容易，一个坦诚正直的人不会隐藏或掩饰失败，而会从失败中学习。因此，可将回答重心放在自己如何通过失败进一步提升自我从而取得下一次的成功的，这样既坦诚地回答了问题，又完成了自我推荐。

如果遇到自己实在不懂或目前还缺乏思考的问题，那就不要不懂装懂或加以掩饰，可以直接告诉提问者："对不起，这个问题我比较陌生，缺乏深入思考，请给我一些时间或提示，非常感谢！"

2. 前后一致，思维同一

如果是回答一个宏观的问题，回答者在突出重点、不偏离主题的同时，还要注意保持内容的首尾衔接、前后一致，注意思维的统一性，这样可以较好地体现出回答者思维缜密、逻辑严谨的优点。

面试官向面试者提问："请谈一下你对我们公司了解多少？"

面试者回答："来之前我专门在网上查阅了贵公司的基本情况。据粗略了解，贵公司是一家主要从事广告宣传和活动策划的传媒企业，有过非常成功的活动策划案例，在业内有良好的口碑和较高的知名度。公司的业务和我大学时所学的专业很接近，公司的岗位也符合我的职业发展规划，很希望能有机会成为公司的一员。谢谢！"

面试者在回答公司基本情况这一主要问题的前提下，前言后语保持了较好的一致性和连贯性，还简明扼要、恰到好处地表达了自己的入职愿望，给人留下良好的印象。

如果面试者这样回答："我听说过贵公司，但并不是十分了解。我的大学专业和贵公司的业务是接近的，招聘岗位也非常适合我，希望能成为贵公司的一员。谢谢。"

面试者先说对公司情况不是十分了解，又说招聘岗位非常适合自己，这就出现了矛盾，到底哪句是真的呢？如果你是面试官，你会如何评判这样的回答呢？

3. 模糊处理，间接回应

有时候别人提出的问题不合适或者无法直接回答，需要模糊、含蓄地回复；有时候提问与回答发生在同事或朋友之间，更多是涉及个人隐私的问题而非工作问题，而这些问题可能是自己不想回答的，需要加以回避。在上述情况下，可以采用模糊处理提问，或者间接回应问题的方法。

模糊处理是指不具体回答问题，而是模糊地把答案说出来。如别人问你工资多少，自己不想明确回答，但又不好意思拒绝回答，可以不说工资具体有多少，而是说："我的月工资不高，在北京连瓷砖那么大的地方都买不了。"

间接回应的办法是避开尖锐的问题，回应问题中的另一个信息。比如有人问你："你这个礼物是谁送的呀？很棒啊！"你不想告诉对方是谁送你的礼物，那就可以抓住问题中的另一个信息"很棒啊"来回答："是的，这东西确实不错，我也很喜欢。"这样既回答了问题、避免了尴尬，又巧妙地回避了不想回答的问题。

知识拓展

有效职场沟通

通事达人

机智的导游

在即将到达旅游点的时候，旅游团的大巴车突然因故障熄火，旅客们过了一会儿就开始焦躁，纷纷追问什么时候才能启动。

导游心平气和地向大家解释："请大家不要着急，车子只是出现了一点小毛病，司机师傅正在检修，他很有经验，估计一会儿就好。请大家耐心地等待一下，很快就要开车了。请注意安全，不要走远，别站在道路中间……"

导游耐心地重复着这些话，用了一连串的"估计""一会儿""很快"等模糊性词语，并没有明确回答游客的提问，既短暂地安抚了游客们波动的情绪，又没有直接给出明确答复，给自己留有余地。

5.3　说服与拒绝

职场沟通之惑

小张刚刚到一家电商公司做售后工作，负责在线接待有售后需求的客户，主要工作是登记售后情况、在线安抚客户情绪等。有一次，小张遇到一位气急败坏的客户，说买到的产品质量有问题，要求退货。小张问："我们的产品质量一向很好，您可以拍一下照片吗？是不是物流的原因或者暴力拆损呢？我们的产品一般不会有问题的。"客户此时已经表现出明显的不耐烦，认为小张在推卸责任，还要给产品和小张差评。小张又委屈又无奈，不知道怎么劝说这位客户，但又害怕影响自己的业绩。

小张说错了吗？如果你是小张，你会怎么说服客户不要给差评呢？

说服需要了解说服对象、把握说服时机，还要有理、有据、有情。小张在处理电商售后问题中，应该优先安抚客户的情绪，然后直面问题，找出原因。在安抚时，可以使用电商商家常用的话术，如"非常抱歉，我这就给您处理。""亲，您对此次售后服务满意吗？记得给我好评哦，比心。"在职场活动中，怎样才能提高自己的说服能力？应该掌握哪些说服和拒绝的技巧呢？（图5-3-1）

图 5-3-1　说服与拒绝

5.3.1　说服与拒绝的概念及意义

说服的含义是用理由充分的话使对方信服。拒绝的含义是不接受请求、意见或赠礼等。在职场中，说服一般是指运用理由充分的话语劝导对方，使其信服、认同或接受自己的主张、方案、要求及产品等。拒绝的意思是指明确地表示不同意、不愿意或不接受。

说服的实质偏重"改变"，也就是让对方按照己方的预设来思考问题，使其心悦诚服地接受说服者的观点。根据不同的情况，说服有不同的目的和作用，如说服别人认同自己的观点、说服别人购买推销的商品、说服别人同意自己的策划案、说服别人参与某个活动等。同样，拒绝也有不同的目的和作用，如拒绝别人的邀请、拒绝商品推销、拒绝同意某个方案等。

说服别人的时候，说服的意图可能被接受，也可能被拒绝。因此，说服和拒绝常常前后相随，相伴而行。努力说服对方使其认同和接受自己的观点、要求或推销意图，是说服者的最终目的，要达到目的就必须掌握说服的技巧，提高说服力。如何巧妙地拒绝别人，既坚持自己的原则，又不使对方尴尬难堪，这需要掌握拒绝的技巧。

无论说服还是拒绝，都有调整甚至改变对方的认知和意图，并使对方接受或认同自己意图的目的，因此，说服和拒绝是具有一定难度、需要一定技巧的沟通方式。了解并掌握说服与拒绝的方法，提高说服能力和拒绝技巧，对于提高职场沟通能力、协调人际关系、顺利达到沟通目的具有重要意义。

情景剧

说服与拒绝

5.3.2　说服的技巧

1. 了解对象，找准时机

小张接到单位指派的推销文房用品的任务。他来到书画市场，找准一位刚买了一幅书法作品的顾客开始聊天:"叔叔您好,您的欣赏眼光不俗啊,这幅作品一般人很难看懂的。""是吗?你也喜欢书法?"那位顾客以为遇到知音,很是高兴,开始和小张聊起了书法。小张在一个合适的时机找对了一个有共同语言的说服对象,他的说服过程就有一个不错的开端,成功的可能性自然大大增加。

说服之前首先要对说服对象有所了解,如了解说服对象的年龄、性别、职业、兴趣爱好、文化水平、社会阅历等,根据说服对象的特点,谈及对方感兴趣的话题,采用相应的说服方法,才有可能取得良好的说服效果。当说服者和被说服者的文化水平、社会阅历等比较接近,或者有共同的兴趣爱好时,可以多谈论两人的共同之处,这样沟通起来会更加、随意、顺畅。如果两人在年龄、文化、阅历等方面差异很大,需要格外注意说话的方式方法,尽量使用对方能接受的语言沟通,把话说得让对方愿意听、喜欢听、感觉有道理,才能起到说服的作用。说服别人的时候,不要以自己为中心,而是要围绕说服对象,使用他感兴趣的语言和夸奖、赞扬、表示同感之类的语言,减少对方的防范心和戒备心,从而逐步接受你的说服。

找准说服时机对于能否成功说服别人也很重要。在不合适的时候说服别人,如在别人愤怒、忧伤、悲痛等心情不好的时候说服某事,即使你说得天花乱坠,也很难取得很好的效果。一般来说,当别人心情愉悦、悠闲自在,或者恰好对你说服的内容有需求、有同感的时候,说服成功的概率往往会比较高。

2. 换位思考,将心比心

小张想让小李和自己一同去见一位小李认识的客户,他对小李说:"小李呀,我今天有件很重要的事儿,需要你出手相助,你能帮我这个忙吗?"小李好奇地问:"什么事儿啊?我能帮上忙吗?"小张兴奋地说:"这件事儿非你莫属,咱俩联手一定能成功。如果你不参加,靠我一个人很难成功。"小李面露笑意:"行,什么事儿你说吧。"此时,小张对小李表示出的尊重和认可,使他的说服成功了一半。

说服别人时第一重要的是尊重对方,因为说服不是命令,也不是指示,唯有尊重对方,对方才有被说服的可能。很多时候,说服别人首先是情绪上的沟通,双方情绪不和谐、不一致,便很难达到说服的目的。任何轻视或无视对方的表现,轻则会增加说服难度,重则会造成双方关系破裂。

要想使说服达到最佳效果,必须使双方在认知上形成共识,这要求我们在说服别人时要换位思考、将心比心,设身处地地了解被说服者的心理状态及认知特点,尽量站在对方的角度,以帮助对方解决问题的方式来说服对方,这样比较容易让对方接受。

一般来说,当你要说服某个对象时,尤其是推销商品时,对方会产生一种戒备心理。因此,要想说服成功,首先应消除对方的戒备之心。可采取嘘寒问暖、表示关心、愿意提供帮助、寻求共同语言等方式,让对方感觉你是朋友而不是对手或敌人。你还可以把自己想象成一个被说服者,对方要怎样表现,你才会消除防范心理呢？然后你按照设想的方式先打开话题。

3. 有理有据，以情动人

在单位走廊上，小张看到几个人在抽烟，而旁边的墙上就挂着一个"禁止吸烟"的标语。小张没有指着牌子直接批评抽烟者不应该在这里抽烟，而是走到那几个人面前，很客气地说道："嗨，实在不好意思，希望你们能到室外吸烟。我们单位管理很严格，如果领导发现有人在这儿抽烟的话会给我们科室扣分的，谢谢配合啊。"那几位抽烟者本就理亏，小张诚恳的态度又让他们十分不好意思，于是听取了小张的劝服，把烟掐灭并离开了走廊。

说服他人要有理有据、真诚友善，切忌指手画脚、盛气凌人。说服他人时一味表达自己的观点，不考虑对方感受，甚至让对方丢脸、下不来台，那不仅无法说服他人，还容易惹怒对方。说服应该是从解决问题的角度出发，摆事实，讲道理，动之以情，晓之以理，要少摆架子、少放空炮，多说些有理有据、令人信服的实在话。

要想达到说服的目的，热情与诚恳是必不可少的态度。热情与诚恳不仅可以换来好感与信任，更可以消除冷漠与防范。热情诚恳的态度可以拉近与被说服者的心理距离，为说服对方打下良好的心理基础，让沟通变得更加顺畅、更容易成功。居高临下、盛气凌人、不屑一顾、冷漠无情等态度是说服的大忌，只会让说服成为幻影。

5.3.3 拒绝的技巧

1. 不卑不亢，婉言谢绝

一般来说，拒绝别人是一件令人不好意思的事情，特别是那些爱面子、怕得罪人的人，很难拒绝别人。但是，在职场沟通和日常生活中，并不是所有的事情都得听从，对于那些不能听从、无能为力、有时间或原则冲突的事情，该拒绝还是要拒绝的，只是应讲究拒绝的技巧，使拒绝变得轻松而不尴尬。

婉言谢绝是常用的拒绝方法，婉言谢绝就是用温和委婉的语言来表达拒绝之意。与直截了当的拒绝相比，婉言谢绝更容易被接受，因为它在很大程度上照顾了被拒绝者的面子。在职场中经常会遇到这种情况：领导临时交付给你工作任务并要求你加班完成，但是你下班后的确有重要的事情。那么，在委婉拒绝领导的同时，能给出解决问题的方法，也是很加分的做法。例如，回复领导说："抱歉领导，今天我真有急事，实在没有办法加班，我可以明天早点到公司处理。"这样既给领导台阶下，也间接亮明了自己的原则和底线，争取将加班时间转化为正常的工作时间。尽量寻找客观的理由，如晚上有课程安排、亲友聚餐等，避免用"今天好累，不想加班"这种带有主观负面情绪的理由。

沟通有道

常用的婉言谢绝语句

"很抱歉，恐怕我不能和你一起去。"

"对不起，这事儿我帮不上忙，不过小张处理过类似的情况，要不请教一下他吧？"

"谢谢你的好意，但是……"

"很抱歉，那个时间我恰好有别的安排。"

"我很希望能去，不过我已经答应过别人了。"

"谢谢，不用了，我自己可以的。"

"我这几天特别忙，如果你不着急的话，我晚些时候和你联系可以吗？"

2. 幽默用语，化解尴尬

使用幽默的话语拒绝他人的要求是一种高明的拒绝技巧。在日常交往中，幽默往往具有妙不可言的功能。在职场沟通中，幽默的谈吐能活跃气氛、缓解矛盾、消除尴尬。用幽默的话语含蓄地拒绝他人的某种要求，既显示出自己的睿智与诙谐，又可避免双方陷入尴尬，使局面变得轻松和谐。

小张在一家涉密单位工作，有朋友想从他那里打听一些事情，小张不好意思直接拒绝，便悄悄问他："你能保守秘密，不到处乱讲吗？"那位朋友连声说道："当然，我一定不告诉任何人！"这时小张笑着说："你能做到保守秘密，这太好了，咱俩是一样的，我也能保守秘密呀！"对方一听笑了，便不好意思再问下去了。

在一个不允许拍照的景点里，一些游客向导游提出了拍照的请求。导游说："我完全同意大家拍照，但根据这里的规章制度，请大家拍照之后把相机交给我，由我统一删除。现在可以开始拍了。"游客们都笑了，也不再提拍照的要求了。

3. 顺水推舟，成人之美

有人向小张推销一款新上市的运动鞋，可他刚刚买过一双类似的鞋子，于是小张说："这鞋子的款式真不错，我恰巧有个朋友想买运动鞋，你有没有相关介绍材料，我给他捎一份。""不好意思，我没带文字材料，不过您可以拍个照片发给他。谢谢您了。"这样一来，推销员虽然没有推销成功，但也很高兴。

在自己无法答应或满足别人的要求，但是却了解有人能满足这种要求，或者自己可以换个方式满足别人的要求的时候，顺水推舟、成人之美是一种很不错的拒绝方式，这既拒绝了对方的要求，又尽自己所能给对方提供了帮助，显得非常真诚和友善。沟通得好，还可进一步加深同事之间的感情。

　　在不能满足对方要求的情况下，可以采用商量的口吻，询问对方能否换一个方式或者时间，从而达到委婉拒绝对方现在的要求的目的。例如，一位朋友邀请你今晚参加一个聚会，可是你恰巧身体不适，不太想去，可以用商量的口吻说："我今天身体有点儿不太舒服，改天到我家来聚餐怎么样？"

　　在自己不具备某种能力或不方便提供帮助的时候，可以说："这事儿对我来说难度不小，我有点儿无能为力了。但我知道小李在这方面比我强很多，不如请他来帮你。要不要我帮你问问？"

通事达人

钱钟书的幽默

　　据说，钱钟书先生一向淡泊名利，不慕虚荣。曾经一位女士读了钱钟书的书后十分敬佩，想要登门拜访。钱钟书在电话中说："假如你吃了一个鸡蛋，觉得味道很不错，这就够了，何必要认识那个下蛋的母鸡呢？"

　　钱钟书曾用这句幽默的话语把许多慕名而来的记者拒之门外，而那些记者们虽然被拒绝了，却也不会因此而恼火，这就是幽默的力量。

5.4　赞美与批评

职场沟通之惑

　　小张新入职一家公司，在新员工欢迎会上，部门领导首先讲话，从前段时间的工作情况讲到了接下来的工作任务，并对新员工的到来表示欢迎，然后要求每个新员工都谈谈自己的入职感受和对工作的想法。小张觉得这是个给领导留下好印象的机会，应该赞美领导几句，稍加思索后便说道："领导的讲话简明扼要、重点突出，而且还幽默风趣，使我记忆深刻。我一定好好向领导和各位同事学习，努力提高口才，做好本职工作。"没料到领导却说："谢谢你的夸奖，不过我想这可能是对我说话风格的改进建议和善意批评吧。因为我还是有自知之明的，我这人恰恰缺少幽默，相比起来，你的发言倒是很'风趣'哟。"小张听后不禁一愣，难道自己说错话了吗？如果你是小张，你会怎么说？

　　人人都希望被赞美、被夸奖，但赞美别人一定要真心实意、真情流露，这才能使人感到愉悦和鼓舞。小张对领导的赞美之词用到了"幽默风趣",但领导却认为自己缺少的恰恰就是幽默风趣,于是这赞美之词就成了不实之词,甚至听起来还有嘲讽的意味,领导自然会认为这是小张对他讲话风格的改进建议。不过,领导对小张讲的那番话却包含着较高的批评技巧,既含蓄委婉地指出了小张的赞美之词不够恰当,又维护了小张的自尊心。

5.4.1 赞美与批评的概念及意义

赞美的含义是称赞。批评的含义有两个:一是指出优点和缺点,二是专指对缺点和错误提出意见。在职场中,赞美一般是指发自内心地对自己支持、赞同的人、事、物等表示肯定和赞赏。批评一般是指对他人的缺点和错误提出意见,如批评某人对顾客的态度傲慢、批评某人总是上班迟到、批评某人的策划方案缺乏可行性等。

被尊重、被认同是一种较高层次的心理需求,被别人赞美是人们共有的内心期望。在职场中,恰如其分的赞美能使别人感到愉悦、开心,使人际关系更加亲密、和谐,有助于增进人与人之间的感情。批评虽然是指出对方的缺点或错误,但只要是为了改进工作、促进发展,且批评方式运用得当,同样可以起到促进了解、增进情谊、深化沟通的作用,不过这需要掌握批评的技巧,同时保持真诚友善的态度。

赞美就像阳光,批评就像雨露,阳光雨露对于生命都是不可或缺的。赞美别人和被人赞美都是令人开心的事情,但只有赞美没有批评的职场沟通是不完整的,不利于改进工作和提高效率。反之,只有批评而缺乏赞美的职场沟通更不可接受,因为这会对员工的人际关系、工作态度乃至情绪产生消极的影响。了解赞美和批评的作用,掌握赞美和批评的技巧,合理运用赞美和批评,使赞美和批评相得益彰,共同发挥积极作用,才有利于形成和谐的人际关系和职场沟通局面(图5-4-1)。

微课

赞美与批评

图 5-4-1 赞美与批评

5.4.2 赞美的技巧

1. 真情实感，言真意切

赞美是建立良好人际关系、促进同事情谊的催化剂，人人都爱听赞美的话，但恰到好处的赞美需要一定的技巧，不恰当的赞美有可能适得其反。

赞美别人要富有真情实感，言真意切，发自肺腑，出于内心。赞美不是阿谀奉承，更不是溜须拍马。赞美必须实事求是，当你确实认为某个人有值得赞美的地方，而且他本人也觉得这是自己的长处时，赞美才能获得很好的效果。无中生有、言过其实的赞美容易让人误以为赞美者有什么个人企图或不良目的，而且过分夸张、不实的赞美还有可能造成误解，对方甚至会把赞美理解成嘲讽和讥笑，甚至是别有用心。

例如，有一天你穿了一件自己很喜欢的新衣服上班，同事们都夸你："这件衣服真漂亮，非常适合你！"你可能为此而愉悦一整天。如果你写了份报告，领导夸奖你"昨天的报告写得很不错"，你工作起来可能会更有劲头。这是因为赞美的内容符合你自己的感觉，你认为这是可以接受的真实的赞美。但如果有人对你说："你是世界上最漂亮的人！"那就显得太虚假了，你也不会当真。

2. 准确具体，因人而异

要想提高赞美的应用效果，一定要学会因人而异，具体而真实地说出对方值得赞美的地方，这样才能让对方感受到你的真诚，你的赞美才能打动人心。赞美之词越空泛越庞杂，其感人力量就越弱小。例如，我们在社交场合经常用的赞美之词不外是"你今天好漂亮哦！""你看起来气色很好！"等话语，其实这些赞美之词含糊不清，过于空泛，听起来像是客套话，会使赞美效果大打折扣。如果换成"今天你这身衣服搭配得真好看""你今天的发言棒极了""没想到你还会打网球，而且打得这么好"等具体的赞美之词，更能使对方感到愉悦。下面列举一些案例。

办公室同事戴了一条新丝巾，你可以说："这条丝巾的颜色很配你今天的衣服，显得整个人的气色特别好。"

公司业务经理跟随客户参观他的新房子。在屋里转了一圈之后，经理说："您这地板的颜色真不错，显得特别浪漫温馨。"客户很得意地说："这地板是我亲自挑的。""您真有眼光！"

顾客在饭店吃饭，看到服务员端上的菜盘子里有一朵用萝卜雕刻的花，随口赞美道："好手艺！这萝卜雕刻的牡丹花儿简直跟真的一样！"

3. 把握时机，用语适度

当别人准备做一件有意义的工作时，你可以赞美他将要做的这件事情很有必要、很有价值，鼓励他做出成绩。在工作中，可以赞美他的做法得当、措施有效，这有益于增强他的信心，促使其把工作做得更好。工作结束时，可以赞美他的工作很有成效，大家都很满意，这有助于他再接再厉，取得更大的进步。可见，选择适当的时机、进行恰当的赞美才更有效果。

不合时宜的赞美不仅不会取得良好的效果，甚至会引起别人的反感。例如，你走进单位领导的办公室后，发现领导正在和一个客户谈生意，你想借机给领导留下一个好印象，便对那位客户夸起了领导："我们这位领导是这个行业的专家，绝对内行，你找他做生意算是找对人了。"可以想象，领导对这个不合时宜的赞美绝不会留下好感，因为你打断了他们正在进行的谈判。

赞美要把握时机。在什么时机或什么情况下赞美别人，看起来只是时间问题，其实是十分重要的。赞美具有时效性，要注意把握时机，适时赞美，否则难以达到预期的效果。

沟通有道

关于赞美和批评的金玉良言

人不能没有批评和自我批评，那样一个人就不能进步。　　　　　　——毛泽东

难得是诤友，当面敢批评。　　　　　　　　　　　　　　　　——陈毅

良言一句三冬暖，恶语伤人六月寒。　　　　　　　　　　——中国俗语

称赞不但对人的感情，而且对人的理智也起着巨大的作用。　—— 列夫·托尔斯泰

真正的朋友，在你获得成功的时候，为你高兴，而不捧场。在你遇到不幸或悲伤的时候，会给你及时的支持和鼓励。在你有缺点可能犯错误的时候，会给你正确的批评和帮助。

—— 高尔基

5.4.3　批评的技巧

1. 开门见山，直面问题

开门见山、直击要害的批评是指不绕弯子，不遮不掩，不讲客套话，直接指出错误所在，分析问题根源。这种批评方式一般适用于性质比较严重，需要引以为戒、不可再犯的错误。

有些错误的性质比较严重，会对工作产生较大的负面影响，或者已经产生了负面影响，应当直击要害，给予严厉批评，使其认识到错误的严重性，以此为鉴。但严厉批评要对事不对人，严厉不等于傲慢无礼，甚至训斥谩骂，批评时应态度严肃，不回避问题，但不可人身攻击。

　　在党内的民主生活会上，也提倡批评要开门见山、直面问题，达到"团结—批评—团结"的目的。这种情形下的批评，如果既可以让对方"红红脸、出出汗"，同时又言真意切、真诚友善，让对方从内心深处接受你的批评，那将会有相互教育、相互启发、相互警醒的良好效果。

　　批评有当众批评和私下批评之分，应当根据具体情况恰当运用。当众批评能引起大家的关注，起到警示作用，但可能会使被批评者感到难堪和羞愧，运用不当甚至会引起被批评者的恼怒。所以，当众批评应当慎用，并且要把握好批评的用语和态度。私下批评一般多指领导对下属的批评，是在非公开场合对某个人进行的批评。私下批评给被批评者留了"情面"，不会使其难堪，因而更容易被接受。

　　开门见山地批评之前，可以先自问：对方的错误是真实存在的吗？我的批评是善意的吗？这个批评有必要吗？然后再进行批评，这样可能会取得更好的效果。

2. 先扬后抑，维护自尊

　　人都有自尊心，都愿意被表扬而不想被批评。但人非圣贤，孰能无过，出现过失或犯了错误被指责、被批评，这也是天经地义、无可厚非的事。如果能讲究批评的方式，合理运用批评的技巧，会使批评更容易被接受，从而取得更好的效果。先扬后抑就是一种更容易被人接受的批评技巧。下面这段部门领导和员工的谈话就很好地运用了这种批评技巧。

　　"小张，你这一段时间的工作很努力，为公司做出了很大贡献，经销商和客户对你的表现非常满意，希望你能继续保持这种状态。同时，这段时间的高强度工作也暴露出你工作上还有改进的空间，如临场经验不足、对新环境熟悉较慢等。如果能扬长补短，相信你会比现在更优秀。公司下一阶段会有业绩考评，我相信你一定有不错的表现。另外还有一点，你有时会有些急躁，这会影响团队的和谐，过于强势可能会带来负面反应，这一点我想提醒你多加注意。"

　　这段话很好地运用了先扬后抑的批评技巧。部门领导先从表扬小张的工作成绩入手，接下来再指出其不足，虽然指出的缺点比优点还要多，但听起来让人感觉客观、公正，既肯定了成绩，又指出了问题，还提出了希望，这对于小张的进步与发展是有很大帮助的。

3. 幽默诙谐，巧达目的

　　幽默和诙谐都有风趣且意味深长的意思。幽默诙谐是人际关系的润滑剂，可以消除紧张的气氛，营造轻松的氛围，化解尴尬的局面。幽默诙谐的批评能使人在轻松一笑中自我反思、接受批评，是一种有效且高明的批评技巧。

　　下面这个例子可以说明幽默的效果。单位在开会，会场有点混乱。有人在说笑，有人在睡觉，有人在眼观窗外，还有人在发呆。正讲话的领导突然停止讲话，

知识拓展

批评的三明治
法则

貌似语重心长地对大家说："如果坐在中间谈笑的那几位同志能像发呆的那位同志一样安静的话，那前面睡觉的同志是不是可以睡得更香甜一些啊？"此言一出哄堂大笑，那几位被间接点名的员工的笑容里则带有几分羞愧。之后的情形可想而知，会场秩序发生了很大改观。

幽默诙谐的批评是一种高明的批评技巧，要运用好这种技巧，需要不同寻常的思维方式和表达方式，而这需要不断提高自身文化修养和语言表达能力。

通事达人

李总的幽默和小张的机智

李总要求公司员工的年终总结必须用钢笔书写，以提高硬笔字的书写水平。小张的字写得十分潦草，难以辨认。

李总看后笑着说："小张呀，咱单位的年终总结如果是书法比赛的话，你这草书一定能拿金奖，你这是跟张旭学的吧？"

小张不好意思地答道："让您见笑了，看来我需要改换门庭，跟着柳公权练楷书。"幽默风趣的一问一答，将批评的目的和接受批评的意思都表达到位了。

5.5　演　讲

职场沟通之惑

小张所在的公司举办新年联谊活动，设置击鼓传花游戏，要求接花后没传出去的人发表一个简短的演讲作为新年致辞。碰巧的是，小张成了第一个演讲者。这是小张第一次在这么多人面前讲话，准备不足，缺乏自信，再加上有些紧张，拿起话筒后竟一时语塞。支支吾吾地说了上句，下句话还不知在哪儿，说完后连自己都不知道讲了些什么。讲完后同事们出于礼貌鼓了掌，但更多的是笑声。

小张自己心里清楚，他的演讲很不成功，他该如何提升自己的演讲水平呢？如果你是小张，你会如何发表这段新年致辞呢？

演讲是一种特殊的语言表达方式和交际活动，优秀的演讲可以综合反映演讲者的文化素养和口才水平 (图 5-5-1)。优秀的演讲需要认真和精心的准备，要有明确的主题和清晰的条理，还要有适宜的语速和语调相配合。小张对演讲内容缺乏准备，连个腹稿都没有，加上有些紧张，不够自信，自然会导致演讲失败。演讲需要掌握哪些知识和技巧？又需要注意些什么问题呢？

图 5-5-1　演讲

5.5.1　演讲的概念及意义

演讲是指在公众场合，以有声语言为主，以体态语言为辅，针对某个主题发表自己的见解和主张，阐明事理或抒发情感，进行宣传鼓动的一种语言交流活动。

当今社会，几乎所有成功的企业家都是优秀的演讲者。作为职场人士，不管是工作汇报，还是成果展示，都离不开演讲。演讲能力成为了每个人的必备职业技能。据相关统计，每年有 2 000 多万名职场人士深受口才、沟通及演讲等经验欠缺的困扰。那么，该如何提高演讲与口才的能力呢？

要多动脑，记住"5 个 100 工程"——100 句哲理名言、100 句诗词歌赋、100 段动人的故事情节、100 个幽默风趣的笑话、100 个适合在不同场合下说的演讲套路。要多训练，有机会就练习，没机会就制造机会练习。

总之，良好的口才的标志是：言之有物、言之有序、言之有理、言之有文、言之有情及言之有趣。

知识拓展

章太炎演讲稿

沟通有道

演讲中的"黄金三点法"

"黄金三点法"也叫"一二三法则"，是指任何发言都可以按"一、二、三"这三点来谈。事实上，如果只讲一点或两点，有可能显得水平不够；而如果讲四点以上，听众也很难记住。实践表明，只讲三点的效果最好。

"黄金三点法"是我们演讲时最常用的一种方法，是把一些想法快速整理成一段有逻辑的文字，这可使演讲表达清晰、有条理，框架的组织性更强。这一点用在写演讲词（尤其是在极短的时间内的即兴发言）、发表意见、写文章等方面都很有效，而且容易掌握。

5.5.2　演讲的技巧

1. 充分准备，树立自信

本节开篇案例中的小张，因为缺乏准备、情绪太过紧张，导致在演讲时出现了一系列的问题。凡事预则立，不预则废，我们在演讲之前应该做好哪些准备工作呢？

演讲之前要认真准备演讲内容。职场中我们经常要应对会议演讲，无论是内部会议还是外部会议，都是为了表达内容。所以，我们务必要突出主题，观点鲜明，避免废话、套话。列数据、举例宜简短、有力，详略得当。

编写演讲提纲或者撰写演讲文字稿是演讲前的重要准备工作，是演讲的重要依据。把演讲的内容框架用文字明确下来，形成清晰的演讲提纲，可以帮助你把握演讲的主题和重点。

演讲之前要做好心理准备，树立自信。第一次演讲难免心理紧张，造成心理紧张的原因一般来自主观和客观两个方面。主观原因有性格内向自卑、要面子怕丢人、准备不够充分等；客观原因有演讲环境陌生、不熟悉听众、不熟悉演讲主题等。找到造成紧张的原因，才能有效消除紧张。对于主观原因引起的紧张，你需要调适心理，积极暗示，做好思想准备。对于客观原因引起的紧张，你需要提前适应环境，了解听众，查找资料。无论什么原因，"多讲多练"永远是克服紧张的有效武器。

2. 突出主题，分清层次

演讲要确定一个明确的主题。要围绕主题有条理、层次清晰地展开演讲。在突出主题的基础上，演讲应该分层次，这是演讲的重点也是演讲的难点。怎样才能做到条理分明、层次清晰呢？"黄金三点法"（图5-5-2）是个不错的选择。"黄金三点法"是一种非常容易操作的语言组织方法，演讲者围绕自己要表达的中心思想和具体内容，运用"第一、第二、第三"，或者"首先、其次、再次"等词语来排列和强调演讲的顺序。例如，"我想讲三点，第一……第二……第三"，这样既条理清晰，又简洁明了，还方便记忆，加深理解。在职场沟通中，为了使演讲更能吸引听众的注意，在说到"第一""第二"和"第三"时，可以适当放大音量并稍做停顿，这样可以取得更好的效果。

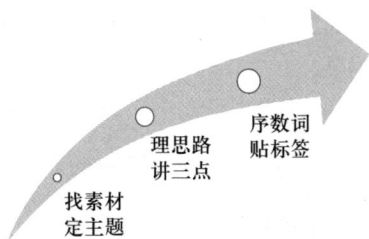

图 5-5-2　黄金三点法

当然，如果演讲内容比较多或者比较少，三点概括不了全部内容或者用不了三点，也可以多讲一点或者少讲一点。在为演讲内容排序时，一般可以根据内容的前因后果、时间先后、重要程度等因素来排列，但无论怎样排列，都要尊重前后内容的逻辑关系，不能随意排列、颠倒主次。

3. 手段多样，增强效果

为了增强演讲效果，提高演讲的感染力和鼓动性，演讲者可运用多样化的手段来配合或辅助演讲。

一是用好有声语言。演讲比文字更富有感染力的一个重要因素，就是口语表达具有语气、语调的变化，可以通过抑扬、顿挫、轻重、缓急等来表现演讲者的思想和情绪变化。因此，在职场演讲中巧妙、合理地转变语气和语调，是一个简单方便、效果显著的手段。

二是用好无声语言。无声语言是指演讲者通过自己的身体姿态、手势动作、面部表情和服饰打扮等来表情达意、传播信息，这是演讲中不可缺少的直观要素。研究表明，人们对事物的印象大部分来自眼睛，少部分来自耳朵，视觉印象在头脑中留存的时间超过了其他内容，这说明了无声语言的重要性。

职场演讲者的听众大多是自己的领导或者同事，我们更不可以忽视他们的感受。最好的做法是一边演讲，一边从听众中寻找善意、认同、赞赏的目光，并和这些目光进行友好的交流。

用恰到好处的手势配合演讲，可以增强演讲的效果。在演讲的关键之处、重点之处、需要强调或鼓动之处，适当使用握拳、手指点数、挥舞手掌等手势配合，可以使演讲更加生动精彩。但手势的运用不宜过多、手势幅度也不宜过大。平时可以多做演讲练习，也可以让朋友或者同事帮你录下来，反复查看哪里还有不足，并及时调整。

三是用好演示文稿（PPT）或视频短片等辅助工具。无论是商品发布会，还是各种职场演讲，PPT 已成为必不可少的一部分。制作精良的 PPT 可以为演讲提供文字、图片、动画乃至音乐，会使你的演讲更加突出重点、生动活泼，能有效拉近和听众之间的距离，增强演讲效果。在有条件的情况下，要尽可能使用 PPT 辅助演讲。使用 PPT 时要注意，每页幻灯片只适宜展示一个观点或一项内容，文字不宜太多、太小，不要过于花哨。否则不仅会给听众带来很大的阅读压力，也会分散听众的注意力，降低演讲效果。

通事达人

王传福的演讲：比亚迪的坚持

中华全国工商业联合会第十二届执行委员会常委、第十二届广东省政协委员、时任比亚迪股份有限公司董事长兼总裁王传福在2021年亚布力中国企业家论坛上发表了题为"比亚迪的坚持"的主题演讲。

一开场，一部他在2008年亲自主导拍摄的企业愿景宣传片将比亚迪十多年前勾勒的太阳能、储能电站、电动车的绿色梦想再次呈现出来。当时，外界不理解比亚迪，但随着我国"2030碳达峰、2060碳中和"目标的提出，宣传片里所涉及的行业领域都已成为当前的风口，这个短片展现了梦想照进现实的过程，极大地带动了观众的情绪、增强了演讲的效果。接着，王传福讲述了创业过程中一个个动人的幕后故事，从刀片电池"十年如一日"锲而不舍地进行技术研发，到DM技术17年迭代至DM-i超级混动，进入燃油车最大的细分市场；从提出1公里地铁配3公里云巴的思想启蒙，到2021年4月重庆市云巴示范线开通，为解决城市拥堵提供有效方案；从2020年年初自制口罩机援产口罩，3天出图纸、7天出设备、10天量产、24天做到全球第一、最高日产口罩1亿只，到生产熔喷布，仅用3周时间研发制造出设备；等等。一个个故事是比亚迪坚持的缩影，为何专注制造业26年？他用这些论据说明"强大的制造业，是国家工业发展的基础；强大的制造业，才能创造大量就业岗位；强大的制造业，也使国家工业变得更安全"。

此次演讲获得了极大的反响，不仅展现了比亚迪这个企业在制造业深耕细作、坚持技术创新的发展路径，更是展现了这个企业积极响应国家号召的责任感和使命感，这在无形之中提高了演讲的高度、广度和深度。

互动园地

知识检测

测试题

沟通游戏：职场演讲模拟

参加人员：全体成员。选择班上3位性格鲜明的学生A、B、C扮演新入职的员工，台下的同学扮演公司领导。

游戏道具：讲台、白纸、黑笔。

游戏规则：为了增进员工之间的了解，让新员工更好地适应工作环境，请新员工分别上台做一个1分钟左右的即兴自我介绍，然后由公司领导点评3位员工的自我介绍。

员工 A（性格非常内向）：可能会不情愿地走上台。声音很小，低着头，极有可能会当众说自己不喜欢说话，也没准备好，有可能还没说完就低着头急匆匆下台了。

员工 B（性格非常外向）：可能会很兴奋地走上台，声音很洪亮，手舞足蹈，在台上走来走去，表现欲很强。但语言散乱，内容缺乏逻辑，有可能用时过长。

员工 C（性格稳健）：稳步走上台，上台会鞠躬，声音洪亮，演讲时有开场白，内容逻辑性强，时间把控得当，演讲有结束感，感染力强。

游戏反馈：台下领导们交头接耳，已经对这 3 位新员工有了初步判断。选出 3 位领导代表发言，评价 3 位新员工的自我介绍，说说他们的演讲带给自己的第一印象是什么。

指导反思：从态势语、语音、语调、语气、演讲内容等方面对比观察 3 位同学的演讲效果，进而反思演讲对职场沟通的影响，进一步明确演讲的重要性。

学以致用 ⊘

职 场 有 我

【任务背景】

以某公司招聘面试为模拟情境，每个参与者轮流模拟面试官与应聘者。

【任务目标】

学会在不同情境下灵活运用沟通技巧，提高参与者陈述、倾听、提问、回答等人际沟通技巧，提升普通话表达水平和心理素质。

【任务描述】

将参与者分成 2 个小组，每组每次派出 1 人，分别模拟面试主考官和应聘者，每次练习完一轮后互换角色。

主考官主持面试流程，并负责在应聘者陈述完毕后，根据其表现提出 1~2 个问题。应聘者进行自我陈述，并根据主考官提出的问题做简要回答。

【任务考评】

教师对每个同学陈述、倾听、提问、回答的表现及仪表、仪态等给予点评，并提出改进的具体建议。

任务考评成绩表

	"职场有我" 任务评价单			
教师填写	任务评价			
	陈述技巧：	□优 □良 □合格 □不合格		
	倾听技巧：	□优 □良 □合格 □不合格		
	提问技巧：	□优 □良 □合格 □不合格		
	回答技巧：	□优 □良 □合格 □不合格		
	仪表仪态：	□优 □良 □合格 □不合格		
	沟通反馈：	□优 □良 □合格 □不合格		
教师评价	打分对象	分值	备注	
	组长：			
	小组：			
小组互评	打分对象	分值	备注	
	小组：			
组长填写	教学反馈			
	素质获得感：	□满意 □一般 □不满意		
	知识获得感：	□满意 □一般 □不满意		
	技能获得感：	□满意 □一般 □不满意		
	教学满意度：	□满意 □一般 □不满意		
	意见建议			

　　注：任务评价采用百分制，教师打分与小组互评的权重比为6∶4（小组得分＝教师打分×60%＋小组互评×40%），小组得分即为小组成员得分。

06

专题六

知困奋进　弥差自强

——职场沟通反馈

　　沟通反馈是提高职场工作效率的催化剂，沟通中的反馈不是对某个人的评头论足，相反，它是对人的行为及行为结果的客观评价。它既可以是对出色完成工作的一种肯定，也可以是关于如何改进工作的一些建议。沟通反馈旨在鼓励接收方通过对反馈信息的正确处理，实现对自己的行为方式的不断改进。

　　本专题从沟通反馈的时机、渠道和方法三个层面提出建议，引导同学们正确面对沟通反馈，并通过有效的沟通反馈减少职场误解、促进深度交流、提高沟通质量。

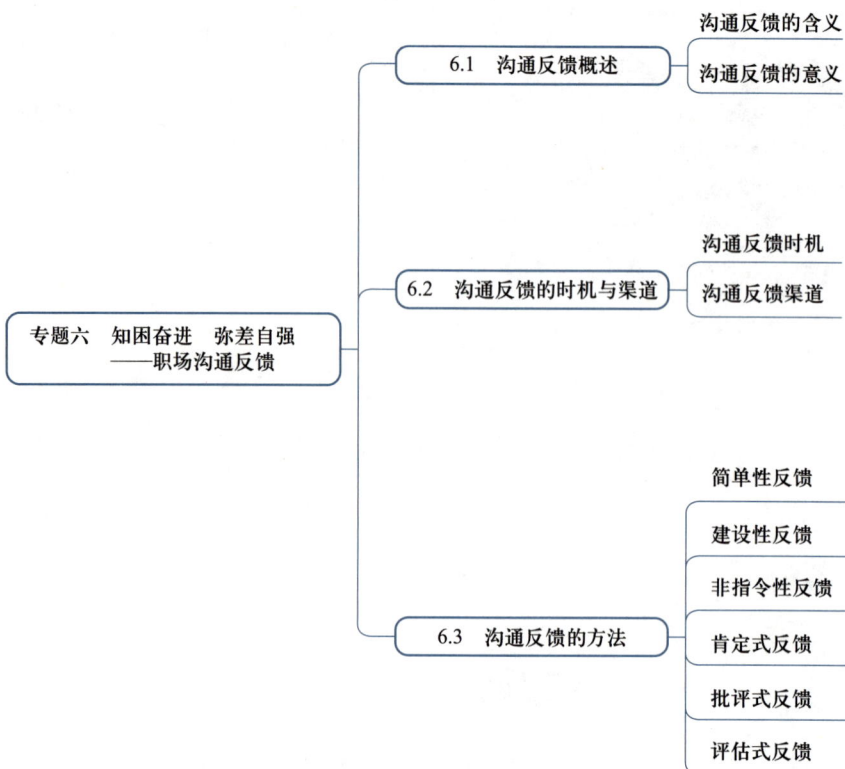

```
                                                                      沟通反馈的含义
                                          6.1　沟通反馈概述
                                                                      沟通反馈的意义


                                                                      沟通反馈时机
                                          6.2　沟通反馈的时机与渠道
                                                                      沟通反馈渠道
专题六　知困奋进　弥差自强
　　　——职场沟通反馈
                                                                      简单性反馈

                                                                      建设性反馈

                                                                      非指令性反馈

                                          6.3　沟通反馈的方法          肯定式反馈

                                                                      批评式反馈

                                                                      评估式反馈
```

学习目标

　　1. 素质目标：构建双向交流的理念，培养职场沟通中的主动反馈意识。

　　2. 知识目标：了解反馈的评估方式，熟悉反馈的时机、内容与渠道，掌握反馈的方法与技巧。

　　3. 能力目标：能够熟练使用反馈的方法，能够运用恰当的方式进行沟通评估。

重点与难点

　　1. 重点：根据不同情境采用不同的反馈方式。

　　2. 难点：有效处理反馈信息，根据反馈意见及时调整自己的言行。

6.1 沟通反馈概述

某企业员工王某在企业核心技术岗位上工作将近 8 年，薪水的增幅低于行业的平均水平。面对自身的生活负担和猎头公司伸出的橄榄枝，王某决定向企业领导申请加薪。考虑到在该企业工作多年，于是他通过一些非正式沟通方式几次向领导暗示加薪事宜，但领导均未给出正面反馈。

3 个月之后，王某正式向公司提交了辞呈，跳槽到竞争对手企业。因为王某深受大家的喜爱，对于他的辞职，同事们都感到很意外，私下就有了以下讨论：

① 领导拒绝给他加薪，这种做法不合适。

② 他的工资没有涨，公司工资太低了。

③ 他家庭压力比较大，对工资不满意，所以离职了。

④ 他辞职的原因是没有加薪，公司的晋级制度和加薪制度有问题。

⑤ 他提出辞职，领导才提出加薪挽留，但遭到拒绝，领导怎么不早点提出或者多加一些呢？

⑥ 领导同意了他的辞职，公司可能面临更严峻的竞争。

以上非公开的私下讨论内容，你认为讨论方向正确的是＿＿＿＿＿＿，错误的是＿＿＿＿＿，不确定的是＿＿＿＿＿。（该题目答案不唯一）

结合讨论内容，请分析该事件背后的沟通意图、沟通策略是什么？从沟通的角度来看，在该事件中，领导、离职员工、留下的员工应该分别做些什么？

沟通反馈是职场中同事之间的信息流动，通常它是对已完成的项目或工作进行评价，对工作表现或相关工作行为的意见交流。沟通反馈是职场沟通中寻求积极变化的重要步骤。

在职场中，员工的建议和意见可能较为零散，但却是最真实的存在和需要解决、改善的问题。因此，对于员工而言，一个良好的沟通反馈机制能有效整合各项资源，使员工之间实现精神层面的交流，把内心情感表达出来，从而调整好自己的心态，进而完善规章制度、激发内心深处对企业的向心力、凝聚力和归属感，创造良好、和谐、积极向上的企业文化氛围。对于企业而言，员工的想法、建议虽然不一定是全面的计划书，但可能是一个线索、一个提示，需要公司管理层来判断是否需要解决、怎样解决、何时解决。工会作为连接企业和员工之间的桥梁，在收集员工建议、转达公司意见方面有着义不容辞的责任。

6.1.1　沟通反馈的含义

沟通反馈是指在沟通中，由信息发出者把信息传递出去，再把沟通结果接收回来，对信息的再输出产生影响并起到制约作用，以达到更好的沟通目的的过程。

沟通双方之间是一种信息发出者和接收者的关系。表达者是信息的发出者，表达者向信息接收者传递自己的想法和感受。随后，原先的信息接收者变为信息的发出者，而原先的信息发出者则变为接收者。下图（图6-1-1）形象细致地展示了沟通反馈的全过程。

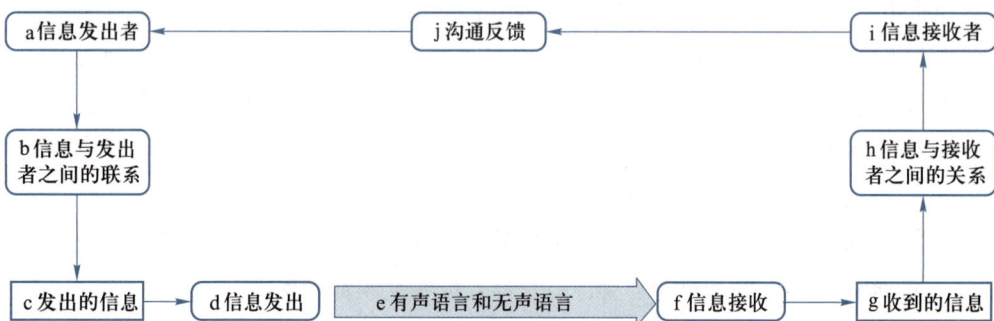

图 6-1-1　沟通反馈流程示意图

从上图中我们可以看出，信息发出者 a 想要告诉接收者一个消息，由于发出者与这条消息之间存在着某种联系 b，所以发出者发送了该消息 c。

发出者有自己的发出装置 e，如谈话工具、肢体语言、体态语言和表情等。其中，视觉和听觉是传递信息的最佳渠道。如果接收者打开自己的接收装置，并且接收者和发出者之间的关系良好，那么消息就会尽量保持本真地被接收。

接收者对收到的消息 g 进行理解，并按照自己的经历、观点、动机和兴趣加工接收到的消息，使之更符合自己的"预设"。根据该消息与接收者之间的关系 h，接收者 i 或者全盘接受，或者有选择性地保留自己感兴趣的部分。发出者想要传达的信息和接收者接收的信息之间的偏差，则要靠"沟通反馈"j 来消除。

信息发出者会认为自己的消息将一丝不差地传达到接收者处，但事实并非如此。生僻的词汇、专业术语的表达、不同的词汇量及不同的受教育程度、说话时的语速、吐字清晰程度、接收信息者的注意力集中程度、周围环境中的噪声等都会影响沟通的质量，导致部分信息无法真正传送给接收者。

此外，信息传递过程中还会掺进一些"噪声"，它们是发出者传达的信息之外的其他信息。在信息的传递和接收过程中，接收者有可能会误听或按照自己的方式

微课

沟通反馈的
信息传播流程

解读收到的信息，也有可能把自己理解的结果添加到原始信息中，这样就使信息到达接收者处时，包含了发出者所要表达的意思之外的内容。显而易见，这样沟通就受到了干扰。

6.1.2　沟通反馈的意义

1. 沟通反馈有利于减少误解和不理解

人与人之间的交流是一个复杂且容易受干扰的过程。我们不能要求交流对象在任何时候都能理解我们传达的信息，也不能认为职场个体总能正确理解交流对象的意图。甚至要考虑到，在没有意识到自己并不理解对方意思的情况下，如何避免产生误解，造成关系紧张甚或引发冲突。

职场中经常遇到这种情况：两个人经过长时间的争执，然后惊奇地发现，他们的观点最初其实是一致的，只是因为一个误解引起了激烈的争论。因此，在职场沟通中，需要通过积极的反馈来减少信息传递过程中的偏差。

沟通有道

沟通反馈中的重复与强调

在职场沟通中，重要的交谈内容常常会重复确认。例如，飞行员和地面指挥塔联系时、上级军官向下级军官下达命令时、舰长指示操舵员行动时，信息接收者都会重复收到的指令。因为，在上述情形中，一旦产生了误解，后果将不堪设想。而在企业中，误解则有可能带来不必要的成本增加和资源浪费。

信息接收者在职场沟通中，可尝试追问：

"我可以这样理解吗？"

"如果我理解得正确的话，您刚刚说的是……"

"您的意思是……"

"按照您的想法，是……这样的吗？"

信息发出者在职场沟通中，可尝试重复以下信息：

"请您总结最重要的几点。"

"我们最后再明确一下今天达成的一致性意见吧。"

"为了避免出现误解，请简要介绍一下您将如何处理这个项目。"

"您能重复一下咱们之前沟通的内容吗？这样更保险。"

2. 沟通反馈有利于在职场中扬长避短

正确的沟通反馈应充分发挥批评和赞美这两种沟通技巧的作用。以批评的形式进行反馈，可以纠正同事在工作中的错误，避免出现更大的纰漏，进而促使大家客观地评价自己，督促其在正确的职业道路上发展。而以赞美的形式进行反馈，有利于提升大家的自我认可度，以此获得成就感，提高对工作的满意度，更有利于唤起大家的工作积极性和工作潜能，降低工作表现不稳定的概率。

对于员工而言，一方面，企业能够及时了解和掌握员工的思想动态，关注员工各方面的信息和行为，帮助员工发展。另一方面，为员工提供交流的平台，企业领导者可以充分倾听员工的意见，缩短与员工的沟通距离，构建和谐的企业氛围，体现"以人为本"的管理思想。

对于企业而言，一方面，员工能够把工作中遇到的困难和问题、对企业发展的意见及建议等信息及时地以文字、图片等方式表达出来，促进企业发展。另一方面，员工扮演着职业人和社会人两种角色。作为职业人，员工完成必要的工作任务，获取收入满足生活所需；作为社会人，员工有自己的人脉资源和作为普通消费者的身份，合理地利用员工社会人的身份，捕捉市场信息，进行直接反馈，有利于为企业决策提供参考。此外，沟通反馈还可以促使员工更加关注企业的发展，增强企业的凝聚力，进而提高企业效益。

总之，职场中的沟通反馈使我们能够更好地了解谈话效果、达成更高的目标。通过反馈我们能及时认识到妨碍沟通的因素，使沟通顺利进行。同时，反馈也将我们的"盲区"压缩得更小，从而帮助我们扬长避短。

通事达人

某高校教职工代表大会意见反馈机制设计

为了更好地实现沟通反馈，某高校设计了一套教职工代表大会（以下简称"教代会"）意见反馈机制，既可以实现教职工民主管理的职能，还有助于加强干部监督、权益维护和队伍建设。教职工提出议题后，教代会可获取其对学校发展和管理的意见或建议（图6-1-2）。

通过教代会意见反馈机制，基层教师可以参与制订、审议通过一系列与教职工息息相关的政策和制度，并对学校的内部管理进行评议和监督。同时，学校各职能部门结合教师的沟通反馈承办提案工作，力争做到"件件有回音，事事有落实"。

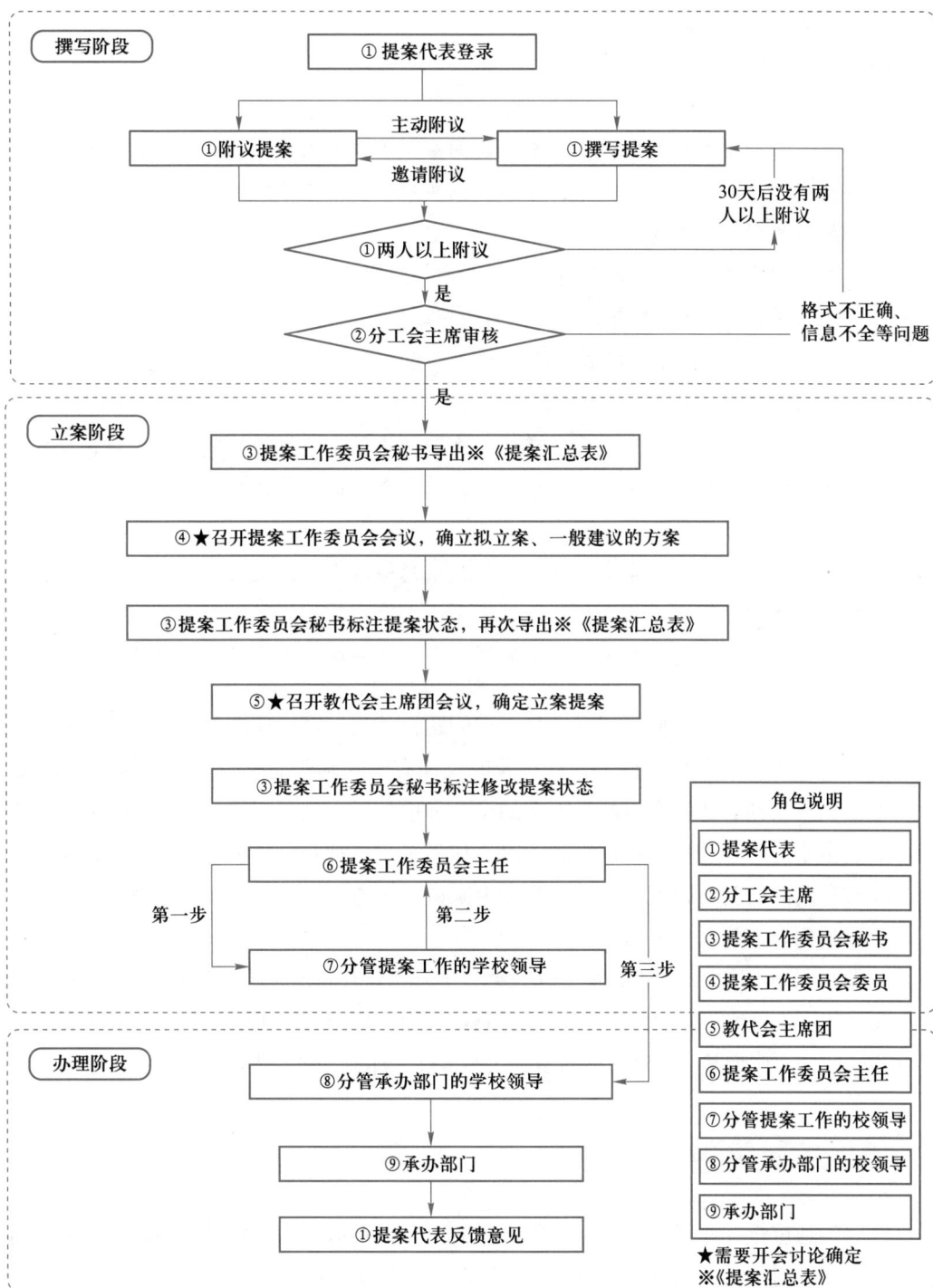

图 6-1-2　某高校教代会意见反馈机制设计

6.2　沟通反馈的时机与渠道

职场沟通之惑

小杰是一个性格内向的人，有一次同事聚餐，大家都在聊天，可是小杰对大家聊的话题不太熟悉，插不上话，干脆就闷头吃饭。同事东东看小杰一直不说话，就主动把话题引到小杰身上。

东东问小杰："明天就是周末了，你有什么打算啊？"

小杰说："没什么打算，就在家待着吧。"

东东接着问："那你在家一般都干什么呢？"

小杰想了想说："也不干什么。"

听到这个回答，东东也不知道该怎么聊下去了，尴尬地"哦"了一声，就和其他同事聊天去了。小杰也对自己很失望，觉得自己简直是话题终结者，只盼着赶紧结束聚餐回家。

有时候，你是不是也会像小杰一样，很想融入大家，但又不知道从何聊起？或者别人把话题抛过来，你又接不住，一不小心就把话题终结了？在类似的非正式沟通中，小杰应该怎么回答才能把话题延伸下去，并向双方感兴趣的领域靠拢呢？

一般情况下，人们习惯于一旦发现问题，就立刻提出反馈意见，由于人们对刚刚发生的事情印象比较深刻，这种及时反馈有时候确实能够收到很好的沟通效果。但当信息反馈者还没有掌握足够多的事实和信息时，或者当反馈信息的接收者还没有完全平静下来、情绪还比较激动时，如果采用这种及时反馈的方式，往往是一种非常危险的行为。因此，从某种程度上来讲，知道什么时候该提出反馈意见，远比反馈的内容本身重要得多。

在职场沟通中，重在提高工作效率，千万不要有先入为主的想法，也不要把意见反馈等同于批评。要确保所提出的反馈意见是面向未来的，提出的问题在将来是有改进空间的。假如某一举动或行为是一次性事件，那或许没有提出反馈意见的必要。

6.2.1　沟通反馈时机

沟通反馈在职场沟通中是非常必要的，但在不恰当的时候进行的反馈则会适得其反。面对不同的反馈，所对应的反馈时机也各不相同。

1. 消极反馈适当延时

适当延时消极反馈，一是给反馈对象一些思考的时间，让他自己先反思自身的问题。例如，反馈对象在工作中出现失误，这种失误大家有目共睹。那么这时候管理者最好不要立刻指出问题，而是应该给反馈对象一点时间，如一个晚上，让反馈对象首先学会自我反思，从自己身上找到问题产生的原因。二是给反馈对象一些表达的时间。在消极反馈的过程中，管理者切忌针对反馈对象的问题一直说个不停，而应首先给反馈对象一定的时间让其表达自己的想法，避免误解他人。同时，反馈对象在表达过程中也会再一次进行反思。

2. 积极反馈及时公开

一是要及时。如果是积极反馈，一定要及时，即在反馈对象取得某些成绩或者表现出色时，管理者应立刻做出反馈，如"恭喜你，为了拿下这个大客户你一定付出了很多""你今天的表现真是太好了"。这种即时性的反馈既能给反馈对象极大的鼓励，又能强化他们的优秀行为。二是要公开，即公开表扬。对反馈对象的积极反馈最好选在公开场合。如果是比较正式的表扬，可以采取表彰大会、公司例会等形式。如果是非正式的口头表扬，可以选择工作时或者集体活动时，当着所有员工的面进行表扬。三是要提出建设性意见。当沟通对象的行为或表现会给团队目标的实现带来障碍时，不能一味地批评，也需要给予积极的建设性意见，帮助团队成员克服困难，共同进步。

3. 情绪平稳时给予反馈

一是注意反馈对象的情绪变化。情绪很多时候会通过一些外在的表情变化体现出来。如高兴的时候会笑，工作表现较积极等；心情郁闷的时候，则不喜欢说话，工作提不起精神等。管理者可以通过这些变化观察反馈对象的情绪，避免在对方情绪不稳定的时候进行反馈。二是反馈时要注意稳定反馈对象的情绪。在反馈过程中要注意语气和措辞，避免反馈对象再次产生消极情绪，影响反馈效果。例如，类似"为什么会出现这样的问题""你真是笨到家了"这样的指责，或者攻击人格的语句及语气，都要避免出现。

通事达人

沟通反馈中的情绪管理

小飞和丽丽一起做一个项目，在对接项目进度的时候，小飞发现丽丽的进展落后了。

小飞一着急，就冲丽丽喊起来："咱们的进度都是提前安排好的，你怎么就跟不上呢？这样会严重影响后面的工作。"

丽丽不紧不慢地说："领导整天让我忙这忙那的，你又不是没看见……"

小飞看丽丽一点都不着急，忍不住提高嗓门说："你对工作也太不上心了，这影响的是团队的业绩！"

小飞越说越生气，丽丽却一句话都不说了，两人都陷入消极情绪中，不再聊项目进展。

在日常生活和工作中，类似这样因为没管理好情绪，导致聊不下去的情况有很多，处理不好还会影响双方关系。所以，时刻管理好自己的情绪，照顾对方的情绪，是高效沟通的基本法则。情绪管理法则的第一步就是识别自己和对方的情绪；第二步是处理自己的情绪；第三步是引导对方的情绪。

在该案例中，小飞的情绪来自对项目实施时间把控的焦虑，丽丽的情绪来自日常工作任务的繁杂。因为缺乏对情绪的认知，导致双方在沟通时陷入僵局。小飞原本是想通过沟通反馈进行提醒和警示，目的是推动项目实施，而因为其情绪管理失控，导致沟通目标不仅没有实现，还弄僵了同事关系。

4. 暂停处理反馈

当沟通对象出现以下情况时，反馈可以延后开展或不开展。具体包括：沟通对象因兴奋或者悲伤，情绪过于激动；反馈者没有充足的事实依据；反馈者只是想发泄情绪，而不考虑人际关系；当前环境和时机不适合进行实质性的沟通；反馈接收者尚未准备好接收信息反馈。

职场沟通中的意见反馈是提高工作效率的催化剂。然而，许多人在面对意见反馈时常常会感到焦虑和不安，还有很多人会担心自己的意见反馈给工作伙伴带来某种心理负担。对于大多数人来说，无论是表达反馈意见的一方，还是接收反馈意见的一方，大部分时候，人们都不愿意直接面对反馈。从本质上讲，职场中的意见反馈应该是职业人对彼此的行为及行为结果的客观评价，旨在鼓励、帮助意见接收方在职业生涯上不断进步。

沟通有道

职场中的反馈时机把握

1. 给予反馈的时机

在职场中，当你注意到某人成功地实现了一个目标的时候，可以给予肯定性反馈。

在职场中，当某人的行为或表现对团队实现目标的进程产生阻碍的时候，可以给予建设性反馈。

在职场中，当某个人的举动或行为影响了你，并且对保持良好的工作关系不利的时候，可以给予批评性反馈，但要注意语言和态度。

2. 停止反馈的时机

在职场中，当你的情绪过于激动的时候，最好暂停反馈。

在职场中，当对方情绪过于激动，难以接收你的反馈的时候，最好暂停反馈。

在职场中，当你没有充足证据的时候，最好暂停反馈。

在职场中，当你只想发泄自己的情绪，并没有考虑到人际关系的时候，最好暂停反馈。

在职场中，当环境和时机不适合进行实质性的沟通的时候，最好暂停反馈。

6.2.2 沟通反馈渠道

沟通反馈渠道有两种，一种是依靠组织系统层层传递的渠道，这种程式化的沟通速度慢，时常为官僚作风所阻塞；另一种则是不拘形式的非正式途径，这种渠道易于呈现，但常失于严谨。

正式沟通反馈渠道一般自下而上，是遵循权力系统逆向垂直型的反馈机制。对于企业来说，沟通反馈渠道的建立也反映了企业文化，对企业的发展有着重要的作用。

企业员工之间和上下级之间的沟通反馈渠道一般依托人力资源部门，通过制度保障建立相关渠道。例如，有些企业建立人力资源部信箱，员工可不定时反馈，只要员工有想法，便可随时向人力资源部反馈，没有限制具体的时间。人力资源部也会安排每月与各部门员工随机谈话，了解情况，并针对员工的意见，待核实具体情况后，与相关人员进行沟通调查，做进一步处理；若是较为重大的情况，则会上报总经理，商议后再做处理。

1. 员工主动沟通渠道

企业员工可利用以下方式，通过工会和企业组织的管理层级，在企业内部进行沟通反馈。

（1）员工热线。员工在工作中遇到问题需要公司予以帮助解决的，或者需要倾诉的，可以拨打员工热线。

（2）员工邮箱。当员工有问题需要向工会反映，但又不想拨打热线时，可以通过员工邮箱把问题反映给工会。

2. 企业主动沟通渠道

为了能够主动了解员工的所思所想，工会和企业可实时组织以下几种活动与员工进行沟通。

（1）企业领导面对面活动。例如，开展"总经理在线有约"活动，组织员工代表同企业领导面对面沟通，同时利用电视电话或在线会议将沟通内容第一时间传递给各基层单位，利用微博或者其他互动窗口将员工的意见第一时间传递给他人。对于无法及时答复的问题，工会可以先进行整理，汇总后提交相关部门答复，然后再反馈给当事人。

（2）领导巡视活动。组织单位领导，围绕某些主题到基层进行调研，以现场察看、走访、座谈等零距离接触的方式，用心聆听员工的真实想法，收集基层员工在

微　课

沟通反馈的
实施

工作、生活中的实际困难和良好建议。工会汇总所有参与活动的职工代表的意见，以职工代表的名义将巡视中发现的问题提交给企业领导，领导可召开会议研讨，然后予以答复，并落实解决。

（3）职工代表提案征集。在每次职工代表大会召开前，由工会代表企业在职工代表中发布提案征集的通知，要求各位职工代表在其所代表的选区里广泛征求意见，汇总、梳理、提炼后填写提案登记表并提交工会。工会汇总所有提案，召开提案工作小组会议，讨论哪些提案需要立案，哪些提案作为普通建议进行回复，并交由企业相关部门落实解决。

（4）专题合理化建议征集。工会将结合企业生产经营的需要，在员工中开展专题合理化建议征集。例如，组织"我为业务献一计""节能减排，我出思路"等活动，鼓励广大员工广开言路，为公司的生产经营献计献策。工会对员工提出的建议进行梳理，采纳好的建议交由企业相关部门落实。

（5）员工满意度问卷调查。结合企业的工作需求，每2~3年在全体员工中开展一次员工满意度问卷调查，可发布纸质问卷，或者通过网络收集意见，为保障员工参与的积极性和问卷的真实性，问卷可采取匿名的方式。

（6）员工座谈会。根据实际情况和实际需要，每年或者每半年有针对性地组织员工召开一次座谈会，听取员工的意见。会后由专人对意见进行收集整理，并交由企业相关部门进行落实和解决。

（7）集体合同履约情况检查。根据集体合同管理要求，每年年底，由企业相关行政管理部门和工会一起组织员工代表，对当年公司履行集体合同的情况进行检查。在检查时，员工代表可以向公司提出薪酬、培训、福利及安全等方面的疑惑或建议。企业相关人员应一一做出答复和解释。

（8）网络主题交流。这种反馈方式有两种形式，一种是由公司发起，即工会或者企业其他相关部门通过企业官网、微博、微信等媒体发起讨论话题，欢迎各位员工积极发表看法及观点，提出合理化的建议。另一种是由员工发起，即每位员工均可以通过企业官网、微博、微信等媒体就身边的实际问题发起提问，工会或者企业相关部门需第一时间对所提问题进行分析，并在两个工作日内给予答复。

6.3　沟通反馈的方法

职场沟通之惑

某公司产品开发部的部门经理将他与员工在企业微信中关于某项工作任务的谈

话内容截图，转发给了公司人力资源部门的同事，同时建议人力资源部针对此类员工组织开展沟通反馈的专项培训。截图中，他们的对话内容如下。

领导："关于××的人物设计你做了吗？"

员工："做了。"

领导："做到什么程度了？"

员工："做完了。"

领导："什么时候做完的？"

员工："上周就做完了。"

领导："那你为什么没有告诉我一声呢？"

员工："您之前没问，我以为这个事情不是很着急。"

请问，在这组对话中，产品开发部的部门经理为什么会对员工的反馈感到不快？

在沟通中，有效反馈的步骤可分为四步。首先，描述行为，即针对何种行为提供反馈；其次，阐明结果，即阐明该行为造成的结果；再次，引用事例，即引用具体的事例进行反馈；最后，表明期望，即说明你的期望。但在具体操作中，又有不同的应用，常见的有简单性反馈、建设性反馈、非指令性反馈、肯定式反馈、批评式反馈及评估式反馈。

6.3.1　简单性反馈

简单性反馈即面对对方的沟通，选择主动、认真地倾听，并在倾听过程中适当给予肯定。主动并认真地倾听是最简单的反馈形式，但不应因其简单就忽视它。许多人似乎不善于在职场中"聪明地沉默"。他们经常自顾自地念叨，使自己显得很突兀，同时也限制了自己对周围环境的影响力。很多人在职场沟通时不是忙着签字、翻阅文件，就是在整理文件，而忽略了向对方进行简单的反馈，从而加大了后续共同工作的难度。

测　试

倾听能力测试

沟通有道

沟通反馈的重要方式——聊天

聊天是我们日常生活中不可或缺的一部分，语言的发展是人类区别于动物的重要标志。有效的职场聊天能促进同事之间的情感交流，提高默契。有研究表明，善于聊天的人一般都具有较好的社会适应能力，往往更受欢迎。

有效的聊天首先要"情感共鸣"，让沟通对象向我们敞开心扉。同样的一句话，不同的人、不同的语境、不同的语气、语调会说出完全不一样的感觉。当我们与别人沟通时，要想吸引对方，重点不在于说什么，而是怎么说，怎么引起对方的"共情"。同时，在聊天中，切忌使用查户口式的对话。很多不懂得沟通技巧的人，习惯使用这样简单、直接的沟通方式："你多大了？""你是哪里人？""你毕业于哪个学校？"这样很容易引起对方的反感。

在任何环境下的聊天都要讲究技巧。谁也不会把自己的隐私随便告诉外人，而高明的提问不仅可以使你达到了解对方的目的，还能够让被问者感到舒服。而直接的提问则会让对方有一种被"强制审讯"的错觉，甚至会让对方感觉提问者根本不关心自己，不是想真诚地交流，只是迫切希望获得答案或者八卦自己的隐私。例如，"你觉得自己的性格怎么样？"这只是一个普通的问句，如果转换成另一种说法："如果我没看错，你的人缘一定不错吧！"聊天效果就会得到较大提升。

通过聊天，我们可以在非正式沟通中获取有效信息，极大地提高沟通的效率和质量。

对于简单性反馈的职场沟通，沟通者应该懂得如何倾听，且必须知道自己说的话对方是否听进去了，以及对方是否听明白了并相信自己所说的，这样才能够决定接下来是否需要继续说及怎样继续说，仅仅保持沉默并不利于充分的交流。因此，俗语"言语是银，沉默是金"，不如"言语是银，倾听是金"更有道理。

倾听是职场反馈的第一步，我们可通过发出一些语言信号来表示在认真倾听。"是吗？原来是这样啊！""太令人惊讶啦！简直不敢相信！""真有意思！你看！"这些不表示任何具体意思的话语和不带个人喜好仅表示关注的反馈，反而显示了倾听者正积极参与交谈，与对方展开互动。

职场中的认真倾听可以表现为多种形式。一是随手记录重要的内容。拿起纸和笔，记录下双方谈话中的重要内容，既能突出重点，又能表示对对方的肯定。二是借助认真倾听的姿势和专注的神情来表达对对方谈话内容的重视。即使根本不是有意为之，我们的身体也在向周围环境传递信息，就像每个人都倾向于在说话的时候用双手来辅助表达，或用表情来增强表达效果，这是与生俱来的行为特点。三是不清楚时要及时提问。在交谈中我们有时候会出现对对方表达的内容的不理解，或者觉得自己没有正确理解的情况。没有任何两个人拥有完全相同的性格和人生经历，这是我们必须接受的事实。要想建立良好的职场沟通关系，并在沟通中正确理解对方的意思，就应在不确定是否明白的情况下进一步提问、核实。四是重复重要的内容。重复对方所说的重要内容，表示你很有兴趣，或者你很重视对方给你传递的信息。对方会感觉你和他正处于相同的"波段"，从而促进互相理解。我们可以按照以下方式复述对方讲的重要内容，如"换句话说……""我感觉您的意思是……""您认为……""根据您的判断……"。

微课

倾听的应用

在职场沟通中，简单反馈的核心是认真倾听并适当反馈，但过程中有一些行为需要避免。首先，沟通中不要随便打断对方讲话。只有那些喜欢抢话的人才会在沟通中不断地打断对方，他们急于把自己的话说完。而只有让别人把话说完，别人才会愿意听我们说话。如果总是打断对方，多少会令人不满。而这种不满的情绪将有可能使接下来的谈话变得更加困难。由于讲话被打断，对方心里很不舒服，并总惦记着没有说完的那些话，从而导致无法集中注意力听你说话，整个交谈也因此失去了意义。其次，沟通中需要避免一些不合适的姿势。如伸出手指指向对方，充满怒气地捏紧拳头，双手叉腰（显示出统治地位或威胁性），双臂交叉于胸前并努力将自己的身体往后撤（可以解读为感受到了威胁或拒绝沟通），抱住自己的身体（在表达渴望保护和温暖的愿望）。而开放式的体态（如张开双臂、放松表情）则意味着我们愿意与对方交谈。最后，沟通中也需要注意自己的表情。简单反馈中的倾听虽然使声音系统暂时停止发出信息，但是视觉系统却没有停止活动。人体的构造决定了我们可以用丰富的表情传达出真实的情绪，因此，僵化的面部表情不宜出现在沟通中。

总之，认真主动的倾听虽然是一种简单的反馈形式，却能让交谈对象感到受重视，从而有利于建立良好的沟通关系。

6.3.2 建设性反馈

职场中的建设性反馈是指与同事的谈话内容概述了同事们共同关心的问题，提供了具体的例子，并讨论了改进的方法。富有成效的反馈是有益的、不具批判性的，并包括操作性强的建议。良好的建设性反馈会促成积极的结果，营造积极的环境。通常，建设性的反馈包括三个部分。

第一部分是事实，即"发生了什么"。给出反馈意见时，从有证可循的具体事件开始描述。在描述事实时要抓住精髓，不要拐弯抹角。避免使用笼统的表述，不要将事情一般化，避免使用模糊的表述和套话，这样才能使反馈对象清楚地知道反馈所针对的内容。

沟通有道

较好的反馈沟通枚举

"真是荒唐，怎么会有这样稀奇的想法？你就不能想些好主意？"

"我对你的所作所为感到非常生气。"

"你总能立刻明白我的意思。"

"你太狡猾了，所以我对你的话总是特别小心。"

以上几条都是反馈，但其中有三条对沟通对象的伤害非常大，使其无法在后面的谈话中保持愉悦的情绪。当对方的自尊心受到打击时，就会出现气愤、恐惧、犹豫的情绪，甚至有攻击倾向。在气愤、猜忌和怀疑等敏感情绪的控制下，对方无法发出准确明了的信息，这会使信息"盲区"越来越大。

因此，以上反馈可以尝试做以下修改：

"你的想法不错，很有创意，但是实施起来困难比较大，咱们再想想，看看是否可以找到既有创意、又可操作的方法。"

"这个做法不太合适，伤害了××，我对此很难过。"

"你很聪明，处理事情的方式总是即时有效，非常值得学习。但是有时候，希望你能敞开心扉，和我们更真诚地交流。"

第二部分是我的感受，即"把自己带入情境"。在表达感受时，应以开诚布公的方式谈论对事件的真实想法。我们总是认为，主观的表态会让人觉得自己是一个普通人，因此，许多人需要给出反馈时，不愿谈及自己的感受，宁愿保持自己的"神秘感"。但实际上，如果在职场沟通中能够以开放的心态谈及自己的感受，并表明看法，那么有可能起到示范作用。

第三部分是建设性成分，即"其他的做法或如何做到更好"。反馈时可以提出期望，解释现在的批评意见将有助于将来的进步。如果缺少这一部分，反馈传递的将是无效信息。展望未来，实际上就相当于在最理想的情况下设定目标并为目标搭建基础。如果说建设性反馈的前两部分是给人以积极的信号，那么该部分则是对其进一步的鼓舞和肯定。

因此，职场建设性反馈通常具有以下四个特征。

一是采用描述性的表达更容易被接受。在职场沟通中，要帮助沟通对象了解自己及自己对他人的影响，最好采用描述性的而非评价性或解读性的表述。进行反馈前应做细致的观察，不要轻易做出判断，更不要断然下结论。反馈不应具有强制性，应该帮助而不是逼迫沟通对象。职场中的建设性反馈应是及时的、"当时"的和"当地"的，不要在很久之后再重提旧事，也不要把某人以前的行为作为当下事件发生的依据。

二是反馈要具体化。在工作环境中，应该避免泛泛之谈，不要把一般性的评判结果套用在你的同事身上。反馈应明确清楚，能击中要害，不应含糊不清、模棱两可，更不要引起误解。

三是通过营造积极的氛围使对方接受反馈。职场中的建设性反馈不应只具有严厉的批评作用，而应该释放出积极的信号，这样才能提高对方的自我价值感和安全感。在工作环境中，应该以第一人称给予建设性的反馈，避免用第三人称，如"如果你在我们的交谈中能毫无保留地说出自己的想法，那就太好了"。

四是建设性反馈被理解、被接受的时间周期较长。在工作环境中，针对建设性反馈，沟通者不要期待对方能马上接受。表达者给出的反馈信息和对方对自己的认识一般存在差别。因此，应给予对方一定的时间来消化你给出的反馈意见。

通事达人

错误的反馈与建设性反馈

示 例 1

错误的反馈："你没有顾及我的感受，完全是一个人在喋喋不休。"

建设性反馈：

第一部分："你已经说了 5 分钟，并重复了好几遍。"

第二部分："我一直没有机会澄清一些问题，这让我有点不高兴。"

第三部分："我认为，如果你能够简短地总结，并留出一些时间给我，那样会更好。"

示 例 2

错误的反馈："你是我最好的员工。"

建设性的反馈：

第一部分："这些天你的推销做得很成功。"

第二部分："我很高兴，因为我看到了你在工作中的成长，而且你也取得了让人欣慰的成绩。"

第三部分："我相信将来你肯定能有更好的发展。"

示 例 3

错误的反馈："你好像一直都没理解我的话。"

建设性的反馈：

第一部分："你的项目报告显示，你在……上还存在一些问题。"

第二部分："我有些失望，因为我之前已经针对这个问题提出解决建议了。"

第三部分："你是遇到什么困难了吗？还是没理解之前的思路？需要我再帮你解释一下吗？"

6.3.3 非指令性反馈

在职场中，往往会出现一名员工的行为有悖于他一贯表现的情况，如因为粗心大意而犯错、注意力不够集中、无精打采等。引发该问题的原因常常并不确定，如果在此种情况下进行职场沟通，那应注意语气和态度，询问对方是否遇到了问题、是何种原因导致他有反常表现的。在沟通时，首先要信任对方，然后引导对方说出问题所在，最后再共同寻找解决办法。

作为管理者，想让员工从自己的角度来谈自己的问题，此时非指令性反馈是不二之选。与指令性反馈截然相反，非指令性反馈是将建议和意见用温婉柔和的方式告知他人，表达过程中应尽量避免出现祈使句，以免沟通对象产生被命令和被要求的感觉。非指令性反馈有利于帮助员工分析自己的问题，并且让员工自己做出决定来解决问题。但是非指令性反馈并不适用于纯粹的信息、知识、条例的解释，也不适用于教导和决策。

6.3.4　肯定式反馈

1. 职场中肯定和认可的必要性

肯定和认可能够给人带来成就感。医学研究发现，成功的经历可以使人体内的荷尔蒙含量达到最佳值，这种状态下的肾上腺素含量较低，使得神经系统有意识地"开关"，从而带动大脑细胞自如地工作。如果人们感到很舒服，那么他就能更好地工作，并取得更好的成绩。工作心理学中也有一条定论，即自身感觉良好的人，工作表现也会很好，并有进一步做好工作的积极性。获得鼓励性的认可能增加员工工作的乐趣。

在职场中，这种成就感有利于员工保持对工作的良好感觉，这也是取得最佳工作效果的基础。人类重要的需求之一就是赢得客观真实的认可，因为所付出的努力受到认可便意味着事业取得了一定的成功。肯定式反馈不仅对工作有积极作用，对个人生活也能起到很强的鼓励作用。因此，每一个职场工作者都应该认识到一个基本道理，即对他人要少一点批评，多一些肯定。

因此，我们可以将"认可"看作是维生素，"认可"对激发人们的工作激情有重要作用。缺乏必要的认可，人们就会出现"维生素匮乏症"，具体表现为情绪暴躁、对一切丧失兴趣、疲惫不堪、挫折感强及不想工作等。适当的认可是治疗以上症状的良药。

同时，职场中同事给予的认可会增强人们完成工作任务的责任感。即便没有外部的强制力，他们也会追求较高的工作质量和工作标准。人们普遍喜欢重复提及给他们带来成就感的事情，因为成功会带来更多的成功。获得认可后，人们会受到激励而全力以赴地做事，"认可"唤醒了潜在的力量。

但认可与肯定式反馈不能滥用，否则将失去价值。要根据职场中的真实表现予以认可，帮助职场中的同事填满"精神上的工资袋"。当然，每个人表达出来的积极评价也是在为自己进行"储蓄"，有朝一日自己也会从中提取"收益"。

2. 肯定式反馈的注意事项

第一，要肯定那些表现稍逊的同事。可以予以肯定的理由有很多，例如，工作取得了好成绩，做起事来劲头十足，或者非常认真地完成常规工作。如果"碰巧"看到同事工作做得很好，那么一定不要吝于给予积极的评价。即便只是在做一些普通的事情，也要不时地说出你对他们的肯定，工作稍微逊色一些的同事在获得激励时会更有斗志。

第二，真心实意地予以肯定。不要对所有同事不加选择地随意予以肯定。毫无由来的肯定只是为了肯定而肯定，并不能起到积极作用。同事会觉察出这个肯定是形式大于实质，还是基于具体工作或表现而发出的。肯定必须是真心实意的，不应沦为敷衍、吹捧的工具。

第三，肯定必须有具体的成果。予以肯定时，不要用笼统的表述和泛泛的空话，如"我最信任你"或者"你是最能干的员工"，而应尽量说得准确具体（表6-3-1）。说出具体的工作成果需要组织更多的语言，如罗列数据、日期和基本事实等。只有这样，肯定的话语才能更容易让人理解和信服。肯定应针对具体的某一名同事和他的具体表现，而不是千篇一律。

表 6-3-1　不同的肯定式反馈

不合适的肯定式反馈	更好的肯定式反馈
我认为你表现得很好	我发现你对顾客非常热情，愿意给他们提供帮助，这值得大家学习
我对你的工作成果很满意	最后的五个展示你组织得非常好，一切都无可挑剔
你做事总是能抓住要点	昨天的员工会议上，你讲清楚了组织上的变化，非常准确，并且很有说服力

第四，不要过度肯定。不要过度地感谢和表扬，对职场同事微微一笑、点点头，让他们知道你"非常感谢"或"觉得这样很好""你刚才的表现值得学习"，即注意并赞赏他们的良好表现即可，切忌夸大其词。肯定日常工作中的"小事"对于提升满足感非常重要。

第五，避免在他人面前肯定其他同事。同事之间很少能毫无妒忌地看待他人取得的成就。在第三者面前肯定团队成员的表现，容易引起其他同事的妒忌和猜疑，甚至有些人会认为自己受到了不公正的待遇。而受肯定的员工可能会被贴上标签，甚至被同事们排挤，成为群体事件的牺牲者。

第六，肯定的应是事物。肯定事物、事件、行为，受肯定的应是同事所取得的成就和行为方式。不要单纯地吹捧某个人，列出具体的事例，同事会为有理由的认可而高兴，并认为这是自己应得的。

6.3.5 批评式反馈

1. 批评的必要性

领导，是指在一定条件下，指引和影响个人或组织，实现某种目标的行动过程。其中，我们常把实施指引和影响的人称为"领导者"（或领导），把接受指引和影响的人称为"被领导者"（或下属）。在校园里，领导者可能是班长、团支书、学生会部门负责人等；在职场中，领导者可能是项目小组的负责人、客户经理、项目经理、部门经理直至决策层。无论管理规模如何，领导的本质是人与人之间的一种互动过程。

每位职业人都不想在工作中犯错误，因为每位职场奋斗者都想要在工作上获得成功，受到周围人的赞赏，实现自己的人生梦想。没有哪个上进的人会故意做错事，而这些错误的产生主要还是因为他们对事物没有正确的认识，或不知道怎样做更好。

批评式反馈主要发生在领导者与被领导者之间，该反馈强调，在职场中，即使有充足的理由提出批评，也应适当克制，并思考应何时给予批评，以及怎样在保证成功的前提下实现反馈价值。草率地批评被领导者，很容易给对方造成伤害。因此，当被领导者犯错时，领导应仔细斟酌是否必须提出批评，以及怎样批评更为合适。

2. 针对个人的批评反馈

针对个人的批评反馈可分为六个阶段（图 6-3-1）。

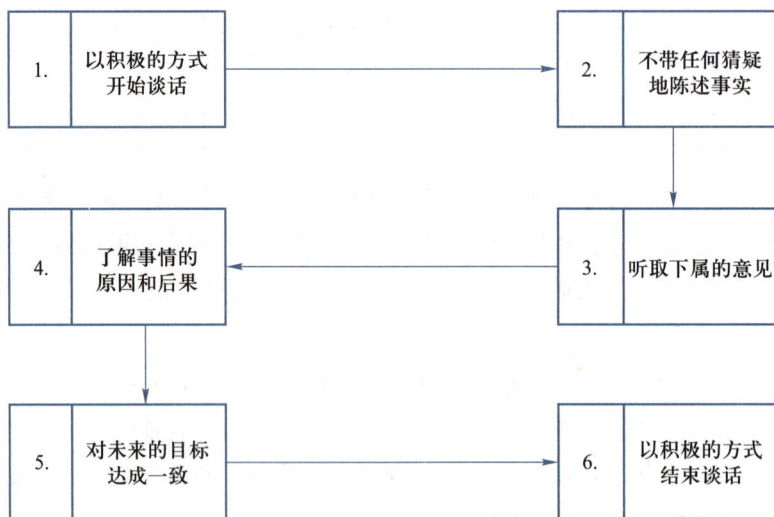

图 6-3-1 针对个人的批评反馈过程设计

第一阶段，以积极的方式开始谈话。要想取得建设性成果，谈话的氛围应是积极的。重压下的沟通，双方缺乏互信。因此，在日常工作时，要与同事联络感情，建立良好的职场关系。只有搭建好沟通的桥梁，批评产生的振动才不至于摧毁整座大桥。因此，职场谈话时要尽量做到与对方感同身受，并对对方的表现或工作成绩及时给予肯定。

第二阶段，不带任何猜疑地陈述事实。首先，仔细分析所发生的事情，获得一个可信的事实基础，同时判断是否有必要为此事进行批评谈话。其次，具体地指出现实与应达到的状态之间的差距，以此作为唯一的且为双方认可的讨论基础。最后，谈话的参与者要基于共同的谈话基础，确保双方在针对同一件事情进行交谈。领导或许会按照自己的分析来陈述事件，但应避免随意联想、无中生有。

第三阶段，听取下属的意见。下属有权发表意见，这是公平原则下领导应提供给员工的权利。这时领导要给下属充分的时间，并积极主动地倾听。要愿意不带任何成见地接收信息，并承认之前的错误判断。如果想要员工提供更多的信息，或者需要时间理解问题，可以中断谈话。遇到与事实不符的情况时，不要进行道义上的评判，而应通过针对细节的客观提问来澄清事实。只有确保证据充分、事实明确，谈话才有可能进入下一个阶段。要给员工机会，让他们表达对事情的看法。如果没有这一步，就不能称之为交谈，只能算作是独白或者训话。

第四阶段，在清楚了事情的起因之后纠正错误。如果我们知道了失误的原因，那么就能找到做得更好的方法。例如，组织方面的不完备会催生新的要求，下属的知识缺陷可以通过加强培训来弥补，操作不够精湛可通过更多的训练来改进。通过起因来分析错误是符合常规的，因为我们深究的目的在于彻底清除错误的根源，而不是评判下属。经过心平气和且客观的讨论，下属会认识到自己的错误，并明白为什么犯错。谈话双方面对发生的错误都应有积极的态度，这样才有利于在谈话的下一个阶段讨论改进措施。

第五阶段，对未来的目标达成一致。以伙伴的口吻，而不是发号施令的口吻，告诉对方将来应该怎么做。展望未来的意义远胜于埋怨过去，因为下属不喜欢听到来自领导的批评。眼下重要的是解决正在讨论的问题，并避免今后再出现类似的问题。双方要达成一致，就要允许下属表达自己的想法，鼓励下属积极参与。由下属自己提出来的正确的途径、方法和措施越多，他就能越快地接受该解决办法，并最终努力实现。应该用平和、明确、不伤害感情的方式表示双方的目标一致性，同时改进的建议要符合现实。此外，即使并不怀疑员工能改正错误行为，领导仍要跟下属说明会加强监督，这样下属就会知道领导看重这件事情，这件事情是重要的。双方要对未来的处事方式达成一致。下属一旦认为自己是团队中的一员，就会产生责任感，愿意更加努力地去实现目标。

第六阶段，以积极方式结束谈话。请注意，批评谈话并不是"回味苦果"。如果下属在谈话结束时狼狈不堪地离开，那么就没有达到批评谈话的目的。领导应尽力使谈话以轻松的方式结束，双方都应感到通过谈话有所收获。领导需要告诉下属，将继续看重他，你们之间的良好合作不会改变。

3. 针对团队的批评反馈

作为领导需要谨慎处理对一个团队的批评。当领导对集体进行批评时，下属们可能会团结起来抵制，这样领导将面对群体性的敌人。被下属孤立，这是领导最不愿意看到的一幕，为此他可能会被迫采取用更加专制的领导手段。如果领导为了一件根本不值得批评的事责备了整个团队，那么下属的工作积极性将会大受挫败。久而久之，没有人会把领导的批评当回事，批评的作用也就荡然无存了。

如果事情严重到非要批评不可的地步，也要注意点到为止。领导要先仔细思考，是否真的要批评团队的全部成员。如果不是，那一竿子打翻一船人的做法就非常不妥。而如果真有这个必要，领导也要让自己融入团队中。例如，"过去一个月中，我们……""对于我们来说，后果是……""我们没有达成共同的预期结果……"，不要指责"你们"如何不对，而是说"我们"都有责任。

在对团队进行批评反馈时，需认真斟酌，是否有必要进行批评。如果确有必要，领导可以按照以下几个步骤行事。

（1）做到以积极的方式开始谈话。一旦下属认为自己受到了侵犯，他就会立即防卫，致使无法客观、冷静地进行沟通。

（2）谈话应以客观事实为依据。沟通时不要拐弯抹角，而应直接说明自己对事情的态度，既不要扩大化，也不要用推测的语气。不要轻易相信当事人以外的第三方的话。

（3）请下属对所谈论的事情表态。这一点很重要，因为下属亲历了整个事件。

（4）讨论为什么批评，后果会怎样。不要拘泥于细节，没完没了地回顾过去发生的事。如果这时下属认识到他做错了，并明白为什么错了，那么这一阶段的目的就达到了。

（5）从已经掌握的信息中得出结论，并且与下属就今后应有的表现达成一致。务必要与下属平等地讨论应支持或是反对哪种行为，共同确定以后应采取的方法，确保双方正确理解达成的共识，同时应加强对下属的监督管理，以促使其达到预期的目标。

（6）谈话应在积极的氛围中结束。谴责之后的激励就像风暴之后的太阳，往往会带来更好的反馈效果。最后，作为领导需谨记，如果要批评一个团队，一定要把自己当作团队中的一员，共同承担责任。

6.3.6 评估式反馈

评估式反馈主要应用于领导和下属之间，无论是评估者还是被评估者，都需要寻求有据可依且考虑周全的反馈。

1. 领导对下属的评估式反馈

在企业管理中，定期对员工进行系统而结构化的评估，是企业领导和人力资源部的主要工作之一。在领导和员工的谈话中，通常会使用评估式反馈，此类谈话强调的是双方的相互反馈。

一方面，在对员工的反馈中，领导会告知员工，他是如何看待员工的知识、技能和性格的，以及员工是否达到了岗位的要求、是否完成了相应的绩效，然后正式公开总结评估期内该员工受到的肯定和批评。谈话顺序应先评价好的方面，提炼出需要改进的地方；接着用尽可能委婉的语句点明员工尚未达到的工作目标和不恰当的行为方式。需要注意的是，领导要把和员工谈话当作是重要的事，而不是企业中日常的交流；而且要让员工认识到，领导对他们的工作绩效和个人做出的评估不是一种威胁，而是一种帮助，这样他们就不会产生抵触的心理，或者即使有也能很快消除。

另一方面，在该过程中，也是员工对领导的反馈交流。员工可通过沟通来评价领导的行为，因为领导的管理方式对员工的绩效和行为产生影响。对于领导的管理，员工要能说出哪几项自己是有直接体会的，领导的这几项行为对自己的影响，以及希望领导改变的地方。

2. 下属对领导的评估式反馈

领导可以对员工进行评估，那么能不能反过来由员工评估领导呢？事实上，员工总会暗地里谈论领导的管理方式，并评价他们的上司。而领导通常来说听不到这些议论，所以领导的"盲区"依旧没有减小，误解就成为工作中常出现的情况。

基于此，企业常推行一种"自下而上"的评估方式，通常称为"员工反馈意见"，即让员工有机会表达自己对领导的看法和满意度。如果员工的反馈意见是真实有效的，则能改善领导和员工之间的沟通和合作，并提升企业的效率，那么对领导的评估反馈就会对整个企业产生积极的影响。

领导在评估员工时主要依据员工的绩效和表现，员工评估领导时则主要是看领导的管理表现和专业能力。员工是专业人才，而领导则是全能家。对员工的要求追求的是某一方面知识的深度，而对领导的要求则是知识的广度。如果让员工来考察领导的专业技能，那么他会以专业的眼光作为评判标准，而这样的标准不一定合适。事实上，员工也并不能总是恰当地评估领导的工作绩效，因为员工并不能时时确认领导的工作情况，相关信息的缺乏导致其无法做出客观的评价。与此相反，员工却能很好地对领导的管理行为及其对自己的影响做出评价。因此，要根据公司的具体情况设置针对领导进行评估的问卷。

沟通有道

领导的工作效果调查

针对领导的工作效果的调查问卷可包括以下内容（表6-3-2）。

表 6-3-2　领导的工作效果调查问卷

问题	选项
是否能平等沟通	□是　□否　□一般
是否让员工参与决策的制定	□是　□否　□一般
是否能与员工进行有效的谈话	□是　□否　□一般
是否让员工参与企业的改革	□是　□否　□一般
是否能给予员工建设性的建议	□是　□否　□一般
是否培训和培养员工	□是　□否　□一般
是否能很好地处理冲突	□是　□否　□一般
遇到问题时员工对领导是否支持	□是　□否　□一般
领导监督员工的方式是否合理	□是　□否　□一般
是否能合理运用认可和批评这两种沟通方法	□是　□否　□一般
能否接受改进意见	□是　□否　□一般
是否能合理地分配工作	□是　□否　□一般

让一个未参与评估的人，如人力资源部职员或外部咨询师来分析员工认真填写的问卷是最理想的。由外部人士向领导汇报评估结果，主持领导和员工共同参加的谈话，让员工充分表达对领导管理行为的建议和期待，接着双方进行意见交流，领导可由此最大限度地获取有帮助的信息。如大家能坦诚交流，领导也能知道管理方式的改进方向。

需要注意的是，企业让员工评估领导时，尤其要注意对评估结果进行分析和保密，保证员工不会因为自己的发言而遭到区别对待。

3. 评估反馈的注意事项

第一，收到反馈后，不要急于为自己辩解或者试图澄清。一旦表达者发现你并不愿意接受他人的意见，那么他们以后再也不会给予反馈了。

第二，虽然听到同事谈论他和你之间存在的问题并不是很悦耳，但是你应该感到高兴，因为反馈减小了沟通"盲区"。同时也需要适当反思和改变自己的一些行为，减少未来可能发生的冲突。

第三，当同事给予反馈时，正确的回复应为"谢谢你提供的这个信息，让我能够从其他的角度来了解这件事""这个信息很有用，谢谢你的开诚布公，晚些时候我会认真考虑""我不是第一次听到这样的说法，以前也有人说过，看来我比较难改掉老毛病，但我会努力纠正的"。

第四，尝试先静下心来倾听，不要打断表达者，也不要急于检验自己是不是正确地理解了表达者想要表达的意思。

第五，如果没明白表达者所说的意思，可以追问。要考虑到对方有可能没有客观地看待事物，他们的印象可能带有个人的主观想法。

第六，不是每一名表达者都事先想好了怎样进行恰当的建设性反馈后才开口说话的，有时候他们在匆忙中就说出口了，并试图逼迫你，使你没有回旋的余地。因此不要被指责和严厉的批评气昏了头，仍要冷静分析，因为"攻击"的外壳之下可能隐藏着对你来说很重要的东西，而这或许可以帮助你成长。

互动园地

知识检测

测试题

沟通游戏：非指令性反馈模拟

请在下面的谈话片段中，选择你最认同的回答，并进行相应的标注。

谈话片段1：

一名员工抱怨他的直属领导："唉，我真的不知道他到底怎么想的。从来没有人能做到令他满意，他总能挑出毛病。只要一走进他的办公室，我就很不舒服，慢慢地我感觉他特别针对我，要是能够跟他谈一谈就好了。"

你可能的回答：

1. 你不应该把自己看得如此重要，设身处地地想一想，他现在要应付很多事情，没时间处理你的问题。

2. 你真应该跟他好好谈一谈，最好现在就去找他，直接问他到底对什么不满意。

3. 他对什么不满意？仅仅是出于刁难而批评你吗？你是不是做错了什么？

4. 我能理解，你已经不敢直接找他了，因为你害怕他会再次批评你。你最好能找一个合适的机会和他好好谈谈。

5. 或许是因为他的压力太大了，他有时候真的很紧张，并不是真的要为难你。等他休假回来，或许你们就不会像现在这样了。

6. 也许你对他没有信任感了，这才导致你们的关系紧张起来。

谈话片段2：

一名同事向企业职工委员会抱怨道："××女士是怎么回事？她既不漂亮也不聪明，但她总能说服大家，设法得到想要的东西。她就是靠这种手段抢了我的职位，而我不得不转岗。为什么就没人能看穿这些呢？"

你可能的回答：

1.你是不是想起来以前的一位女性朋友？

2.你觉得 ×× 女士不够资格拥有她现在得到的？

3.可以肯定，你对 ×× 女士抱着攻击性的态度。我们所有人都会对别人抱有成见，但这样的成见对双方关系的进一步发展没有任何好处。

4.你这是在嫉妒 ×× 女士，她也许真的很有能力或者很能干。

5.你为什么不试着观察 ×× 女士，然后找机会反击呢？如果她真的只是虚张声势，那么你才是最后的胜利者。

6.以你现在的年纪很难容忍这种事，但是人是会变的，过段时间也许就好了。

谈话片段3：

一名职场员工跟他的熟人说："一个人在成功完成学业后，抱着良好的意愿来到公司，准备付出努力，干出一番成就。其间或许会遇到问题，但是如果总不能令领导满意，那么他也会很挫败，逐渐丧失对工作的兴致，甚至认定自己所做的一切毫无意义，甚至会放弃这份工作，寻求其他机会。"

你可能的回答：

1.你太轻易放弃了，失败大多都是有原因的，应该能避免。

2.你和你的领导谈过这个问题吗？也许你可以去别的部门工作，或者申请其他的职位。

3.你不能令谁满意？你的失败是指什么？

4.你觉得不能在现在的领导手下继续工作，所以想要放弃？

5.不要垂头丧气，你一定能找到一个更好的沟通方法。

6.职场上哪有什么一帆风顺，我们不要对领导要求太高，虽然此时不被领导认可，你可以通过具体的工作改变他对你的看法，也许还有机会。

结果：在表 6-3-3 中找出每段谈话中你所选择的答案序号，并进行标记。

表 6-3-3 谈话评分表

	谈话 1	谈话 2	谈话 3	合计
A	1	2	1	
B	6	4	4	
C	5	6	5	
D	3	1	3	
E	2	5	2	
F	4	3	6	

在表格最右侧"合计"一列的空白处写出每一横排所选项目的总数。如果有一排集中了你的大部分选项，那么这一排最左边的字母就代表了你的反馈类型。某一排集中的选项越多（最多 3 项），那么你具备这一排字母所代表的类型特征就越明显。

结果分析：

A：回答型反馈。回答时带入了自己的道德立场，对别人做出反对或支持的评判。通常情况下，你想让交谈对象按照你认为有价值的和正确的方式去思考。

B：解读型反馈。根据自身的理解和经验，把认为符合逻辑并正确的想法强加给对方。你的交谈对象会认为你的话带有某种强制性，而他并不真的准备接受新的观点。

C：抚慰型反馈。为鼓励对方或消除对方的怒气，你很快就表达了你的理解，并认为不应该把事情往坏处想。你尝试着解决问题，但你的回答会让对方觉得你是在淡化问题，认为你没有认识到问题的严重性。

D：探究型反馈。你努力想了解更多，并把谈话引向你认为重要的方向。你催促对方说出你想了解的内容，这让对方觉得是在接受审讯，导致他只会用最简短的话回答你。

E：解决型反馈。你的反应是要采取行动，并督促对方尽快付诸实际。你等不及了解得更充分后再找出一个更妥当的解决办法，你的回答也使对方没有机会寻求解决问题的最佳方法。

F：理解型反馈。这种姿态有利于鼓励和刺激对方进行深入谈话，因为你带有评判色彩的谈话方式能够让他提供更多的信息。F 型是非指令性反馈，对方会感到愉悦。

学以致用 📍

沟通反馈思考

【任务描述】

王芳是 ×× 企业生产车间的一名技术员工，自 202× 年 7 月毕业以来一直在流水线式的生产岗位工作，平时工作认真细心，能第一时间完成领导布置的任务，从未给团队拖过后腿。

202× 年 10 月 2 日，王芳值夜班，班长在夜间巡检时，发现王芳在工作岗位上看手机，于是立即制止并和她进行了交流。

【沟通细节】

班长："王芳，你在干什么？"

王芳："班长，我看了看手机。"

班长："你知道岗位上不准带手机吗？"

王芳："我知道，但今天有点特殊情况，我需要等家里人的一通电话。"

班长："哦？家中需要帮助吗？"

王芳："没有，就是一件小事。"

班长："如果有特殊情况应该在早会时跟我说，而且我这有防爆手机，可以让家里人打这个电话。你知道带普通手机到岗位会带来什么样的后果吗？"

王芳："可能会引起静电事故。"

班长："对，事故一旦发生，后果不堪设想。前段时间锅炉房的崔班长在上班期间带手机被公司通报并处以 500 元罚款，你知道这件事吗？"

王芳："我知道。"

班长："王芳，虽然你平时工作积极主动，能够按时完成岗位工作，但车间有规章制度，鉴于你是初犯，这次我就不通报车间了，但会在班组内部进行批评，你对此有意见吗？"

王芳："班长，我没有意见，这件事我应该提前和你打招呼的，我确实不该带手机来岗位。"

班长："好的，我知道你是有这种觉悟的，以后注意，杜绝这种低级错误，手机交给我，有电话的话我来通知你，你继续工作吧。"

【任务思考】

以小组为单位，为以下问题提出解决方案。

（1）举例说明，王芳和班长之间的沟通中，哪些属于描述行为？哪些属于阐明结果？哪些属于引用事例？哪些属于表明期望？

（2）从班长的角度举例说明有哪些更好的沟通反馈方法？

（3）从王芳的角度举例说明有哪些更好的沟通反馈方法？

（4）如果王芳此时只是口头认同班长的批评，但内心并不认同，请从沟通反馈的角度思考，王芳和班长还需要做哪些积极的沟通行为？

（5）当沟通对象情绪激动时，如何进行沟通反馈的实施？

（6）如何利用反馈实现有效沟通？

【任务考评】

任务考评成绩表

"沟通反馈思考"任务评价单				
教师填写	任务评价			
	沟通策略：	□优　□良　□合格　□不合格		
	沟通准备：	□优　□良　□合格　□不合格		
	沟通方式：	□优　□良　□合格　□不合格		
	沟通技巧：	□优　□良　□合格　□不合格		
	沟通反馈：	□优　□良　□合格　□不合格		

续表

教师评价	打分对象	分值	备注
	组长:		
	小组:		
小组互评	打分对象	分值	备注
	小组:		

组长填写	教学反馈		
	素质获得感:	□满意　□一般　□不满意	
	知识获得感:	□满意　□一般　□不满意	
	技能获得感:	□满意　□一般　□不满意	
	教学满意度:	□满意　□一般　□不满意	
	意见建议		

注：任务评价采用百分制，教师打分与小组互评的权重比为 6：4（小组得分 = 教师打分 ×60%+ 小组互评 ×40%），小组得分即为小组成员得分。

职场实战篇

职场实战
篇

07

专题七

明确层级　靶向发力

——沟通的差异化策略

从原始社会的象形文字到信息社会的"三微一端"，无论是从形式、工具、对象还是载体上看，沟通都经历了翻天覆地的变革。作为人类组织的基本特征和重要活动，小到家庭，大到国家，沟通都起着维系组织存在、加强组织联系、提高组织效率、推动组织不断进步的重要作用。

本专题聚焦沟通的实践应用领域，明确沟通是组织管理的重要途径，是个人发展的必备技能，引导同学们思考如何针对不同的沟通方向明确层级、靶向发力，实现预期的沟通效果。

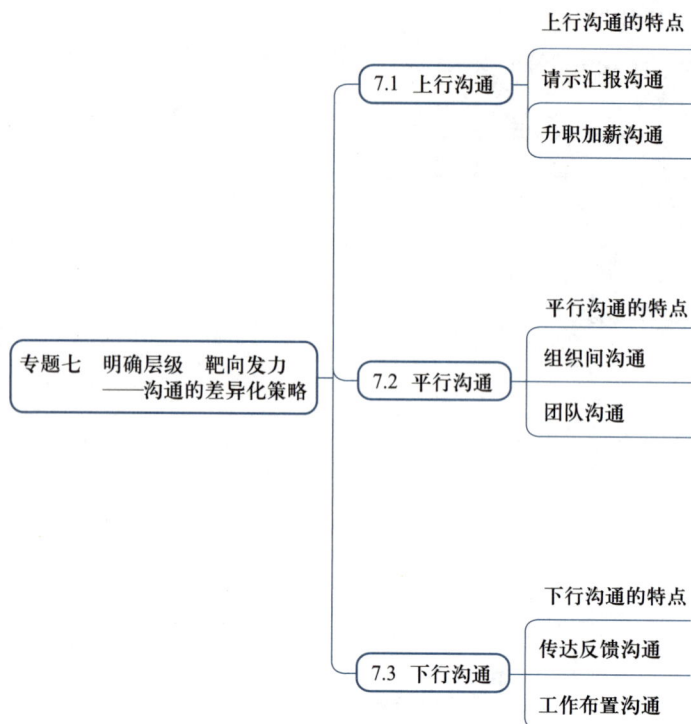

```
                                                           上行沟通的特点
                                          ┌─ 7.1 上行沟通 ─┤  请示汇报沟通
                                          │                  升职加薪沟通
                                          │
                                          │                 平行沟通的特点
  专题七  明确层级  靶向发力 ───────────────┼─ 7.2 平行沟通 ─┤  组织间沟通
   ——沟通的差异化策略                       │                  团队沟通
                                          │
                                          │                 下行沟通的特点
                                          └─ 7.3 下行沟通 ─┤  传达反馈沟通
                                                              工作布置沟通
```

学习目标

1. 素质目标：强化同理心和共情能力，增强团队合作意识和大局意识。

2. 知识目标：了解不同沟通对象的特点，熟悉针对不同沟通对象的应对策略，掌握不同沟通方向下开展有效沟通的技巧和方法。

3. 能力目标：能够根据沟通对象的特点、需求和风格，结合沟通目的，与其进行无障碍沟通，降低沟通成本，实现沟通目的，提高沟通满意度。

重点与难点

1. 重点：根据不同的沟通对象，结合沟通目的，选择恰当的沟通方式。

2. 难点：熟练掌握请示汇报的沟通技巧、加薪升职的沟通思路、工作布置的沟通要点及团队沟通的对策。

7.1 上行沟通

小罗离职了，临走前，老板想了解一下小罗为什么要离职。手续都办完了，小罗也没隐瞒，说主要认为工资待遇有点低，想找一个待遇更好些的工作。老板表示能理解他的离职理由，但对小罗之前从来没有就待遇问题和他沟通过表示疑问。

小罗说："我总觉得您不会给我加薪，而且我也不知道怎么开口。"

老板说："可能我平时和你沟通比较少，这一方面我确实做得不够好。但是，你有需求可以提出来。关于加薪，我和人力资源经理那边会有一个评估标准。以你从事的渠道管理岗位为例，行业的平均薪水是 7 000~10 000 元，你的待遇是7 500 元，虽然处于较低水平，但你刚入职两年，而且从来没提过加薪的要求，公司就会按正常的加薪速度给你涨工资，这一点希望你能理解。对于公司而言，经营的主要目的是盈利，而员工待遇又是经营成本之一，所以我们肯定希望员工的性价比越高越好。但是，如果你觉得付出和回报不成正比，那可以提出来，让公司进行评估。如果公司认可你的工作能力，那增加 15% ~20% 是可以的，而且9 000 元也在行业薪资范围内，那为什么不给你 9 000 元的待遇呢？毕竟对于公司而言，重新招人、培训上岗、再磨合到位的成本，远高于你的合理薪资要求，同时你也节省了跳槽成本，是双赢的局面。所以，你当初真应该早点找我沟通一下的！"

很多职场新人沟通意识淡薄，沟通技巧生涩，畏惧与老板沟通。正常的请示汇报尚且犹豫不决，加薪、升职等敏感问题更是极力回避，给自己的职业发展带来不必要的损失。

小罗为什么没有主动提过加薪？如果你是小罗，如何实施这种以加薪为目的的上行沟通？

上行沟通是指自下而上的沟通，具体到职场中，一方面是下级主动向上级表达意见和态度，另一方面也可以是上级主动搜集信息、征求意见、了解情况。本文重点围绕前者进行讲解分析。

上行沟通的理想状态是根据上级的特点、需求和领导风格开展无障碍沟通，并形成良好的互动关系，从而降低沟通成本，提升组织运营效率。

7.1.1 上行沟通的特点

因为沟通主体存在客观的地位差异，从沟通障碍的角度分析，上行沟通容易产生地位障碍和心理障碍。上行沟通的特点及对策如下表（表7-1-1）所示。

表7-1-1 上行沟通的特点及对策

上行沟通的优点	上行沟通的缺点
1.下级能将自己的看法、意见向上级领导反映，并在此过程中获得一定的心理满足，提高下级的工作参与感 2.上级可以及时了解下级的想法和基层的情况，对存在的问题或可能发生的问题做出指导和决策	1.下级因处于弱势地位，会有心理距离和障碍，往往报喜不报忧，导致上级对真实情况了解"失真" 2.当管理层级较多时，上行沟通的缺点会得到进一步放大，最终导致"失明"

沟通对策	1.建立对话机制，确保开展上行沟通的渠道顺畅 2.上级应激励下级勇于提出工作意见及建议，并加强自身作风修养，立足大局，不断提高胸怀雅量 3.注重沟通策略，选择合适的时机，创建宽松的环境，有利于缩小上下级之间的心理距离

7.1.2 请示汇报沟通

微 课

上行沟通

请示和汇报是上行沟通中最常见的形式。上级布置的任何一项工作，都希望能得到准确的答复，所以下级的请示汇报不仅能及时向上级传递信息和工作动态，也在请求上级的指示、支持和关心，同时还在向上级展示自身的能力和特长。

1.请示沟通策略及实施样例

请示是职场常用的沟通方式之一，在具体工作缺乏明确的政策规定时、需上级批准才能办理时、工作超出本部门职权时、工作涉及多个部门时，都需要及时请示上级。请示时需要注意策略和方法，具体如下表（表7-1-2）所示。

表7-1-2 请示沟通的策略及实施样例

策略与情境	实施样例
沟通策略	请示工作说方案——不要让上级做填空题，而是让上级做选择题。在请示前，至少准备两个方案供上级选择，同时表达自己的倾向及原因

续表

策略与情境	实施样例
情境再现	小李是某公司的销售员，刚入职半年。今天经理交给小李一个任务，为公司新研发的产品写一个视频宣传脚本。接到任务后的小李开始发愁，新产品的特点、目标消费人群、相对竞品的优势这些都不知道，文案该怎么写？小李决定去请示经理："经理，您看这个宣传脚本该怎么写啊？"经理很不满意："怎么写？这个问题不应该是我告诉你，应该是你告诉我才对。自己想想该怎么写，不清楚的问题和研发部门多沟通。"小李觉得很委屈，心想："难道我请示经理是错的吗？"
情境分析	小李犯了两个错误：首先，不应该在没有任何准备的情况下就去请示；其次，不应该让经理给出答案（让上级做填空题），毕竟公司聘请员工是为了解决问题，而非制造问题

请示的沟通要素	
沟通准备	1. 从研发部门获取产品资料，对产品进行全面了解，掌握产品的特点，分析其目标消费人群，并对比市场上的竞品，寻找产品的优势 2. 将上述信息进行归纳整理，按受众对象或宣传重点等制作不同的宣传文案供领导筛选（让上级做选择题） 3. 明确领导的性格和沟通风格并设计沟通话术 4. 根据领导的阅读习惯考虑是否准备纸质版材料
沟通方式	采用面对面沟通的方式，以"语言 + 文字"为沟通载体
沟通技巧	1. 避免采用完全肯定或完全否定的判断句，多用"是否可以""是否应该"等协商式语气，围绕宣传文案进行分析阐述并提出倾向性意见，最终请领导做决策 2. 若领导未做出明确的指示，需反思所提供的方案与其想法是否一致，或方案中的信息是否足以支撑领导做出决策，随后对方案进行优化完善
沟通反馈	1. 若领导做出明确的决策（选定某份宣传文案），需学习领会领导的决策思路和决策依据，以此为指导改进工作思路 2. 若领导仍未做出明确的决策，可主动征求上级意见，明确是宣传文案的设计思路有问题，还是宣传文案的撰写内容有问题，并针对具体问题进行进一步优化完善

2. 汇报沟通的策略及实施样例

汇报也是职场常用的沟通方式之一，是方便上级掌握工作进度、及时获得上级的支持和指导、及时沟通工作的最新变动情况的主要手段。汇报时需要注意策略和方法，具体如下表（表 7-1-3）所示。

情景剧 📎

上行沟通

表 7-1-3 汇报沟通的策略及实施样例

策略与情境	实施样例
沟通策略	汇报工作说结果——不要告诉上级工作过程多艰辛，你多不容易。举重若轻的人容易受到上级重视，一定要先把结果告诉上级，结果思维是第一思维

续表

策略与情境	实施样例
情境再现	小孙是公司的招聘专员，和同事去外地做校园招聘，回来后第二天刚上班，就被经理喊到办公室汇报工作。经理开门见山，直奔主题问道："招聘签约的毕业生多不多？"小孙一下子回想起这次招聘过程中的各种艰辛和曲折，情绪立刻激动起来："哎呀，您不知道，这次应聘的毕业生增加了很多，那场面真的特别壮观……"经理手一挥说道："别光说这个，签约了多少人？"小孙顿了一下，然后说："签约情况比往年好很多，因为签约人太多，我们通宵加班……"经理不耐烦地打断他，继续问道："好很多是多少？说都说不清楚，你让小杨过来说。"这次去外地招聘，因为有意向的毕业生太多，大家连续加班两个通宵，十分疲惫，可是这些艰难坎坷还没有说出来就被领导制止了，小孙感觉委屈极了
情境分析	从情境描述来看，小孙没有把握住汇报的要点，汇报内容偏离了经理关心的主题，导致经理很快就耐心耗尽，沟通失败

	汇报的沟通要素
沟通准备	1.整理本次招聘工作的成果（尽可能用数据体现） 2.梳理本次招聘工作所遇到的问题及对策 3.提出进一步改进招聘工作的意见或建议（如果有的话）
沟通方式	采用面对面沟通的方式，以"语言＋文字"为沟通载体
沟通技巧	1.秉持结果第一的原则，面对经理的询问直接给出结果："本次预计签约××人，签约率达92％，是近五年的最高值。招聘中我们遇到……问题，随后……解决，建议下一步采取……措施，避免此类问题再次发生" 2.经理没有询问其他细节和过程时，就不要重点汇报此方面的内容
沟通反馈	根据汇报沟通过程中经理的询问焦点，分析经理的领导风格和性格特征，为下一次的沟通奠定基础

沟通有道

其他上行沟通的应对策略

总结工作说流程——做工作总结时要描述流程，不只是讲清先后顺序，还要找出工作中的关键点、失误点和反思点，详略得当，重点突出。

交流工作说感受——做工作交流时要多说自己工作中的经验、教训和感受，哪些是学到的、哪些是悟到的、哪些是要反思的、哪些是要努力的，为他人提供借鉴和参考。

交接工作讲效率——把工作中形成的经验教训毫无保留地交接给继任者，把完成的与未完成的工作进行分类，逐一交接，不要设置障碍，让继任者能迅速进入工作角色。

7.1.3 升职加薪沟通

升职与加薪对于职业人而言有着重要的社会意义，它是对个人价值和劳动成果的认可及肯定，也是改善职业人的生存环境和生活质量的重要途径，更是组织激励员工的必要方法和手段。值得关注的是，出于成本考虑，组织往往会按正常的涨薪进度推进该项工作，不会主动与某位员工开展升职加薪沟通，这就需要职业人根据自身定位，结合实际情况，主动出击，这样才有可能获得预期成效。

测试 📎

DISC 性格
测试

1. 升职沟通的策略及实施样例

职位的晋升是组织对员工能力认可的具体表现，也是员工实现自我价值的重要方式。当组织中出现职位空缺时，员工可以主动沟通、积极申请。开展升职沟通需要注意策略和方法，具体如下表（表 7-1-4）所示。

表 7-1-4　升职沟通的策略及实施样例

策略与情境	实施样例
沟通策略	1. 自我认知清晰——上级对自己的印象、自己的工作能力和业绩、自己与同事的关系、是否满足公司职位晋升条件等 2. 自我定位准确——自身的竞争力和不可替代性 3. 沟通态度端正——秉持尊重、坦率、理智、自信的沟通态度，明确无论此次沟通是否达到个人预期，下一步都将继续兢兢业业、努力工作，切记不要以辞职作为胁迫手段 4. 升职理由充分——用业绩、数据和典型贡献佐证升职的必要性 5. 工作计划完备——对竞聘岗位的工作开展、业绩预期、创新思路和顽疾对策等要有大致的规划，并以此佐证升职的可行性
情境再现	小黄毕业后就职于某餐饮连锁公司，工作踏实认真，业绩斐然。但由于性格内向，小黄在店里很少与同事交流，喜欢一个人埋头苦干。3 年时间，与小黄同批次入职的员工都晋升为店面经理了，唯有他还留在原来的岗位上。小黄犹豫再三，终于决定找上级沟通一下。谈话初始，双方的气氛融洽，上级认可小黄的工作能力和业绩，对小黄的升职请求则表示想了解一下理由，这让满怀希望的小黄有些不高兴，心想："我的能力和业绩您刚才不是都认可了吗？而且和我同批次入职的人都成为店面经理了，怎么还要理由呢？"于是小黄表示"如果不升职我就跳槽"，上级对此态度很不满意，断然拒绝了小黄的要求，双方不欢而散。一周后，小黄主动离职
情境分析	小黄的升职沟通太过轻率，只是想当然地认为自己应该升职，沟通前没有准备，沟通中没有规划，沟通后没有反思。最不该犯的错误就是用辞职来要挟，无论辞职的意愿是真是假，都会让上级提高警惕，并给小黄打上"缺乏忠诚度"的标签
升职沟通的要素	
沟通准备	1. 对照公司职位晋升的要求进行自查，看自己是否满足晋升的硬性条件 2. 梳理自身独特的竞争优势，突出不可替代性 3. 明确领导的性格和沟通风格，并设计沟通话术

升职沟通的要素	
沟通准备	4. 准备好业绩佐证材料和竞聘岗位的工作计划材料 5. 做好备选方案，备选方案建议一个选择第二竞聘岗位，降低升职标准和延期升职时间，如从店面经理转为业务经理，或通过半年的考验后再竞聘店面经理职位
沟通方式	采用面对面沟通的方式，以"语言 + 文字"为沟通载体
沟通技巧	1. 沟通时机建议按"公司年终总结节点 > 个人突出贡献节点 > 辞职临界节点"的次序进行选择 2. 沟通地点建议按"上级办公室 > 公司会客室 / 会议室 > 个人办公室 > 其他工作场合"的次序进行选择 3. 切记不要在非正式场合，如饭桌与上级讨论此问题 4. 当沟通出现僵局，如上级陷入沉默，或上级表示为难时，及时拿出备选方案做补充说明 5. 条件具备时应开展模拟彩排，以求最佳效果
沟通反馈	1. 根据沟通时上级的反馈，对个人工作进行检视和改进 2. 根据沟通结果及时调整个人职业生涯发展规划

2. 加薪沟通的策略及实施样例

加薪是组织认可员工业绩的具体表现，也是员工进一步提高生活质量的主要途径。当组织释放加薪信号时，员工可以主动沟通、积极申请。开展加薪沟通需要注意策略和方法，具体如下表（表 7-1-5）所示。

表 7-1-5　加薪沟通的策略及实施样例

策略和情境	实施样例
沟通策略	1. 换位思考——分析上级的领导风格，换为上级角度审视加薪的理由是否成立。如"物价上涨了、房租提高了、成家了、工作 5 年了……"这些理由是基于自身而非公司或上级的视角得出的，很难得到上级的认同 2. 自我评估——评估个人业绩和价值贡献与当前的薪资待遇是否匹配，在公司中绩效是否处于中等偏上的水平（中等偏下则建议提升工作能力和业绩后再谈加薪），评估时一定要客观公正 3. 行业评估——评估个人当前的薪资水平，与行业同类岗位平均薪资水平的差距 4. 态度端正——明确表态若加薪成功，下一步会努力工作回报公司；若加薪失败，下一步会反思自身的不足，不断提高工作能力，继续努力工作以争取下一次机会，切记不要以辞职作为胁迫手段 5. 展示潜力——展示个人发展潜力，如过去一年中专业能力、工作业绩、团队评价、个人成长等方面的增长和提高，并以此佐证加薪的必要性 6. 理由充分——用个人性价比、公司经营状态、行业平均薪资水平等数据佐证加薪的可行性

续表

策略和情境	实施样例
情境再现	小周在公司的保密岗位上工作了 2 年，因为该岗位的特殊性，公司对岗位的定编只有 1 人，但该岗位的专业技术难度并不高，可替代性较强，任何一名新人只要经过一段时间，完全可以胜任该岗位的工作。因物价上涨，小周感觉经济压力增大，扣除房贷车贷后，日常消费难以维持，为此小周提出加薪申请，理由如上所述。申请被人力资源部拒绝了，原因有三：一是公司薪资调整的主要参考标准是业绩，而小周上半年的业绩水平仅是合格；二是小周的加薪理由不充分，家庭经济压力不是加薪的必然理由；三是如果小周的加薪申请得到允许，会破坏公司现有的薪酬体系，对其他员工不公平
情境分析	从上述情境来看，该公司人力资源部的沟通策略明确，首先确保薪酬体系的规范性和严肃性，其次引导员工通过提高业绩获得加薪。而相比较而言，小周的加薪理由较为自我，没有站在公司的角度看待问题，加薪被拒绝在所难免

	加薪沟通的要素
沟通准备	1. 换位思考，梳理加薪理由并审视理由的正当性和客观性 2. 明确领导的性格和沟通风格，并设计沟通话术 3. 准备好加薪的佐证材料，如个人绩效评分、行业平均薪资水平表等 4. 做好备选方案，备选方案建议降低加薪标准，如从 20% 加薪涨幅降低为 10%
沟通方式	采用面对面沟通的方式，以"语言 + 文字"为沟通载体
沟通技巧	1. 沟通时机建议按"公司年终总结节点 > 个人突出贡献节点 > 辞职临界节点"的次序进行选择 2. 下午时，人的精力和状态有所下滑，意志相对较弱，所以下午的沟通效果比上午好；但考虑到周五下午的反弹，建议选择周三下午或周四下午沟通 3. 沟通地点建议按"上级办公室 > 公司会客室 / 会议室 > 个人办公室 > 其他工作场合"的次序进行选择，切记不要在非正式场合，如饭桌与上级讨论此问题 4. 加薪的幅度要高于心理预期，如果你心理预期是加薪 15%，那么你向上级提的标准应该是 20%，这是心理学锚定效应的具体应用，但前提是加薪的理由一定要充分 5. 加薪被拒绝后不要放弃，根据上级的反馈进行针对性改进，随后过一段时间，等工作明显改进后再提加薪要求。拒绝会使上级对你产生亏欠感，积累到一定程度后或许会得到相应的补偿 6. 条件允许时可以找中间人帮忙打探消息 7. 条件具备时应开展模拟彩排，以求最佳效果 8. 加薪沟通无论成败，均需注意保密
沟通反馈	1. 被拒绝时应根据上级的反馈，对个人工作进行检视和改进 2. 被拒绝时应及时调整加薪沟通策略，为下一轮的加薪沟通做准备 3. 加薪成功后需及时调整职业生涯发展规划，并努力兑现沟通时做出的承诺

李刚的完美沟通

李刚在厂里任安全科副科长，他工作踏实、兢兢业业，公司上下对他好评如潮。这天他像往常一样到公司上班，刚进办公室，便被厂办主任叫走，劈头盖脸就是一顿斥责："你们安全科是干什么的，居然会有这种情况出现，这个月的奖金全部扣除……"李刚莫名其妙，因为他前一天休假了，对厂里发生的事情毫不知情。但他了解厂办主任，知道厂办主任的性格比较强势，所以他没有立刻反驳，而是认真听下去，原来昨天晚上厂里被盗了一批钢材，值班的安全员有直接责任。

等厂办主任发完火之后，李刚诚恳地说："主任，您批评得对，这是我们安全科的失误，虽然我昨天休假了，安全员的巡视工作不是我安排的，但是我作为安全科的副科长，一样要承担责任。这次盗窃说明我们平时对安全员的培训还有不足，安全巡视工作还有漏洞。我完全接受您的批评，马上就回去整改落实，请您多监督指导。"厂办主任听完也没有再说话，李刚就离开了办公室，回到安全科开始整改工作。

下午，厂里贴出了公告，点名批评涉事安全员和安全科科长，并公布了惩戒措施，但没有涉及李刚。随后厂里对安全科进行人员调整，把李刚从副科长提拔为正科长，提拔任命是厂办主任公布的。厂办主任谈道："李刚同志有大局意识和担当精神，敢于负责，相信能把安全科的工作带上一个新的台阶。"

在上述案例中，基于厂办主任性格特点，李刚首先是诚恳接受了厂办主任的批评，随后用"虽然……但是……"的转折句型委婉说明了原因，最后进行表态，化解误会的同时在厂办主任心中树立了勇于担责、不计较个人得失的印象，实现了较好的沟通效果。

要注意，不同的人有不同的性格和不同的行为模式，面对不同的沟通对象，应该采用不同的沟通策略，具体如下图（图 7-1-1）所示。

面对分析型的沟通对象——要注重细节、遵守时间、直入主题、一丝不苟，避免太多的身体接触，坐姿略微后仰（分析型人格强调安全感，需要尊重他的个人空间），沟通中多用专业术语、数据和图表佐证。

面对驾驭型的沟通对象——不用太多寒暄，注意节约时间，声音自信、语速较快，保持目光接触，身体略微前倾，回答问题时要非常准确，提问时可以采用封闭式问题来提高沟通效率，沟通围绕结果展开，不必流露太多感情。

面对亲和型的沟通对象——亲和型的人注重双方良好关系的建立和维护，不过分看重结果，因此沟通重在建立和维护良好关系，要始终保持微笑姿态，语速要慢，注意抑扬顿挫，多征求对方意见，可保持高频次、短时长的目光接触。

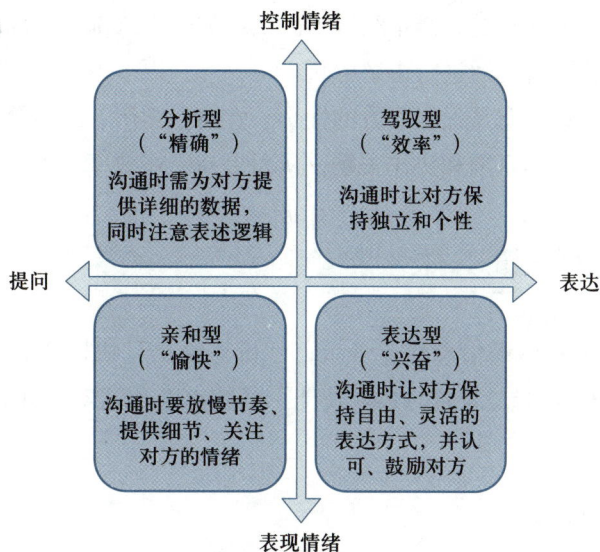

图 7-1-1　性格四分图

面对表达型的沟通对象——声音要洪亮，肢体语言要丰富，多从宏观的角度谈问题，可从某一话题发散讨论，沟通过程要直接，保持眼神的交流。需要注意的是，表达型人格的人不拘小节，所以达成一致意见后最好进行文字确认。

7.2　平 行 沟 通

职场沟通之惑

　　孟丽丽是某公司的公关专员，主要负责与网络媒体对接，进行对外宣传。最近她因病请假三周，恰逢公司新品上市，急需包装宣传，上级安排小梁暂时替代她的工作。孟丽丽觉得已经请了病假，应该专心养病，所以就关掉了手机，休假期间也未与小梁主动沟通。小梁第一次接触相关工作，缺乏经验和联系渠道，又联系不上孟丽丽，导致工作难以顺利开展，上级对此极为不满。

　　孟丽丽返工上班的第一天，小梁见到她就直接爆发了："孟女士终于舍得出现了啊，你真够可以的，休假前不交接工作，休假中直接失联，大家都忙完了，你也休假结束了，这是养好身体回来抢功劳了？"孟丽丽感觉委屈又气愤，反问："我休假怎么了？没交接又怎么了？这些网络媒体的关系都是我一家家跑下来的，你自己不会跑？不会联系？没我就不能工作了吗？"两人大吵一架，从此翻脸成为仇人。

　　你认为孟丽丽这种做法对吗？为什么？如果你是孟丽丽，你会怎么做？

微课

平行沟通

平行沟通也称横向沟通，是指组织内同层级的个人或部门之间的沟通。本节重点围绕个人之间的平行沟通进行讲解分析。

平行沟通的理想状态是根据对方的性别、性格、学历、阅历等特征开展无障碍沟通，构建良好的工作氛围和协作关系，从而提高工作效率，提升工作成效。

7.2.1　平行沟通的特点

情景剧

平行沟通

平行沟通能有效压缩信息传递环节，性价比突出且快捷高效，是组织沟通的关键构成部分，也是个人沟通的必要技能。其特点及沟通对策如下表（表7-2-1）所示。

表7-2-1　平行沟通的特点及对策

平行沟通优点		平行沟通缺点
1. 简化办事程序和手续，节省工序和时间，提高工作效率 2. 增强同级之间的认知和了解，利于消除潜在的矛盾冲突，增进团队团结 3. 促进组织成员之间的协作，培养团队合作精神，克服个人主义和本位主义的弊端		1. 层级相同容易导致情绪不稳定 2. 协作分工容易产生推诿扯皮、争功诿过的现象 3. 平行沟通尤其是个体间的平行沟通是传播负面消息、发牢骚、抱怨的主要途径
沟通对策	1. 容忍差异：不评论他人非工作的习惯和喜好 2. 克服傲慢：不以长辈、前辈、领导的口吻进行沟通 3. 时效第一：不拖延，有问题第一时间开展沟通 4. 主动确认：在协作过程中主动向对方确认工作进度 5. 双赢思维：用双赢思维处理沟通中的矛盾和冲突	

沟通有道

平行沟通的上推法和下切法

上推法——通过向上溯源的方式，深入了解对方做事的动机。比如某销售人员不愿意拜访客户，可以这样与他沟通：

问："为什么不想拜访客户呢？"（上推）

答："怕被拒绝。"

问："被拒绝对你而言意味着什么？"（上推）

答："尴尬、没面子。"

由此可知，该销售人员较重视个人形象和荣誉，自尊心较强。

下切法——通过细化拆分的方式，深入了解对方语言中的深层次结构。比如某员工抱怨总被上级批评，可以这样与他沟通：

问："上级是怎么批评你的？"（下切）

答："他说我执行力不强。"

问："具体是哪件事情执行力不强呢？"（下切）

答："他说每次提交方案的时候，我总是最后一个交。"

问："那你晚提交的原因是什么呢？准备怎么改善呢？"（下切）

下切法通过缩小问题范围，找到问题的核心和突破点，引导对方分析问题，最终找出解决方案。

7.2.2　组织间沟通

组织间沟通，是指发生于不同组织之间的各种类型的沟通，它以人际沟通为基础，又不同于人际沟通，目的在于通过协调共同的资源投入活动，实现共同的利益。例如，某企业与上下游企业、社区、新闻媒体等其他组织之间的沟通就属于组织间沟通。一般来说，组织间沟通的核心是基于契约建立互信互惠的信任关系。

1. 人格信任与契约信任的差异

人格信任源于人与人的情感深度与了解程度，而契约信任则是利用法律等外在惩罚或防御机制来降低社会交往的复杂性。二者存在较为明显的差异，具体如下表（表 7-2-2）所示。

表 7-2-2　人格信任与契约信任的差异

信任基础	
人格信任——人性本善思想	契约信任——法律法规制约
1. 个体要从社会普遍接受的角度，即道德角度思考自身的行为，否则会让人感到难以理解或受到他人的指责 2. 人格信任具备"差序格局"的特征，表现为有限性、稳定性、熟人化和安全感等特点	1. 个体要遵守为了合作关系而制定的一些制约或行动准则 2. 当代社会通过法律法规，将社会生活中的道德规范转变为具有强制性的约束，通过某些惩戒措施预防或惩罚违约行为
二者比较	
人格信任（图 7-2-1）	契约信任（图 7-2-2）
1. 以经验主义指导行为 2. 诚信既是道德标准，也是政治标准 3. 是一种自愿的习惯行为模式	1. 以契约指导行为 2. 通过法律法规等强制性手段维持 3. 是一种非自愿的强迫行为模式

续表

信任基础	

图 7-2-1　人格信任——一诺千金的季布

商务合作合同（部分）

甲方：　　　　　　　　　　　乙方：

法定代表人：　　　　　　　　法定代表人：

住址：　　　　　　　　　　　住址：

邮编：　　　　　　　　　　　邮编：

联系电话：　　　　　　　　　联系电话：

　　甲乙双方本着平等自愿、互惠互利的原则，结成长期的商务合作关系，经友好协商达成以下协议：

一、合作期限

　　本协议有效期为＿＿年。自＿＿年＿＿月＿＿日起到＿＿年＿＿月＿＿日止。

二、合作内容

　　……

图 7-2-2　契约信任——合同（部分）

2. 组织间沟通的策略及实施样例

　　组织间沟通是建立在市场交易基础上的沟通，双方建立了相互信任的互惠关系。组织间沟通是实现双方优势资源互补的主要途径。开展组织间沟通时需要注意策略和方法，具体如下表（表 7-2-3）所示。

表 7-2-3　组织间沟通的策略及实施样例

策略与情境	实施样例
沟通策略	组织间沟通的核心是基于契约，建立互信互惠的信任关系。因此，沟通策略可细分为两个部分：组织沟通策略和组织关系策略 　　组织沟通策略——双向对等策略。以双向沟通为主要的沟通模式，恪守地位平等的原则开展沟通。双向对等策略可有效提高组织间的沟通质量，提升双方的满意度、信任度和可行性 　　组织关系策略——资源共享策略。双方通过资源共享，实现优势互补、深度融合、高效协调，进而推动双方从契约信任提升至人格信任
情境再现	B 公司是 A 公司的原材料供应商，与 A 公司长期合作，双方一直保持着良好的合作关系。但最近因为一批原材料的质量问题，两家公司产生了矛盾冲突 　　A 公司表示，这批原材料买回来后，在加工过程中就发现了问题，但因为问题不大，而且考虑到和 B 公司的良好关系，所以对生产线进行调整后继续使用，但最后发现成品质量不达标且无法解决，因此向 B 公司提出索赔

续表

策略与情境	实施样例
情境再现	B 公司指出，他们自查了所提供的这批原材料，在生产过程中没发现质量问题，并且 A 公司在发现原材料有问题时没有及时沟通，现在已经变成成品了，无法鉴定原材料是否存在问题，所以 B 公司拒绝赔偿 双方为此事纠缠不休，A 公司竟然还将劣质成品放到了 B 公司的门口，影响 B 公司的正常运营，两家公司也因此翻脸
情境分析	组织间沟通是基于契约信任，建立互信互惠的人格信任关系。而案例中 A、B 公司长期合作而形成的人格信任关系，使其忽略了契约信任这个基础保障。如果 A 公司与 B 公司订立"购销合同"并严格按合同执行，则可以有效避免此类问题的发生
组织间沟通实施四步法要素	
沟通准备	1. 了解人格信任与契约信任的差异 2. 掌握组织间沟通策略（上文所述） 3. 掌握组织间沟通技巧（下文所述）
沟通方式	沟通方式及载体由双方协商确定
沟通技巧	1. 快速回应：回应的速度代表组织对问题的重视程度 2. 主动跟进：主动跟进代表组织解决问题的诚意 3. 同理共情：同理心和对问题的共情程度有助于分析矛盾焦点、寻求最佳的解决途径 4. 沟通适度：避免过度沟通引发矛盾 5. 未雨绸缪：对可能影响组织间关系的问题提前做好预案，并将解决方式事先写在合同中 6. 亡羊补牢：对突发、不可预知的矛盾应及时处理，并补充到合同或预案中，防止类似问题再次发生 7. 日常维护：合作是一个长期的过程，定期的交流座谈和不定期的拜访对组织间关系的维护有巨大的促进作用
沟通反馈	1. 提出切实的解决方案，换位思考，弥补对方的合理损失 2. 完善内外监督措施，邀请对方参与监督 3. 重大矛盾需组织领导者表态，表态需谨慎谦和，彰显组织的重视程度，同时积极地化解矛盾 4. 确保反馈信息的真实性，避免组织的公信力受损

7.2.3 团队沟通

团队是由两个及以上的个体为实现某个特定目标而形成的一种组织形态。发生在团队内部的所有形式的沟通，统称为团队沟通。

作为当代企业运营的一种必要手段，团队在企业中彰显出强大的生命力。团队的效率源自内部成员的角色构成与沟通，沟通是团队凝聚共识、激发创造力和意志

测 试

团队沟通测试

力的重要方式，是提高团队绩效的正相关因素。

1. 团队成员的角色构成

团队成员角色理论众多，学术界目前没有形成统一的观点。为方便学习，此处采用较为流行且常用的贝尔宾团队角色理论，具体如下图（图7-2-3）所示。

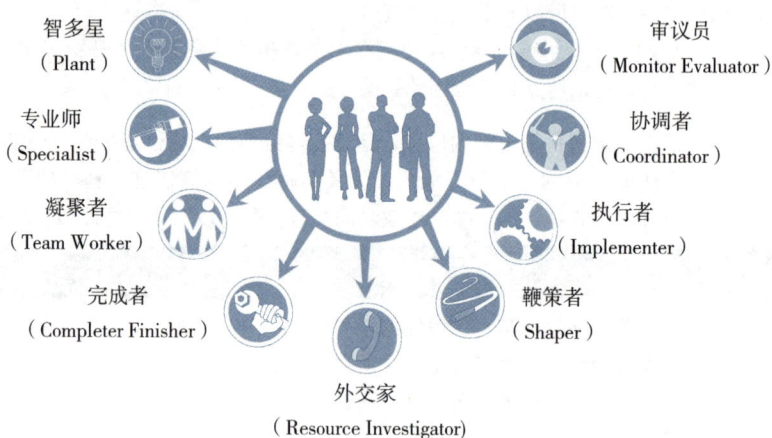

图 7-2-3　贝尔宾团队角色理论

（1）智多星 PL（Plant）

典型特征：有个性、思想深刻、不拘一格。

优点：才华横溢，富有想象力和智慧，知识面广。

缺点：高高在上，不重细节，不拘礼仪。

作用：提供建议，提出批评，有助于引出其他意见供团队参考。

（2）专业师 SP（Specialist）

典型特征：专心致意，主动自觉，全情投入。

优点：能够提供不易掌握的专业知识和技能。

缺点：只能在有限范围内做出贡献，易沉迷于个人专业兴趣。

作用：对涉及的专业领域问题开展专业研究，并提供专业支持。

（3）凝聚者 TW（Team Worker）

典型特征：擅长人际交往，性格温和、敏感。

优点：有适应周围环境及人的能力，能促进团队的合作，倾听能力强。

缺点：在危急时刻容易优柔寡断，整体能力较中庸。

作用：给予他人支持并帮助别人，打破讨论中的沉默，采取行动缓和或解决团队中的分歧。

（4）完成者 CF（Completer Finisher）

典型特征：勤奋、有序、认真，有紧迫感。

优点：理想主义者，追求完美，持之以恒。

缺点：拘泥细节，容易焦虑，不洒脱。

作用：强调任务的目标要求和活动日程表，在方案中寻找并指出错误、遗漏和被忽视的内容，刺激其他人参加活动，并促使团队成员产生紧迫感。

（5）审议员 ME（Monitor Evaluator）

典型特征：清醒、理智、谨慎。

优点：判断力强、分辨力强、看重实际、坚持自身原则。

缺点：缺乏鼓动和激发他人的能力，自己也不容易被别人鼓动和激发，缺乏想象力，缺乏热情。

作用：分析问题和情境，对繁杂的材料予以简化，并澄清模糊不清的问题，对他人的判断和作用做出评价，直言不讳地提出异议。

（6）协调者 CO（Coordinator）

典型特征：沉着、自信，有控制局面的能力。

优点：能兼容不同的观点，看问题比较客观。

缺点：创新意识和创新能力薄弱。

作用：时刻想着团队的大目标，明确发展方向，选择需要决策的问题并明确它们的先后顺序，帮助确定团队角色分工，明确工作责任和界限，总结团队的感受和成就，综合团队的建议。

（7）执行者 IMP（Implementer）

典型特征：保守、顺从、务实可靠。

优点：有组织能力，实践经验丰富，工作勤奋，自我约束力强。

缺点：缺乏灵活性，应变能力弱，对没有把握的工作不感兴趣。

作用：把谈话和建议转换为实际步骤，考虑方案的可行性，整合思路并撰写实施方案，高效执行方案。

（8）鞭策者 SH（Shaper）

典型特征：思维敏捷、为人坦荡、主动探索。

优点：积极、主动、有干劲，随时准备向传统、低效率挑战，有紧迫感，视成功为目标，追求高效率。

缺点：好激起争端、爱冲动、易急躁，容易给别人压力，说话太直接，虽然总是就事论事，却经常伤人伤己。

作用：寻找和发现团队讨论时可能的方案，形成团队的任务和目标，推动团队达成一致意见并朝同一目标行动。

（9）外交家 RI（Resource Investigator）

典型特征：外向、开朗、热情、好奇心强，联系广泛，消息灵通。

优点：善于拓展人脉，不断探索新的事物，勇于迎接新的挑战。

缺点：对事物缺乏持久关注，兴趣转移较快。

作用：提出建议并引入外部信息，接触持有其他观点的个体或群体，组织磋商性质的活动。

2. 团队沟通的方式

（1）会议沟通

团队的会议沟通是互动讨论式，而非单向传达式的沟通。团队领导者借助会议的方式汇集团队成员的智慧、思想、经验和信息，常见的团队会议有例会和项目推进会两种形式。需要注意的是，团队会议的沟通成本较高、时间较长，多用于解决重大、关键和复杂的问题。其应用场景如下所示。

① 需要统一思想或行动时（如论证项目建设思路、撰写项目实施计划等）。

② 需要团队成员清楚、认可和接受某规则制度时（如项目考核制度、日常考勤制度的讨论等）。

③ 传达重要信息时（如项目节点总结、项目结项总结等）。

④ 澄清一些谣传信息，且这些谣传信息将对团队产生较大影响时。

⑤ 讨论复杂问题的解决方案时（如针对复杂的技术问题，讨论已收集到的解决方案等）。

（2）个体沟通

团队成员间的个体沟通是团队沟通的主要方式，这不仅密切了团队成员之间的联系，也是探讨和研究问题的重要途径。个体沟通大部分都建立在相互信任的基础上，对团队统一思想、认清目标、明确各自的职责和义务有着积极的作用。其应用场景如下所示。

① 需要根据工作内容、结合个人特长进行任务分工时。

② 需要群策群力、集思广益攻克项目难题时。

③ 解决工作分歧，尤其分歧对工作推进产生较大影响时。

④ 磨合工作习惯和性格差异时。

⑤ 化解工作矛盾和误会时。

3. 团队沟通的策略及实施样例

良好的团队沟通是激发团队成员积极性、促进团队和谐发展的重要手段。开展团队沟通时需要注意策略和方法，具体如下表（表7-2-4）所示。

表7-2-4　团队沟通的策略及实施样例

策略与情境	实施样例
沟通策略	1. 营造良好的沟通环境 2. 善用恰当的表达方式 3. 开展积极有效的倾听 4. 适时运用共同词汇拉近距离（共同词汇是指被赋予了特定含义，只有团队成员才能清晰、准确理解的词汇）

续表

策略与情境	实施样例
情境再现	某公司将新品宣传的微视频任务交给融媒体部，融媒体部需要负责编剧、策划、脚本撰写、取景、拍摄和后期制作等一系列工作，人员少、任务重、时间紧、标准高，一时间大家忙得不可开交 融媒体部的 A 负责拍摄，为达到更好的拍摄效果，A 向负责脚本撰写的 B 提出了若干需求。B 听完 A 的要求后，觉得没问题，就接受了，并表示一周后提交。为了提高效率，A 就继续做其他的拍摄准备 一周后，A 向 B 询问脚本进展，B 回答："脚本中一些资料需要策划来提供，策划是 C 负责，我已经给 C 了，他正在整理中。""那什么时候能给我？" A 有点着急。"C 一完成我马上就能给你"，B 说 时间又过了一周，A 又去问 B。B 回答："C 好像碰到点问题，一直没完成，具体什么原因你去问问 C 吧？我这儿正忙着其他工作。" A 无奈找到了 C，C 告诉他："的确碰到点问题，需要重新修改脚本，正好你来了，咱们一起商量一下……" 两人商量后确定了方案，约定一周后完成。A 心想这回总算好了，但一周过去了，还是没动静。A 去问 C 进展，C 说："上次咱们敲定方案时没叫上 B，现在和 B 对接又出了问题。" A："……" 最终 A 由于心力交瘁，再也不想管这件事了。
情境分析	此案例中 A 犯了沟通链条过长、沟通反馈不及时、沟通方式不当的错误。如果 A 在得知需要 C 参与脚本修改的时候，就果断拉上 B 和 C 召开一个小型的研讨会，一起确定思路、解决问题、拟定时间，相信脚本撰写工作会顺利完成
团队沟通的要素	
沟通准备	1. 分析确定团队沟通对象的特征，包括利益、性格、价值、人际关系等，并把握其可能的态度 2. 认真准备沟通内容，尽可能做到条理清楚、简明扼要、用语通俗易懂，并拟定沟通提纲 3. 选择恰当的沟通方式，考虑是直接告知，还是婉言暗示；是正面陈述，还是比喻说明，并提前进行选择和设计 4. 事先告知沟通的主题和内容，让沟通对象也为沟通做好准备 5. 在与沟通对象交换意见的基础上，共同确立沟通的时间和地点
沟通方式	采用个体面对面沟通的方式，以"语言"作为沟通载体
沟通技巧	1. 充分利用团队沟通渠道，包括但不限于例会、面谈、邮件、通信软件、意见箱等 2. 不断向沟通对象传递接纳、信任与尊重的信号，或者偶尔复述沟通对象讲的话，或者用鼓励、请求的语言激发对方。比如"你说得很对""你能讲得详细一些吗""你说的……很有价值" 3. 努力推测沟通对象可能想说的话，有助于更好地理解和体会沟通对象的感情 4. 端正坐姿，并让身体稍向前倾，避免跷二郎腿、双手抱胸、双目仰视天花板，或者斜目睨视等姿态，这些容易使沟通对象误以为你心不在焉、不耐烦、抗拒或高傲冷漠

续表

策略与情境	实施样例
沟通技巧	5. 使用描述性而非评价性的语言进行反馈，要对事不对人，避免把对事的分析处理变成对人的褒贬评价 6. 当沟通对象批评了你，也绝不要马上表现出来，至少要让别人把话说完 7. 聚焦沟通主题，不跑题、不发散 8. 遵循时效性原则，发现问题及时沟通不拖延 9. 通过提问争取话语权时，可采用"真空法"。具体方式为：停顿 2~3 秒（引发对方重视）＋放慢语速（吸引对方注意）＋用较高的声音提出问题（强化沟通效力）＋沉默、平静，辅以期待的眼神（营造真空），对方会因你的沉默和期待感觉到真空，进而用语言或行为积极填补真空 10. 沟通中想打断对方时，可以在他停顿的间隙委婉地提醒，表示"不好意思，我插一句话……" 11. 注意身体语言，当你靠近对方准备沟通时，如果对方只是转身过来，但脚并没有转向你，那么可能对方的沟通意愿不强，建议换个时间再来。同理，正在沟通时，对方的脚已经指向别处，说明对方的注意力已经转移了，建议尽快结束此次沟通 12. 如果想求取对方同意，询问时可以微微点头，这种积极的信号会被对方接收，加大对方赞同的概率，这就是"镜像效应" 13. 如果对方情绪激动，可以与对方共情，安抚对方，如可以说"你说得对""这个工作确实不能用这个方法""我们试试其他方法"……你的说法得到对方的认同后，对方就会接受情绪暗示，最后回归平静
沟通反馈	1. 避免在对方情绪激动时反馈，尤其是双方的观点相悖时 2. 避免全盘否定性的反馈，要寻求共同点，采用"认同—反馈—期望"的"三明治"式沟通法效果更好 3. 向沟通对象明确表示你将考虑如何采取行动，让对方感觉到这种沟通有立竿见影的效果，以增加沟通对象对你的信任 4. 注意换位思考，站在沟通对象的立场上，针对沟通对象所需要的信息进行反馈 5. 反馈要明确、具体，若有不同的意见，要提供实例说明，避免发生正面冲突 6. 要把反馈的重点放在最重要的问题上，以确保沟通对象能接受和理解

通事达人

吴峰的沟通

　　吴峰在某 App 研发团队中负责 App 的测试工作。在经历了漫长的开发期后，App 终于开始测试了。但测试一直失败，App 的主要功能无法通过检测，吴峰检查了一天一夜，最后发现主要功能的底层接口换了，导致测试无法成功。

　　第二天，吴峰气冲冲地找到团队中负责研发的郑伟，责问他："你有点团队精神好不好？我昨天测了一天都无法上线，下班后我整整查了一夜，最后才发现你把接口换了，你就不能提前和我说一下吗？这次测试失败，你要负主要责任！"

郑伟一听就不高兴了，立刻翻出一封邮件："你自己看，前天下班前我就群发了邮件，告诉所有人接口更换的事情，测试失败是你的问题，跟我没关系。"

"每天这种邮件那么多，怎么可能看得过来。"吴峰不服气地说。"那别人是怎么看得过来的？而且我哪知道你看没看邮件，难道我发了邮件还要一一提醒查看吗？"郑伟也不示弱。

吴峰气呼呼地回到工位，冷静下来后又反复权衡这件事情，想来想去，觉得自己确实存在过错，不应该埋怨郑伟。郑伟一直以来和自己合作得都很愉快，而且下一步的测试还需要郑伟帮忙，这次发脾气确实不应该。于是午餐的时候，吴峰专门端着餐盘坐到了郑伟身边，向郑伟承认错误："不好意思，上午的事情是我的问题，我工作不够细致，App要上线了却总是出现问题，我有些着急，所以和你说话时语气比较冲，我在这给你道歉。咱俩是老朋友了，你可别往心里去啊。"郑伟听完也笑了："行了，知道你的脾气，我不往心里去，但你要改改脾气，别太急躁，之后有问题随时找我就行。"

在这个案例中，吴峰犯的是团队沟通时的常见错误，即在分析过错时往往忽略自己。幸好吴峰及时反思，很快意识到自己的错误，并主动道歉，从而及时化解了这场小危机，最终顺利地完成了测试工作。

7.3 下 行 沟 通

职场沟通之惑

冯刚学企业管理出身，毕业后加盟某知名饮品企业，工作半年后被提拔为业务部经理。

冯刚上任后，对业务部的工作流程进行梳理，发现销售网点的销售数据反馈周期较长，对生产、库存和财务管理都产生了不利影响。冯刚搜集资料、查阅信息、苦心钻研，设计了一份业务报表模板，从中可以看到销售网点的所有信息。经过测试完善后，冯刚召开专题会议，向业务员介绍了报表的功能、作用和填写规范，并要求业务员每日上报前一天所负责的网点的报表，然后由专人负责统计汇总。

此后每天早上，冯刚都能从销售网点的业务汇总表上查到所有的销售数据，并将数据分析结果反馈给生产、库存和财务部门，帮助兄弟部门提高了效率，降低了成本。冯刚很高兴，觉得工作开展得很有成效。

谁知才过去一周，库存主管向冯刚反映，说库存积压已经达到警戒线了。冯刚很诧异，因为从报表上看是不应该有库存的。一番调查后，事情搞清楚了，由于每天都要清点上报，工作量繁重，所以很多报表上的数据是业务员估测后填上的，并不完全真实。

冯刚针对此情况又召开了几次专题会议，反复强调报表要填写规范、数据要真实。但每次开会后没过几天就又变回原来的样子。冯刚感觉和业务员的沟通简直是对牛弹琴，毫无作用。

冯刚与业务员之间的沟通存在什么问题？如果你是冯刚，你会如何处理？

微课

下行沟通

下行沟通是指在组织内部，信息从组织较高层流向较低层的过程。下行沟通一般来说有指示、激励和评估等作用，沟通的形式包括规章制度宣示、备忘录、工作任务布置及下达指示等。

7.3.1　下行沟通的特点

在下行沟通中，领导者处于先发位置，承担信息传播者的角色，结合自身的领导职位，易形成操纵性、强制性、主动性的"强势沟通"特点。同时，下属受资历、经验、职位等因素影响，容易产生地位和心理等方面的沟通障碍，领导很难判断下属的真实想法。下行沟通的特点及对策如下表（表7-3-1）所示。

表7-3-1　下行沟通的特点及对策

下行沟通的优点		下行沟通的缺点
1. 将组织的工作路线、方针、政策及意图传递给下属，指导下属开展工作，明确其职责和权力 2. 将工作中存在的问题和要求传递给下属并与其协商解决，增强下属的归属感 3. 协调组织中各层级的工作和活动，增进各层级之间的纵向联系和了解		1. 信息在逐级传递中会发生搁置、误解、歪曲等情况，从而影响沟通效果 2. 长期使用下行沟通，容易形成"强权氛围"，影响士气 3. 长期使用下行沟通，下级会依赖上级，失去工作的进取心、积极性和创造力
沟通对策	1. 强化人格魅力，提高沟通效能 2. 升级沟通层面，密切情感交流 3. 改善沟通语言，清除沟通障碍	

7.3.2　传达反馈沟通

传达反馈是下行沟通的重要组成部分，是布置工作之外的其他的下行沟通形式的总称，也是我们常说的"上情下达"。在此类沟通中，如何缩短沟通链条，确保信息准确、高效的传递，是需要关注的重点。

在传达反馈沟通中，上级一方面要向下级传达组织的工作路线、方针、政策和战略意图，另一方面要从下级那里及时获得对传达内容的意见、建议和实施反馈，以便组织及时进行调整、完善工作方式。开展传达反馈沟通时需要注意策略和方法，具体如下表（表7-3-2）所示。

知识拓展

管理沟通
十大原理

表7-3-2 传达反馈沟通的策略及实施样例

策略与情境	实施样例
沟通策略	主要原则：信息要准，层级要少，时效第一，换位思考，注重调查，亲和力高 上级应使用亲和力强的语气，不宜采用生硬的命令式语气；给下属提问的时机，以确认下属对信息的理解是否到位；换位思考，从下属的立场和视角看待问题；对所要传达反馈的信息进行确认，避免理解偏差带来的信息失真；传达反馈的层级越少越好，以缩短沟通周期，程序型会议是优先选择；通过督导推动沟通对象就信息做出相应的反应，提高沟通效率；注意时效性，对信息及时传达反馈，尽量减少不必要的信息滞留时间，避免信息搁置
情境再现	程磊是某建筑公司招标部经理，招标部下设6个招标工作组，每组6~7人，设组长1人。上个月，程磊接到招标组组长黄超的电话，黄超在电话中汇报说他通过一些特殊渠道，获知某房地产开发商即将负责一个较大规模的商业住宅小区项目，项目将采用公开招标的方式进行。黄超分析公司中标把握较大，建议参与此次招标，于是打电话向程磊请示。程磊考虑到此类项目需垫付一定额度的资金，而公司目前的摊子铺得过大，资金回笼需要时间，与该项目可能存在时间冲突，具体情况还需要进一步找财务核实，所以程磊并没有立刻同意。但是程磊不愿打击下属的积极性，而且也确实存在资金可以周转的可能，所以程磊对黄超的申请不置可否，也没有给出明确的指示 黄超挂了电话后，误认为程磊的态度是一种默认，而且项目招标在即，需要准备的工作非常繁杂，所以黄超决定边开展准备工作边等程磊的进一步指示，以免因准备不足错失良机。随后，黄超组织小组人员投入了大量的人力、物力和精力进行投标准备，当准备基本完成时，程磊却打来电话说了最终决定——公司不参与此次招标，黄超当时就崩溃了 事后在部门工作会议上，程磊对此事件进行了通报，并批评黄超"擅自决策，缺乏组织纪律性，浪费组织资源"，黄超则反驳"自己第一时间进行汇报，而上级不够重视，没有表明态度，这是能力不足和逃避责任的表现"，双方随后就信息传递、角色定位、沟通方式、团队合作、认知角度等方面展开争论，最后不欢而散。受此事件影响，整个招标部的人际关系骤然紧张起来，众多员工持观望态度，无心工作，给公司的正常运营带来恶劣影响
情境分析	在此案例中，招标部经理程磊和组长黄超在沟通上都犯有较为严重的错误。因为黄超是上行沟通，不在本节的讨论范围之内，我们剖析程磊在下行沟通中的错误可得知 1.同理心不足导致消极倾听，当黄超向程磊请示工作时，程磊没有换位思考，对黄超工作的积极性和做事的决心认知不足 2.工作指示不清晰，导致黄超产生误判，给组织带来不必要的损失，也给上下级关系带来不必要的矛盾

续表

策略与情境	实施样例
情境分析	3. 批评方式不当，公开点名批评容易进一步激化矛盾，无益于问题的解决 4. 上情下达不到位，如果程磊较为明确地表示了公司的资金现状，黄超自然能判断出项目可行与否，也就避免了这种情况的发生
传达反馈沟通的要素	
沟通准备	1. 全面、准确、深刻地分析需要传达反馈的信息 2. 分析沟通对象的特征和沟通风格，选择恰当的沟通方式 3. 根据沟通对象的特征对沟通信息进行二次解读，帮助沟通对象准确地掌握沟通内容。需要注意的是，二次解读应该在沟通对象提出疑问后再进行 4. 事先告知沟通的主题和内容，让沟通对象也为沟通做好准备 5. 在与沟通对象交换意见的基础上，共同确立沟通的时间和地点
沟通方式	采用面对面沟通的方式，以"语言"为沟通载体
沟通技巧	1. 将"与下属沟通"列入管理目标 2. 对下属卓越的工作表现及时提出赞赏和表扬 3. 用轻松亲和的形式与下属沟通交流 4. 经常走访下属的工作场地，在下属的工位上与他们沟通 5. 以开放的心态倾听下属的意见，换位思考了解下属的想法 6. 与下属分享非机密的工作资料，并征求他们的意见 7. 从下属处获取他们传播的消息，并做调查跟进 8. 每次召开管理层会议后，都向下属传达有关信息 9. 经常询问下属：我是否已经把信息说清楚了 10. 经常询问下属：工作上需要我提供什么帮助 11. 经常询问下属：你觉得我们还存在哪些问题 12. 公开表扬、私下批评 13. 寻找每位下属的优点 14. 就某个传达反馈的信息，主动与下属沟通 15. 不要忽视性格内向的下属 16. 条件允许时，可以与下属共进午餐，借此机会建立彼此间的信任
沟通反馈	1. 以沟通对象的相关反应为反馈依据 2. 正面反应说明沟通顺畅、达到预期，可复盘沟通过程并摸索规律 3. 负面反应说明沟通出现偏差，需寻找偏差产生的原因，随后针对成因进行补救 4. 无反应说明后续的督导环节没有及时跟进，需加强督导，必要时通过行政手段加以激励

通事达人

杨经理的沟通

杨经理是某星级酒店的中餐部经理，这天他收到两份对中餐部服务员小李的投诉。在杨经理印象中，小李一直兢兢业业、勤奋踏实，现在出现被投诉的情况，批评是一定要批评的，但也需要了解情况才行。

杨经理把小李约到办公室，给她倒了杯水，开始了解情况："小李，我印象里你的工作一直完成得不错，以前也从来没被投诉过，但今天我收到了两份关于你的投诉，一份口头的，一份书面的，这不符合你的工作风格啊，是有什么原因吗？"

小李很委屈，说："我今天太倒霉了，中午我端着托盘送餐，路过8号桌时，被地毯的接缝绊了一下，差点摔倒，当时我惊叫了一声，8号桌客人不满意了，投诉了我；然后我把菜送到11号桌时，发现11号桌点错菜了，但11号桌客人不讲理，非说我记错了，我争辩了几句，客人就投诉了我。"

了解到详细的情况后，杨经理对小李说："好的，我一会就联系维修部，全面检查地毯接缝，这个错误不怪你。不过我还是要说，咱们奉行的是'顾客至上'的经营理念，顾客点错了菜，你可以通知我过去帮忙协调，但不能和顾客发生争执，这违背了咱们的经营理念。我相信你以后一定能处理好类似的问题，毕竟你还是很优秀的，你说呢？"

小李笑了笑说："是的，我知道了，以后一定不会再和客户起争执了，您放心。"

随后两周，杨经理持续观察了小李的工作状态，小李的表现很不错，情绪上也没有受到太大影响，看来沟通效果达到了预期目标。

7.3.3 工作布置沟通

高效、准确地布置工作是确保工作效率和工作效果的前提条件。开展工作布置沟通时需要注意策略和方法，具体如下表（表7-3-3）所示。

表7-3-3 工作布置的沟通策略及实施样例

策略与情境	实施样例
沟通策略	布置工作说标准——有工作，对应的就有考核，而考核要以工作要求为依据。布置工作的同时要明确工作要求，才能让下属明确如何开展工作、工作应该做到什么程度。要求不仅确立了规范，也划定了工作边界
情境再现	办公室郭主任喊来下属小李说："小李，现在有个任务需要你去完成，你去写一篇关于年会的宣传稿，发在我们的公众号里，给年底的年会预热。"小李说："没问题，我这就去写" 当天下午，郭主任在公众号上发现小李已经将写完的宣传稿发布出来了，郭主任心里不太高兴，心想："宣传稿是面向公司所有成员的，如果出了问题怎么办？这个小李办事不可靠啊，发布前怎么没让我审核一下"

策略与情境	实施样例
情境再现	郭主任打开公众号，认真查看起来，结果越看越不满，越看越生气，看完后直接给小李打电话质问："小李，你写的那个宣传稿是怎么回事？谁让你那样写的？宣传稿要展示公司的年度业绩和发展成就，要展示领导的顶层设计和员工的勤奋拼搏，要展示主管机构的指导和合作伙伴的支持，你看你写的什么？还有，现在都融媒体时代了，我不要求你做动画，但起码也要放几张图吧？通篇都是干巴巴的文字，谁愿意看？你来公司一年了，又不是新员工，这次是怎么回事？"
情境分析	从情境描述来看，小李固然有不妥，但郭主任在布置工作时也并没有讲清楚。我们可以设想下，如果郭主任在交代工作后，追问一下小李打算怎么写，然后提醒小李写完后要先让领导审核，然后才能发布，这个问题就不会发生了

工作布置沟通的要素	
沟通准备	1. 工作分析——衡量工作内容、复杂程度、可能遇到的特殊问题及预期成果 2. 人员评估——衡量下属对工作是否有足够的了解、是否有充足的时间完成工作、是否具备完成工作的能力、对该工作是否感兴趣，以及下属的培养价值 3. 拟定计划——拟定工作目标和完成标准，明确奖惩条件，设定完成的时间节点，规定监督和汇报制度，提供培训和支持，界定工作边界 4. 指派工作——布置工作可采用五步沟通法，具体见下文
沟通方式	采用会议沟通＋面对面沟通的方式，以"语言＋文字"为沟通载体
沟通技巧	布置工作的五步沟通法（图7-3-1） 01 清楚地告诉下属我们要做的工作是什么　02 让下属重复一遍工作的内容　03 做此项工作的目的和意义是什么 04 下属在哪些情况下可以自己做主，在哪些情况下需要请示领导　05 下属对这个工作有没有自己的思考或建议 图7-3-1 布置工作的五步沟通法 1. 交代工作——交代工作任务要精确、具体、唯一，如"小王，帮我把这份文件复印1份，下午2:30时把复印件送给张经理，原件带回"就是一个正确的工作布置的方式 2. 复述一遍——通过此步骤可以及时发现信息传递是否有偏差，进而及时调整 3. 告知目的——复述后请下属针阐述该工作的目的和意义，通过此步骤可以及时发现信息传递是否有偏差，进而及时调整 4. 明确边界——询问后请下属阐述该工作哪些可以自行决定、哪些需要请示后实施，通过此步骤可以明确工作边界，为合理授权奠定基础 5. 找更优解——明确边界后请下属考虑是否有更好的方法或更合理的建议可以完善该工作，通过此步骤可以激发下属的工作积极性，提高其参与度，促使其寻求更优解来解决问题

续表

	工作布置沟通的要素
沟通反馈	1. 对下属的常规性工作宜要求按时反馈，可采用信息化手段提高反馈效率、降低反馈成本 2. 对下属的非常规性工作宜要求随时反馈，不限制反馈时间和反馈手段

互动园地

知识拓展

测试题

沟通游戏：你说我猜

参加人员：所有成员。

游戏道具：A4 纸、马克笔若干。

游戏规则：

1. 每轮游戏分 3 个小组，每组 2 人。游戏限时 2 分钟。

2. 每组有 1 人查看词语后，用肢体语言或口述语言对词语进行表述，但不得说出词语或词语中涉及的任何文字，另 1 人根据伙伴传递的信息猜测词语。

3. 小组自行决定分工，游戏可视情况开展多轮，游戏期间观众不得提醒。

成语示例：

第一组：闻鸡起舞、手舞足蹈、掩耳盗铃。

第二组：狗急跳墙、东张西望、抓耳挠腮。

第三组：悬梁刺股、拳打脚踢、东倒西歪。

指导反思：对比观察 3 个小组的游戏结果，进而反思肢体语言和口述语言之间的巨大差异，进一步明确面对面沟通的必要性和重要性。

学以致用

一次深入的沟通

【任务背景】

王芳的主管经理是一位专业技术型领导，在本行业深耕细作 20 余年，经验丰富，做事细致认真，非常注重细节，在布置工作的时候，会要求下属将工作方向、思路、流程、标准和方法一一落实到位。

随着工作经验的丰富，王芳认为开展工作时束缚太多，没有创新空间。这次经理让王芳撰写一份营销方案，并给出了思路和要求，王芳恰好对这个领域有一些新的看法，于是就没有完全按照经理提供的思路写，而是做了部分创新。王芳提交方案的时候向经理解释说，按照她的思路实施，可以更快、更好地完成营销工作。经理对王芳的方案不置可否，但在第二天的晨会上就此事提出了批评，认为王芳不按指示办事。

经理虽然没有点名，但实际上就是在表达对王芳的不满，王芳的工作积极性大大受挫，并且愤懑不平，但考虑到公司的待遇还不错，而且目前也缺乏调岗的机会，王芳决定与经理进行一次深入的沟通，希望获得较为宽松的工作环境，以发挥自己的创造性。

【任务目标】

请根据所学知识对任务进行分析，就王芳与经理即将开展的深入沟通拟定沟通策略、设计沟通实施的要素，并通过此过程融会贯通所学知识，提升换位思考的能力和团队合作意识。

【任务描述】

4个人为一组实施任务并撰写任务报告，小组设组长1名，负责任务分工和统筹协调；报告内容由沟通策略、沟通准备、沟通方式、沟通技巧和沟通反馈五部分组成。

【任务考评】

任务考评成绩表

"一次深入的沟通" 任务评价单			
教师填写	任务评价		
	沟通策略：	□优 □良 □合格 □不合格	
	沟通准备：	□优 □良 □合格 □不合格	
	沟通方式：	□优 □良 □合格 □不合格	
	沟通技巧：	□优 □良 □合格 □不合格	
	沟通反馈：	□优 □良 □合格 □不合格	
教师评价	打分对象	分值	备注
	组长：		
	小组：		
小组互评	打分对象	分值	备注
	小组：		

续表

组长填写	教学反馈			
	素质获得感：	□满意	□一般	□不满意
	知识获得感：	□满意	□一般	□不满意
	技能获得感：	□满意	□一般	□不满意
	教学满意度：	□满意	□一般	□不满意
	意见建议			

注：任务评价采用百分制，教师打分与小组互评的权重比为 6∶4（小组得分 = 教师打分 ×60%+ 小组互评 ×40%），小组得分即为小组成员得分。

08

专题八

因地制宜　执两用中

——不同职场情境的策略实施

沟通是打开职业大门的必经之路。通过沟通，我们可以了解企业、了解行业、了解同事、了解客户。通过沟通，我们可以被企业认识并认可，并在企业和社会中成长与发展。可以说，沟通是联通个人与社会的桥梁，是体现个人价值的重要方式。

本专题遵从职业发展的脉络，从毕业求职到初入职场，再到职场中的客户沟通困境及职业发展中的关键阶段，介绍不同情境下的沟通技巧，以帮助同学们更加积极地应对职场中的每一次挑战，用恰当的沟通策略获得成功的职业生涯。

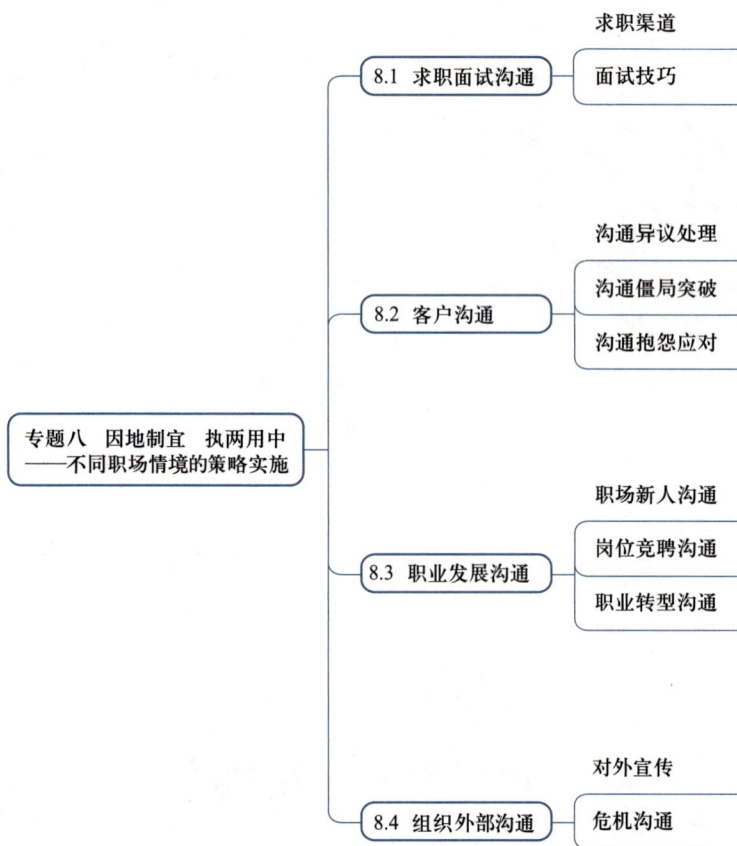

```
                                                          求职渠道
                          ┌─ 8.1 求职面试沟通 ─┤
                          │                     面试技巧
                          │
                          │                     沟通异议处理
                          │                     沟通僵局突破
                          ├─ 8.2 客户沟通 ──────┤
                          │                     沟通抱怨应对
专题八　因地制宜　执两用中 ─┤
——不同职场情境的策略实施     │                     职场新人沟通
                          │                     岗位竞聘沟通
                          ├─ 8.3 职业发展沟通 ──┤
                          │                     职业转型沟通
                          │
                          │                     对外宣传
                          └─ 8.4 组织外部沟通 ──┤
                                                危机沟通
```

学习目标

　　1. 素养目标：培养理性的职业思维，形成正确的职业理念，养成积极的职业发展观。

　　2. 知识目标：了解客户沟通中的难点，了解求职的有效渠道，掌握沟通的类型和功能。

　　3. 能力目标：能利用有效渠道寻找求职信息，能处理职场沟通中的外部沟通问题和职业发展问题。

重点与难点

　　1. 重点：掌握职场沟通中不同阶段的原则与方法。

　　2. 难点：当与不同类型的服务对象遇到沟通困难时，能根据具体情况妥善地做出处理。

8.1 求职面试沟通

职场沟通之惑

在校期间，小强不太喜欢自己所学的专业，甚至还出现了挂科。临近毕业求职时，小强突然萌生了当游戏策划的想法，于是就开始在各类招聘平台上应聘游戏策划的岗位。

在经历了几次失败的面试后，小强退而求其次找到了一份游戏推广的工作。但他依然对游戏策划的岗位念念不忘，于是他报名参加了昂贵的游戏策划培训。但当小强在这方面投入了很多资金和精力之后，他又发现游戏策划并不是自己真正想要的工作。于是，他又一次改变了职业规划，在网上报名学习原画设计方面的课程。

在他短短的职业生涯中，他已经从事过游戏推广、游戏代练、游戏主题店服务生、VR游戏体验馆服务生等多个岗位，他甚至还从事了房地产销售等其他行业的工作。而现在，小强依旧对自己的工作不满意，他变得越来越迷茫，也越来越痛苦。

结合小强的案例，你认为小强为什么没有达成自己的职业目标？他在求职的过程中犯了哪些错误？如果你是小强，你会怎么规划自己的职业生涯呢？

8.1.1 求职渠道

对于每一个即将离开校园、融入社会的年轻人来说，找工作是人生中的一个重要转折点。现在求职竞争越来越激烈，想要找到一份适合自己的工作，并不是一件简单容易的事情。除了具备专业的知识和技能之外，畅通、准确的求职渠道也是求职成功的重要前提。目前可以利用的求职渠道主要有以下五种。

微 课

求职有道

1. 内部推荐

内部推荐适用于那些有人脉关系的求职者。如果有亲戚、朋友在比较好的企业就业，求职者可以请他们帮忙牵线搭桥，推荐你去应聘。所以，如果你要求职，可以先在亲友圈中咨询相关信息，如果亲友所在的企业有职位空缺，很可能就会推荐给你。由于稳定性较强，内部推荐的通过率一般也会比较高。

对于求职者来说，通过亲友的介绍能够对应聘企业有比较深入和全面的了解；对企业来说，内部推荐节约了招聘成本，这对供求双方来说是"双赢"。

2. 企业实习留任

大学期间总有机会到一些单位实习，如果你表现优秀，实习单位会主动将你纳入门下。值得注意的是，这种方式对实习生的综合素质要求较高，如果没有突出的表现，想要留任是比较困难的。这就要求同学们在进入职场之前，培养好职业素养和职业能力，能够在职场中迅速找到自己的定位，展现自我价值。

3. 校园招聘

校园招聘是一种特殊的外部招聘途径，是指招聘企业直接从学校招聘应届毕业生。校园招聘的形式有大规模的招聘会，也有个别企业举办的宣讲会或双选会。

来参加校园招聘的企业多经过学校筛选，一般会在五六月份到校内进行集中招聘。校园招聘的优势在于：① 安全有保障；② 可以尝试应聘其他专业所对应的岗位，招聘时可以选择的范围更大。劣势则是：① 各个岗位的求职人数增加，相较于专业内部招聘，被录用的概率较低；② 企业不会提供太高的薪酬。

同学们可以在学校的官网中看到宣讲会、双选会的信息。校园宣讲会是企事业单位在校园举办与招聘相关的主题讲座，同学们可以通过宣讲会了解相关组织、团体或企业的情况、价值观、人力资源政策、校园招聘的程序和职位介绍等信息。建议大二的同学也积极参加宣讲会，有可能找到实习的岗位，为正式就业积累宝贵的经验。

4. 网上求职

当前越来越多的求职者喜欢通过网络寻找工作，无论是传统的招聘网站还是手机版的招聘 App，都带有浓郁的信息时代的色彩。对于求职者来说，网络招聘的优势非常明显：费用少、成本低，没有时间和空间的限制，联系方便快捷等。

从企业官网的招聘页面中获取招聘信息是网络求职的首选。有一定实力的企业都有专职员工维护官网，招聘信息也会快速更新。官网招聘一般会通过企业邮箱接收简历，从官方网站投递过来的简历，HR 大概率会第一时间看到（图 8-1-1）。

图 8-1-1　网络招聘

智联招聘、BOSS 直聘等专业的招聘网站，由于其专注于招聘领域，现已成为很多企业和求职者的首选。这些大的招聘平台所登记的招聘信息对学历、工作经验等要求相对较高，企业在大的招聘平台上提供的薪金也相对较高，而且平台上优质的大中型企业也比较多。

大多地方性的综合门户网站也会设置招聘页面，此类招聘页面提供的信息多是面对大众人群的，一般对求职者的要求比较低，支付的薪水也会偏低；而且提供的岗位以临时工居多，企业规模以小微企业为主。

近几年，由于手机招聘 App 的兴起，以及基于互联网的新型招聘模式的市场需求增加，智联招聘、BOSS 直聘等垂直类的招聘网站越来越受欢迎。这种搜索类招聘网站主要是利用爬虫程序，到其他招聘网站搜集职位，或与其他用人企业合作，帮助求职者更有效地搜索与自身条件相匹配的职位信息，特别是互联网等新兴行业的相关岗位在这一类网站中资源是非常丰富的。

此外，大中型企业一般都有公众号。想要谋求该企业的相关岗位，可以直接去公众号里看招聘要求。

5. 人才市场招聘

每个城市都有人才市场，人才市场会定期举办不同类型的招聘会（图 8-1-2）。每到毕业季，人才市场都会举办大中专毕业生专场招聘会。这种招聘会的规模一般比较大，很多大中型公司都会出现在招聘会上。毕业生可以直接与该公司的人力资源部经理面对面沟通，从而达成雇佣意向。

图 8-1-2　人才招聘会

此外，地方性的人才市场也会不定期地举办针对不同行业的招聘会。这些招聘会的信息和参加招聘会的要求会提前发布在人才市场的官网上，这也是值得关注的求职渠道之一。

需要特别提醒同学们注意的是，大家在找实习或者工作岗位的时候，要谨防上当受骗。一些不太正规的中介会以虚假的招聘信息骗取求职者的钱财。还有一些传销组织会通过同学、朋友甚至亲人，以给你介绍工作，或者邀请你一起创业为由，用优厚的待遇诱骗求职者入局。所以，在求职过程中，一方面要通过正规的求职渠道来获取招聘信息，另一方面也要理性判断招聘信息的真实性。请同学们谨记：只有勤劳和能力才能致富，天上不会掉馅饼！

8.1.2　面试技巧

面试的过程是求职者与用人单位互相了解的过程，也是关乎求职者能否最终被企业选中的重要沟通环节。面试题目一般会分成两种：一种与工作相关，考察求职者的真实情况；另一种与情境相关，考察求职者的综合素质。这些题目通常没有标准答案，但可以很好地体现求职者的思维方式、性格特点，如知识面是否广泛、是否有合作精神、是否愿意倾听和沟通、是否有较强的抗压能力等。

这个沟通环节的时长通常很短，求职者要想在较短的时间内成功推销自己，充分的事前准备、灵活的临场应变能力与积极的心态是关键因素。

1. 知己知彼，有备而来

面试前要了解潜在雇主的基本信息，尽量为其量身定做答案。求职者应尽可能多地了解公司的历史、现状、企业文化、管理风格、客户市场，以及将来可能担任的工作，这样有针对性地进行准备才能做到游刃有余。总之，要清楚招聘公司的需求，表现出自己对公司的价值，有针对性地展现自己的能力。

提前准备一份"完美"的自我介绍。整场面试就像是与面试官对弈的过程，而自我介绍就是求职者排兵布阵的最好工具。求职者所说的内容会影响面试官的问题走向，所以自我介绍时要适当展示自己的亮点，注意扬长避短。

2. 注重仪表，体现修养

面试时一定要注重社交礼仪。要先敲门，关门后鞠躬、问好，然后走到位置前，待面试官讲"请坐"后道谢坐下，面带微笑地环视面试官。

面试时，建议求职者穿着得体大方的职业装，保持自然的仪态。注意身体语言，尽量显得精神、有活力、全神贯注。尽量避免影响形象的小动作，如东张西望，打呵欠或用手指人等。说话时注意语速不要过快，音量要大小适中，另外在与面试官交流时眼神要坚定、自信、不躲闪。

面试结束后不要忘记再次感谢面试官及公司给自己机会，把椅子推回原处，关门前鞠躬，再次表示感谢，最后随手关门。

3. 集中精神，做好笔记

在面试官发布题目的时候一定要集中注意力，如果担心有遗忘，那么可以边听边记录。遗漏题目或者没有按照要求做的求职者可能会被面试官认为理解力差、准备不足，而做记录的行为还会让面试官觉得你做事认真、有条理，从而增加印象分。

4. 谨慎开口，三思后答

面试时，面试官经常采用的一个策略就是尽量让求职者多讲话，目的在于多了

知识拓展

怎样制作简历

解一些求职者在书面材料中没有反映的情况。

求职者在面试时，一定要思考之后谨慎回答，如果已经回答完毕，就告诉面试官已经回答完毕。对于求职经验不是太丰富的大学生来说，多讲话的策略并不可取。在回答问题时，求职者应该紧扣主题，不要主动讲一些无关的话题。

在第一次面试时，建议不要主动询问与薪资相关问题。当面试官询问你对薪资的要求时，在不知道市场平均薪资的前提下，建议不要给出具体的金额，回答可以模糊一些。如果是应届毕业生，建议不要给出与市场平均薪资差异较大的数额。

5. 留足余地，全面思考

面试时，面试官可能会问一些比较发散的问题，这就需要求职者从多个角度来阐述。这些问题中可能有"圈套"，需要求职者灵活解读、恰当表述。听到问题后，千万不要一开始就把话讲死，否则很容易将自己置于尴尬境地或陷入"圈套"之中。

6. 沉着冷静，随机应变

面试时，面试官可能会提出一些令求职者意想不到的问题，目的是考察求职者的应变能力。有时，求职者也会遇到一些超出自己认知范围的难题，这时你需要稳定情绪、不要慌张，因为这些难题对每一位求职者来说都不容易。如果通过思考能够回答，就谨慎回答。如果真的不清楚答案，就坦诚地告诉面试官，这个问题你暂时无法回答，但是会在面试结束后寻找资料学习相关知识。

通事达人

"请坐下来谈"

一家大公司招聘办公室助理，在好几家招聘网站上刊登了广告。由于此岗位的职业发展前景和薪酬待遇均具有一定的诱惑力，有数十人报名参加初试，其中不乏硕士生和许多有工作经验的人。

初试之后，又经过了两轮考核，最后确定通知 3 个人参加最后一轮面试。

最后的面试由总经理亲自把关。面试的屋子是临时腾出来的，设在人力资源部的一间小办公室里。面试开始前，人力专员发现室内少了一把供求职者坐下来跟总经理交谈的椅子，他正要到隔壁办公室去拿一把，总经理挥手制止了他："别去了，就这样吧。"

第一位求职者进来后，总经理对他说的第一句话是："你好，请坐。"他看着自己周围，发现并没有椅子，他有些茫然和尴尬，略做思索，他谦卑地笑着说："没关系，我就站着吧。"

接下来轮到第二位求职者，总经理依旧请他坐下，他环顾左右，发现并没有可供自己坐的椅子，也是一脸谦卑地笑："不用了不用了，我就站着吧。"

总经理微笑着说："还是坐下来谈吧！"

求职者很茫然，回头看了看身后，"可是……"

总经理似乎恍然大悟，说："啊，请原谅我们工作上的疏忽。不好意思，我马上叫人来帮你搬一把椅子。"

最后，第三位求职者进来了。总经理的第一句话仍然是："你好，请坐。"

她看着周围没有椅子，愣了一下，立即微笑着请示总经理："您好，我可以去搬一把椅子进来吗？"

总经理温和地说："当然可以。"

于是她到外面搬了一把椅子坐了下来，和总经理有礼有节地完成了后面的谈话。

这一轮面试结束后，总经理留用了最后一位求职者。不慌不忙，可以灵活地处理领导的要求，创造条件、解决问题，这正是第三位求职者获得工作机会的原因。

7. 突出优势，展现技能

营销自己十分重要，包括你的技术水平、综合能力和性格特点等。对于企业来说，你的综合能力和个人性格很重要。展示你的专业技术技能和与人沟通的能力；谈谈你性格中的积极方面，并结合例子告诉对方你在具体工作中会怎么做。大多数面试官都希望找一位有能力、性格好、能够快速融入团体之中的人，所以求职者应通过强调自己的优势来说服对方。

8. 知错能改，勇于承担

在面试中，你可能会被问到"你的缺点有哪些""你曾经犯过什么样的错误"之类的问题。碰到这种问题，不要害怕承认错误，面试官希望知道你犯过什么错误，以及你有哪些不足，但要注意巧妙地回答。例如，在谈及出现过什么差错时，还要重点指出自己是怎么补救的。

9. 把握时间，做好预演

面试前可以先对着镜子多练习，最好预演一下整个面试的过程，模拟你会被提问的各种问题和答案，即使你不能猜出所有可能被问到的问题，但思考的过程会缓解你的压力，而且在面试时做到心里有底。在预演时，要确保自己放松自然，记住沉着、稳重的人才是最容易在职场上获得认可的。

在预演时，建议记录一下时间，特别是开场的自我介绍。不管是自我介绍还是后面的问答环节，建议用精简的语言来表达自己的想法。自我介绍的时间太短，面试官就没有时间看完简历，并对你产生经历不丰富的印象；回答问题的时间太短，会让面试官觉得你思考得太少；若表述的时间太长，会让面试官认为你抓不住重点、表达能力欠佳，甚至打断你，可能会影响到你接下来的表现。

8.2 客户沟通

在一家大型商场里，一个化妆品专柜正在举办促销活动，销售员正在为客户讲解化妆品的使用知识。突然，一个戴着墨镜和帽子的女孩气冲冲地走了过来，大喊着要退货，小丽看到后马上走了过去。

小丽问："小姐您好，请问我有什么能够帮助您的吗？"

客户气冲冲地说："给我退货吧，你们卖的是什么产品？简直是在害人！"

小丽回应道："小姐，您怎么这样说话呢？"

客户边摘墨镜边说："我这么说话是客气的，你看看你们的产品快把我的脸弄毁容了。赶紧给我退货！"

小丽也很不高兴，说："使用我们的产品几乎不会出现过敏反应，可能是您使用其他产品导致的吧。"

客户："你们还想推卸责任，用你们的产品之前我的脸一直是好好的，不是你们的产品造成的还是我自己故意弄的不成？我要求马上退货！"

这时，该专柜周围已经围了不少人，听说使用该产品后可能会过敏，不少准备购买的人都纷纷放下了手中的产品。

如果你是小丽，你该怎么与这位顾客沟通呢？

8.2.1 沟通异议处理

无论是在日常沟通中，还是在商务沟通中，产生异议都是不可避免的事情。

有异议其实是一种积极的沟通现象，正是因为客户对产品或服务有兴趣，但同时又有疑问才会产生异议。如果客户对产品或服务压根没有兴趣，就更谈不上有异议了，所以异议是必然的。处理异议是与客户沟通、传递有效信息的重要时刻，也是赢得客户信任和认可的关键时刻。

在与客户沟通时产生异议的原因大致有两大类。

一类是由理智原因产生的异议。如产品或服务本身并不适合客户的需求、有的产品或服务超出了客户的支付能力、客户对产品或服务有某些误解等。

另一类是由情感原因产生的异议。如产品或服务与客户的身份象征不相符；或客户对某个服务人员不信任；又或是对其他产品或服务产生了好感，那么对同类产品或服务就会产生情感上的排斥等，不一而足。

产生异议后，客户会有一些表现在口头或身体上的阻碍沟通的行为。这里介绍一些处理异议的技巧，帮助你在面对客户的异议时更有自信。

1. 搁置法

所谓"搁置法"，顾名思义，就是当客户提出一些反对意见，但并不是真的想要解决问题时，如果这些意见和眼前的目的没有直接关系，那么可以把这些反对意见"搁置"在一边，面带笑容地点头就好了。

有些客户在购买产品或服务时，习惯审视、点评，或者单纯地想表现自己的看法很高明。若是你认真处理这类意见，不但费时费力，还有可能节外生枝。此时可以采用搁置法，只要让客户满足了表达的欲望，就可以迅速地引开话题。

例如，某日化企业的销售人员拜访经销商时，老板一见到他就抱怨："你们这次日化的广告为什么不找 ×× 拍？如果找 ×× 的话，我保证早就向你再进货了。"碰到诸如此类的异议时，销售人员其实不用详细地解释为何不找 ×× 拍广告，因为经销商的真正异议恐怕还在别处，销售人员只需面带笑容、附和他就好。

搁置法的常用的方法或说法有：

① 微笑点头。
②"您真是懂行！"
③"嗯！真是高见！"
④"针对观点……，我是认可的……"
⑤"我同意……"

2. 补偿法

当客户提出的异议有事实依据时，你应该承认并欣然接受，强力否认事实是不明智的。这时候，要给客户一些补偿，让他们获得心理平衡，同时也让他感觉公司非常重视客户的感受与想法。

世界上没有十全十美的产品或服务，产品的质量、性能、外观、价格等都可能影响顾客的选择，不可能符合每一位顾客的预期。当然，顾客希望产品的优点越多越好，但真正影响客户购买与否的关键因素并不多，补偿法能有效地弥补产品本身的弱点。

补偿法的运用范围非常广泛，效果也比较好。例如，购买衣服时，库房没有未拆封的新品了，只有挂在外面的试穿款，此时客户有些犹豫，销售人员就可以说："这款衣服确实比较热销，仅剩一件了，但这件刚挂在外面没多久，您买回家后可以先洗一下，这样吧，我送您一瓶衣物护理液，您看怎么样？"

3. 反转法

当客户提出某些不购买的原因时，如果营销人员能立即将客户的反对意见，转换成需要购买的理由，立刻回复说："我恰恰认为这是应该购买的理由！"并有理有据地进行解释，则会收到事半功倍的效果。

例如，客户说："收入少，没有钱买保险。"保险销售人员可以说："就是因为收入少，才更需要购买保险，以获得额外保障。"再如，当顾客选购汽车嫌弃车身过短时，销售人员就可以告诉顾客："车身短能让您停车非常方便，尤其是在室外停车且车技不熟练时，这款车的优势就显现出来了。"

反转法能处理的异议多半是客户并不十分坚持的异议，主要是客户为拒绝产品或服务而找的一些借口。反转法的主要目的是让销售人员能借处理异议的时机陈述产品或服务带给客户的利益，以引起客户的注意。

4. 询问法

通过询问，员工可以把握客户真正的异议点。在没有确认客户质疑的中心及重点前，员工直接做出回应，往往会引出更多的异议。

在与客户沟通的过程中，员工不能过于自信，认为自己能猜出客户为什么会这样或为什么会那样，而是应该让客户自己说出为什么对产品或服务产生异议。

当员工提问为什么的时候，客户就必须回答自己提出反对意见的理由，说出自己的想法，此时客户就需要检视他提出的反对意见是否妥当。同时，员工也能听到客户真实的反对原因，并明确地把握住反对的关键点，他也能有较多的时间思考如何处理客户的异议。

询问法的常用说法有：

① "这是个好问题……"

② "您能说得更具体一点吗？"

③ "您能举个例子吗？"

④ "您有什么更好的想法或建议吗？"

5. 同理法

一般情况下，当自己的意见被别人直接反驳时，内心总会不痛快，甚至会被激怒。所以当顾客被一位陌生的员工正面反驳时，心情可想而知。

屡次正面反驳客户，会让客户恼羞成怒，就算你说得都对，也没有恶意，还是会引起客户的反感。因此，员工最好不要对客户提出的异议直接提出反对意见。客户提出自己的观点肯定是有原因的，先认可对方提出异议的合理性，是解决异议的关键。在表达不同意见时，尽量使用"是的……如果""我理解您的感受……过去我（或其他人）也有相同（或类似）的体验，但后来发现……""我知道您想……然而……您认为呢？"等类似的表述，软化表述语气。用"是的""我理解""我知道"同意客户的部分意见，理解客户的感受；用"如果""但""然而"来表达顾客没有考虑到的另外一种状况，使顾客更容易接受不同的信息。

请比较下面 AB 两种表述：

A："您根本没了解我的想法，真实的状况是这样的……"

B："在一般情况下，您说的没有问题，不过情况是这样……您看我们是不是应该……"

A："您的想法不正确，因为……"

B："您有这样的想法很正常，当我第一次听到时，我的想法和您一样，可是如果进一步了解后会发现……"

用 B 方式来表达不同的意见，这样更容易让客户接受。

6. 直接反驳法

在对同理法的说明中，强调应避免直接反驳客户，但有些情况员工必须直接反驳以纠正客户不正确的观点。例如，客户对你的服务、企业的诚信有所怀疑时，客户引用的资料不正确时。出现上述两种状况时，员工可以直接反驳。因为客户如果对你个人的服务或企业的诚信有所怀疑，那么销售成功的机会就非常渺茫。如果客户引用的资料不正确，而你能以正确的资料佐证你的说法，客户会很容易接受，也会对你更信任。

使用直接反驳法时，在遣词用语方面要特别注意。态度要友好诚恳，语气要平和坚定，对事不对人，切勿伤害客户的自尊心，要让客户感受到你的专业与敬业。

技巧能帮助你提高效率，但对异议秉持正确的态度，才能使你面对客户的异议时保持冷静和淡定；只有冷静和淡定才能仔细倾听客户的诉求，才能从客户的异议中辨别真伪；明确客户真正的需求，才能把异议转换成机会。因此，要想处理好异议，除了要练习沟通技巧之外，保持积极正确的心态同样重要。

8.2.2　沟通僵局突破

僵局，是指僵持不让或困窘的局面。在职场中，沟通僵局多出现在初次合作的商业伙伴之间，由于沟通双方代表不同的利益组织，初次合作，彼此又不熟悉，从而导致沟通容易陷入僵局。

沟通出现僵局，会使沟通双方陷入一筹莫展的境地，影响办事效率。特别是在商务谈判中，僵局往往会挫败谈判人员的自信心，影响合作协议的达成。因此，如果双方都有合作的诚意，应尽力避免僵局的出现。

但是，有一点必须要明确，就是沟通陷入僵局并不代表沟通失败。要想突破僵局，不仅要明确分歧产生的原因，还要借助一些技巧来帮助沟通双方摆脱僵局。

1. 客观对待

在沟通陷入僵局时，人们会不自觉地脱离客观现实，盲目地坚持己方的主观立场。因此，为有效克服困难、打破僵局，首先要从客观的角度来审视问题。

在沟通时，尽管双方在主要方面有共同利益，但在一些具体问题上一定存在着利益冲突，通常双方都不肯轻易让步，由此引发的矛盾积累到一定程度时便形成了僵局。如果沟通双方固执己见，就不容易找到满足双方利益的方案，更难打破僵局。此时，应建立一项客观的、双方都认为是公平的标准，建立既不损害任何一方的颜面，又易于实行的办事原则和程序，这样才能使沟通回到正轨。

2. 换位思考

沟通双方实现有效沟通的重要方式之一就是要换位思考，从对方的角度来观察、思考问题，这有助于打破僵局。

当僵局出现时，可以从对方的角度审视己方的想法或条件是否合理、是否有利于双方的长期合作。事实证明，如果善于用对方思考问题的方式对己方的观点进行分析，会获得更多的思路。站在对方的角度思考问题，一方面可以在沟通中以通情达理的口吻表达己方的观点，另一方面也可以从对方的角度提出解决僵局的方案，这样容易被对方接受，使沟通顺利进行。

3. 替代方案

在商务沟通时，往往存在着多个可以满足双方利益的方案，沟通双方经常简单地采用某一方案，而当这种方案不能被双方同时接受时，僵局就会形成。

事实上，不论是国际商务沟通，还是国内业务合作，双方存在分歧非常正常。这时，谁能创造性地提出可供选择的其他方案，谁就能掌握沟通中的主动权。这种替代方案既能有效地维护自身的利益，又能兼顾对方的利益。在沟通中，能够提出更多的对彼此有利的方案，往往会使沟通顺利进行。

4. 据理力争

如果僵局的出现是对方提出的不合理要求所致，特别是对方在一些原则性问题上蛮横无理时，己方必须做出明确且坚决的反应。因为这时任何替代方案都将意味着妥协，而且这样做只会让对方在日后更加得寸进尺，对己方造成损失。因此，必要时应据理力争，让对方知难而退，并使对方做出相应的让步，从而打破僵局。

5. 搁置分歧

沟通有时之所以出现僵局，是因为双方僵持在某个问题上。这时，可以把这个问题暂时搁置，磋商其他条款。例如，双方在价格问题上一直僵持不下时，可以先跳过价格的问题，洽谈其他条款，等其他问题基本确定后再商讨价格的问题。这种方式可以暂时转移对方的视线，在合适的节点对搁置的问题进行进一步的沟通。

6. 暂停沟通

暂停沟通策略是沟通人员为控制、调节沟通进程，缓和沟通气氛，打破沟通僵局而经常采用的一种基本策略。沟通出现僵局时，双方情绪会比较激动、紧张，会谈一时难以取得进展。这时征得双方的同意，可以暂停沟通，休息缓和一段时间。双方可以利用休息时间冷静思考己方的处境和形势，思考争议问题，召集各自的成员集体商讨具体的解决办法。当双方按照预定的时间、地点再次进行沟通时，或许会对原来的观点提出修正意见，以此打破僵局。

7. 改变环境

如果做了很大努力，采取了多种办法、措施，仍无法打破沟通僵局，这时可以考虑改变沟通环境。

在正式的工作场所进行会谈往往容易形成紧张、严肃的气氛。当双方就某一问题发生争执、互不相让时，这种环境更容易使人产生压抑、沉闷的感觉。在这种情况下，可以暂停会谈，进行游览、参观、出席宴会等活动，在相对轻松愉快的环境中放松心情。更重要的是，通过休息、私下接触，双方可以进一步了解、熟悉，消除彼此之间的隔阂，也可就僵持问题继续交换意见，把严肃的问题放在轻松、活泼的环境中讨论，会更容易达成共识。

8. 有效退让

当沟通双方对某一方面的利益分配僵持不下时，一个成熟的沟通者会选择在某些问题上稍做让步，而在另一方面去争取更好的条件。

在商务沟通中，当沟通陷入僵局时，在对双方利益均没有带来损害的前提下，应以灵活的方式在某些方面采取退让的策略，进而换取另一方面的获益。例如，如果商品购买者在价格上做出了退让，就可以在售后服务上提出更高的要求。

沟通有道

用真诚和耐心化解僵局

某单位想更换一批新电脑，经过招标，某公司入围，该公司的销售员便来与单位负责人商讨交易事宜，但是双方在价格问题上一直无法达成统一意见。然而，销售员并没有轻易放弃，而是耐心地跟客户解释。

销售员说："王先生，您平时品茶吗？喜欢喝铁观音还是普洱？茶叶或许越陈越好，但是电子产品可不一样，更新得很快。可能您觉得我们的产品有些贵，但是这个价格在市场上已经是非常便宜了，这些电脑都是有市场报价的，你可以查询。"

负责人想了想，说："每台再降200元吧，公司的预算确实有限。"

销售员回答道："我们每台单价的降价幅度是不能超过100元的，说实话，对于那些合作多年的企业，我们也始终没有超过这个范围。这样吧，我们各退一步，我按照最大优惠，每台降价100元，您也多理解，我不能破坏公司的规定，您看可以吗？

负责人看到对方已经作出了让步，价格也可以接受，便同意签署订购合同。

在这个案例中，销售员明白，即使谈判陷入僵局，但只要销售还具备成交的可能，就务必留住客户。如果不肯让步，说出"就这个价，你不买算了"这种态度坚决的话，那么交易大概率会失败。因此，在沟通僵持不下的时候，仍要保持真诚友好的态度，不能和对方产生冲突，在不损害主要利益的前提下可以适当让步，这样才能确保沟通在一个良好的氛围下继续进行，并最终达成合作。

8.2.3 沟通抱怨应对

在工作中，员工会和各种类型的客户进行沟通和交易。客户对产品或服务有负面反馈是一件非常正常的事情，我们通常把这种负面反馈称之为"抱怨"。而客户的抱怨对于企业来说有着至关重要的意义，有时甚至会对企业的生存和发展产生重要的影响。

知识拓展

如何改变生活中抱怨的习惯

首先，一位抱怨的客户可能代表着一个庞大的不满意用户群体。一般来说，投诉的成本比较高，通常会经历一个漫长的等待过程，所以有些客户不愿意走投诉渠道，他们会自认倒霉，然后在评价页面直抒不满并给出差评，之后也不会再购买此产品或服务。据统计，一个抱怨的顾客背后至少站着 25 个不满意的顾客。所以，如果你服务了 100 个顾客，只收到了 1 个顾客的投诉，你就想当然地认为你的产品或服务满意率高达 99%，这种算法是不准确的。

其次，客户的抱怨既意味着产品或服务没有满足他的需求，也代表着客户仍对产品经营者有期待，希望能够提高产品性能和服务水平。不要认为用户不抱怨就意味着用户满意率 100%，100% 的东西是不存在的。有研究发现，提出抱怨的客户，如果问题获得圆满解决，其忠诚度会比从来没有反馈过问题的顾客要高。因此，客户的抱怨并不可怕，可怕的是不能有效化解。

那么，当我们遇到客户的抱怨时应该怎么处理呢？在这里给大家几点建议。

1. 保持耐心，善于倾听

在处理客户的抱怨的过程中，我们经常犯的错误是不等客户把话说完就急于反驳。这样做会让用户更加恼怒，并不能化解危机。所以，当我们处理客户的抱怨时，首先应做到的就是耐心倾听。要让客户把抱怨的话说完，把不满的情绪完全发泄出来，这样做既可以找到其抱怨的真正原因，又可以让客户把负面情绪发泄出来，以便化解沟通障碍。

有一个著名的沟通公式是：沟通 =50% 的倾听 +25% 的提问 +25% 的回答。特别是在化解客户抱怨的过程中，更要少说多听。处理客户抱怨的过程，就是通过沟通达成共识的过程。因此，在实际处理过程中，要耐心倾听客户的抱怨，不要轻易打断客户的叙述，更不要批评客户，而是要鼓励他继续倾诉。当客户的不满得到了彻底发泄后，就能够听得进去处理人员的解释或道歉了。

在处理客户抱怨的过程中，要善于说"是的""我理解你的想法"等易于拉近心理距离的话语，切忌使用"不是""你说的不对""你这样的要求太过分了"等阻碍沟通的表述。

2. 态度诚恳，热情周到

客户的抱怨源于对经营者提供的产品或服务的不满，因此，从心理上客户会觉得商家亏待了他。如果在抱怨的过程中，服务人员的态度再不好的话，会让客户的情绪更差。这样不但不能化解抱怨，甚至可能激化矛盾。

反之，如果服务人员面对抱怨的顾客依旧态度诚恳、礼貌有加、热情周到，那么会极大程度地降低客户的抵触情绪和怨气，能促使客户更加平静和理智地进行沟通，更容易化解问题，达成共识。

3. 重视反馈，快速处理

微 课

应对抱怨的
沟通技巧

客户的抱怨是重要的反馈，可以让产品和服务的经营者迅速了解产品或服务的客户感受，及时对产品或服务进行整改和升级，是企业生存和发展的重要动力来源。所以，在处理客户的抱怨时，行动一定要快，一是要让客户感受到被重视、被尊重；二是要向客户表示经营者解决问题的诚意；三是要及时防止客户的负面反馈对产品或服务，甚至对企业形象造成更大的伤害。

此外，如果让级别较高的管理人员亲自处理问题，也会使客户有一种被重视的感觉，也更容易消化心中的负面情绪，进而更容易接受经营者的说明解释和处理措施。因此，在处理客户的抱怨时，应尽可能地提高事件处理人员的级别。

4. 真诚道歉，积极补偿

客户的抱怨是因为经营者提供的产品或服务未能满足其需求，客户会认为自己的利益受到了损失。因此，客户抱怨后，往往希望得到一些补偿，这种补偿可能是物质方面的补偿，如更换新产品、退货；也可能是精神方面的补偿，如赔礼道歉等（图8-2-1）。在补偿时，只要是确认有必要提供给客户的，应当尽量为客户争取，这样可以让客户体会到经营者的诚意。当然，对于那些恶意投诉、不以解决问题为目的、对产品或服务恶意中伤、旨在诋毁企业形象的不良客户，就另当别论了。

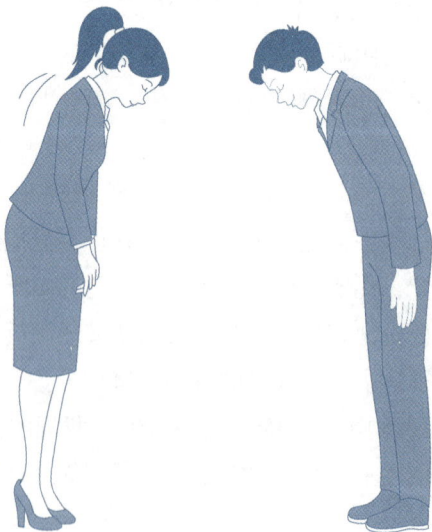

图 8-2-1　诚恳道歉

通事达人

用负责的态度赢得客户的信任

某储运公司投诉管理部门接到一位老客户打来的投诉电话，称近期储运公司运送来的货物存在损毁问题，该批货物价值总额为 30 万元，商品完好率为 70%，缺损的商品价值约 9 万元，客户要求赔偿。投诉管理部门接到相关反馈后立刻受理，登记客户信息，然后将投诉记录交给货运部；货运部收到投诉记录后马上调查分析，并获得两个方面的信息。

第一，缺损货物中有 10% 的货物因轻微碰撞而变形，修理后不影响使用和销售，修理费用预计为 3 000 元；其余部分毁损严重，无法恢复，需报废处理，这部分货物的价值总额为 8.1 万元。

第二，查明了货物损毁的原因，是因为储运公司的货物包装不到位，导致货物在长途运输途中出现损毁。

经相关部门研究后，储运公司很快提出了解决问题的方案：第一，支付商品的维修费用，赔偿客户的经济损失，两项共计 5 000 元；第二，尽快补发损毁货物，并主动延长售后时间，以示歉意。

在处理方案获得客户的认可后，储运公司的相关部门立刻按要求支付了赔款并补发了货物。投诉管理部门也及时对该客户进行了回访，并积极跟踪了解到货情况。这一系列的举措又重新赢得了客户的信任。

在整个事件的处理过程中，储运公司的服务人员以积极的工作态度和超高的工作效率成功地挽留住了老客户，也维护了企业的形象。

8.3　职业发展沟通

职场沟通之惑

小亮毕业后进入了一家外贸企业。入职后，小亮各方面表现都比较好，前辈教的东西一学就会。然而，最近小亮却因为一件事把部门的前辈们都得罪了。起因是一个项目由一个前辈和小亮共同负责，前辈是主办，小亮是协办。客户要求按某口径计算申报货物量，而这个明显超出了小亮的权限，必须请示领导。小亮给部门经理打电话，问："领导，我在系统里已经提交单据好几天了，您什么时候能审批一下呢？"领导说了一句"知道了"就挂了小亮的电话。小亮以为领导已经同意了，开始按照相关规定走流程，直到业务做完了，小亮所在部门的直管领导才知道，这下小亮闯了大祸。小亮在给自己开脱时说是主办的那位前辈授意他这么做的，正好部门经理的助理在事情发生时的下午都和主办的那位同事在一起，根本没有听到沟通这件事情，这么一来，小亮"假传圣旨"的事情彻底穿帮了。

部门经理很生气，在工作群里 @ 小亮和主办的那位同事，并批评了他们。刚好是周五，没有一个人敢在下面回复。到晚上十点多，主办的那位前辈在群里发了一条反省自己错误的微信，说自己没有带好新人等。经理叫助理组织下周一开早会，要求小亮公开检讨。

周一早上七点，小亮通过办公系统给经理发了一条请假申请，经理直接拒绝。周一一整天，小亮都没有去上班，电话也关机。但是其他与此事无关的同事收到了他的哭诉微信，他说自己是冤枉的，被批评了很委屈，觉得自己无法融入集体。

你觉得小亮错在哪里？

8.3.1　职场新人沟通

测 试

你的职场沟通
能力有多强

初入职场，该怎么与同事相处和沟通？

无论你是个什么样的人，刚进入职场，都要谨言慎行，尽量不让身边的同事小看你或者抓住你的某个话柄。

作为职场新人，怎样做才能既很好地融入新环境，又让自己受欢迎呢？良好的职场沟通必不可少。职场沟通主要包含两个目的：一是准确地理解别人，二是让别人准确地理解自己。要达到这两个目的，我们需要掌握沟通的艺术。

1. 认真倾听是顺利沟通的基础

只有善于倾听的人，才能充分理解对方想要表达的内容，然后在此基础上给对方一个正确的回应。作为职场新人，在与他人交流的过程中，要多用眼神进行交流，在别人表达时不要轻易打断或改变话题；也要注意你的面部表情和肢体语言，如偶尔微笑或点头，这可以表明你在认真倾听并对他人表示认可。

在和同事一起聊天的时候，也不要随意打断别人的话或抢话。不要只顾自己畅所欲言，要让大家都有发言的机会。尽量选择大家都比较感兴趣的话题，不要刻意提出一些有挑战性的问题，避免引起激烈争论，导致不欢而散。

2. 记住沟通的目的

职场中，无论是领导、同事还是客户，都有各自不同的人生经历和脾气秉性。作为职场新人，面对不同的交流对象，一定要讲究分寸。不能话太少，显得不合群；也不能话太多，容易让人厌烦，且言多必失。应该时刻记住，你的谈话目的是什么？在职场中，不要说与工作无关的话题，更不要在人后说长道短。你要时刻清楚你想说什么、你想问什么，以及你想通过沟通得到什么。有明确目的的交流才是有意义的。

3. 任何时候都要保持及时的沟通

在工作中，总是会出现一些意想不到的情况。面对这些变化，沟通要及时，不要因为表达不及时而增加损失。

微 课

职场新人的
沟通技巧

例如，在工作中与同事产生了误会，应及时消除。误会会给自己和对方带来痛苦、恼怒和隔阂。产生误会后，要及时调整自己，主动采取可行的方式进行沟通，消除误会。误会持续的时间越长，就越被动。如果真的是自己的问题，就应坦诚说明情况，勇于承认错误、接受批评，让对方感受到你的真诚并原谅你。

4. 学会真诚的赞美

每个人都喜欢被称赞，无论是同事还是领导。因此，在工作中看到别人的优秀之处或闪光点时，不要吝惜自己的赞美，多表达自己的钦佩之情，一句简单的赞美能迅速拉近人与人之间的距离，为良好的沟通提供基础。

同事工作做得很好，得到了领导的表扬，我们可以赞美；同事换了新发型，穿了一件漂亮的衣服，我们也可以赞美。当然，这种赞美必须是真诚的、发自内心的，如果是虚伪的奉承，反而会适得其反，让人反感。

5. 学习社交礼仪

作为职场新人还需要掌握一些社交礼仪。不仅办公室是职场，还有很多其他与工作有关的场合也是属于职场的范畴。不同场合有不同的礼仪，如餐桌礼仪、接待礼仪、会议礼仪等。作为职场新人，要主动向同事请教学习，避免犯低级错误。

沟通有道

注意规避沟通禁区

在职场，有些话题是沟通禁区。特别是职场新人，在新的环境中面对陌生的同事，更要谨言慎行。下面的一些沟通禁区要牢记。

1. 不要在背后说别人坏话。如果和同事之间产生了矛盾，或者同事在工作时犯了错误，千万不要在背后说人家的坏话，得饶人处且饶人。这样万一以后自己也在工作中出现失误，对方也会包容、谅解你。

2. 不要打探同事的个人隐私。主动打探别人的隐私是十分不礼貌的行为，像收入、年龄、家庭关系等都属于个人隐私，不要随意打探。

3. 不要当众揭露别人的隐私和不足。没有人喜欢当众被人谈论隐私和劣势，这只会让对方难堪和恼怒。在工作过程中，如果发现同事出现失误，可以私下沟通，或者用微信、电话等方式进行沟通，但是要注意措辞，不要过于生硬或激烈，避免伤害对方的自尊心。

4. 不要过早说深交的话。初入职场，你可能会对某位同事产生好感，但还缺乏足够的了解时，不要太早说深交的话，也不要为了尽快交到朋友而过早聊太深入的话题，更不要一开始就对同事过分热情。这样做的目的是防止卷入麻烦之中或被人利用。

8.3.2　岗位竞聘沟通

所谓"竞聘上岗"，是指在一个企业或组织内，按照确定的岗位职责及岗位的任职资格条件和录用要求进行公开选拔岗位人员的一种方式，是现代企业提质增效、盘活人力资源的流行方式。组织内全体成员，不论职务高低、贡献大小，都要重新接受组织的挑选和任用。同时，组织内成员也可以根据自身的特点与岗位要求，选择符合自己期望的岗位，这也是成员积极寻求自我发展的重要渠道。

竞聘演讲（图 8-3-1）是竞聘上岗过程中最重要的一个环节，是竞聘人公开展示管理能力和工作思路的重要平台。竞聘演讲的优劣直接关系到竞聘上岗的成败。想在竞聘中脱颖而出，就必须掌握竞聘演讲的技巧。

图 8-3-1　竞聘演讲

1. 明确清晰的目标性

竞聘演讲本身就带有明确的目标——竞聘。演讲者一上台就要鲜明地亮出自己所要竞聘的岗位。在接下来的演讲词中，其所选用的所有材料和方法也都是为了一个目标——让听众为自己投票，使自己竞聘成功。

竞聘目标的支持材料主要包括两个方面：一是怎样更好地发挥自己的才干；二是怎样带领团队共同进步。对于公司来说，打造一个强大的工作团队是制胜的法宝。

2. 把握思路的程序性

思路，就是演讲者的思维脉络。程序，是指演讲中先讲什么、后讲什么的顺序。竞聘演讲一般分为五个步骤。

第一步：开门见山，阐述自己所竞聘的职务和竞聘的缘由。

第二步：简洁地介绍自己的情况，包括年龄、政治面貌、学历、现任职务、工作经历等。

第三步：阐述自己优于他人的竞聘条件，如政治素质、业务水平、工作能力等。既要有概括的论述，又要有具体的论据。例如，讲自己的业务能力时，可用一些具体的数据和获得的成果来证明。

第四步：提出自己任职后的工作措施。这部分是重点，应该讲得具体翔实、切实可行。

第五步：用最简洁的话语表明自己的决心和请求大家的支持。

3. 保证材料的实用性

实用性，是指演讲中所选材料要符合实际。无论分析自己所具备的优势条件，还是谈任职后的构想，都要从实际情况出发。竞聘演讲是"竞争"，而不是比赛谁能"吹牛"，群众的眼睛是雪亮的，观众一边听演讲，一边就会在心中判断演讲者的话可能实现的概率有多少。

例如，有的竞聘者为了取悦听众，会不切实际地夸下海口："我竞聘成功后会给大家涨工资，提高各方面的待遇。"这样的"承诺"，听众一般是不会买账的。只有发自肺腑地讲实际的措施才是最受听众欢迎的。

4. 确保内容的竞争性

在儒家文化中，"谦虚谨慎"一直备受推崇。在日常的职场生活中，我们也经常会被长辈教育不要出风头、不要自我夸耀、不要锋芒毕露等。

但竞聘演讲则不同，它是听众在候选人之间进行比较、筛选的过程，竞聘者如果过分谦虚，不好意思说自己的长处，那么就很难突出优势、战胜对手。

因此，演讲者必须在演讲的每一个关键环节，都尽可能地显示人无我有、人有我强、人强我新的优势。有时甚至还要把本来是劣势的东西换一个角度讲成优势。

还有一点需要提醒的是，这种"竞争性"是建立在实际的工作能力的基础上的，是客观诚实的阐述，而不是毫无根据的夸耀，更不要在夸耀自己的同时贬低和中伤他人，这样才能得到听众的喜欢和拥护。

例如，一位竞选反贪局侦查科科长的干警在谈到自己取得的成绩时说："在这里，我不想把在检察院17年来所获得的地区优秀侦查员等荣誉一一罗列，也不想多谈在反贪局工作8年来查办大案30余起、追缴赃款400多万元的业绩，因为成绩属于大家，荣誉代表过去。我只想说，8年的反腐侦察经历使我得到了多方面的锻炼，积累了较为丰富的侦察经验，培养了不怕吃苦、甘愿奉献的精神。如果我能当选，这些因素将有助于我尽快进入角色，更好地承担起艰苦的反贪工作。"他虽然没有逐条列出自己的业绩，但是用高度概括的语言总结了自己的荣誉，较好地突出了自己的竞争优势、提高了竞争力。

5. 注意主题的集中性

虽然在竞聘演讲时有许多程序，但也要努力做到主题集中、重点突出。不管是在说明自身优势的环节，还是在阐述工作规划的环节，都必须突出一个重点、围绕一个中心，不要企图面面俱到。因为没有人能够在一篇演讲中解决所有问题，如果说得过全、过多，反而容易给人造成蜻蜓点水、无法深入的印象。

例如，在一次高职院校校长竞聘演讲会上，一位本来很有希望竞聘成功的资深副校长由于谈得太过面面俱到而让人产生反感。他在介绍自己时，不仅详细介绍了自己大半生的经历，而且在说获奖情况时，把在某晚报征文比赛获纪念奖等与竞聘条件无关的奖励都说了，罗列了大大小小不下 20 个奖项。在说未来的工作措施时，又从如何抓学生学习、体育、德育说到如何开展校企合作，从如何管理教学说到如何关心教工生活，其措施几乎是"全方位"的。结果造成立意分散，让人感觉好像什么都说了，但又抓不住重点。对比之下，另一位年轻教师主要围绕"如何打造高水平教师队伍"这一中心问题，讲得有理有据、头头是道，给听众留下了深刻的印象，最终竞聘成功。

因此，在做竞聘演讲时，一定要聚焦主要问题，这样才能让听众抓住重点，引起听众共鸣。

6. 掌握演讲的技巧性

在竞聘演讲时，除了要有优秀的演讲词之外，临场发挥的技巧也很重要。

（1）面带微笑，从容自信。演讲者在台上的面部表情是台下观众的关注重点之一，表情无论好坏都会给观众留下深刻的印象。无论是紧张、焦虑，还是自信、坚定等情绪，无不清楚地表露在脸上。演讲词写得再好，如果缺乏自信、畏畏缩缩，那演讲就显得欠缺说服力。

在竞聘演讲的前一天不要过度劳累，要保证充足的休息。在上台之前调整好心态，以饱满的精神状态和自信的笑容感染台下的观众。此外，在演讲时放慢语速也可以起到稳定情绪、放松面部表情的作用，可以让演讲者显得更从容。

（2）关注观众，目光交流。演讲者站在台上，视线若躲躲闪闪，不能与观众接触，就难以吸引观众的注意。虽然在众目睽睽之下讲话会让人紧张无措，但这是所有竞聘者都必须经历的环节，每一位站在台上的人都要接受大家的审视。当然，台下投来的目光可能是冷淡的，可能是善意的，也可能是不屑的。但不管台下投来的是什么样的目光，演讲者都要学会接受它们，在演讲的过程中找寻那些投以善意眼光的人，并回报以自信坚定的微笑。这样做能帮助演讲人摆脱冷淡眼光的压力，借助支持的目光来增强自己的信心，起到稳定情绪、顺利完成演讲的效果。

（3）放松身体，摆正姿势。演讲时要找一个让自己觉得放松的姿势。在放松的状态下，演讲者才不会显得笨拙僵硬，才能表现出从容和自信。

放松的方法有很多。演讲者可以在上台之前先深呼吸，在台上站好后张开双脚，与肩同宽，站稳整个身躯，然后抬头挺胸。也可以通过一些手部动作来分散身体上的紧张情绪，如将一只手稍微插入口袋中，或者手轻触桌边，或者手握麦克风等。

8.3.3 职业转型沟通

职业转型是职场生涯的重大转折，对于大多数人来说是一个巨大的挑战。俗话说"隔行如隔山"，想要顺利翻过职业转型这座"山"不是一件容易的事。因为这不仅需要你具备新岗位所需的必备能力，还需要对过去的思维和认知进行转变、升级，同时也要做好各方面的沟通准备。

1. 和自己沟通

首先，要高效利用时间，做好转型准备。每个人拥有的资源可能千差万别，关键是你如何利用它。成长路上最大的朋友是专注和时间。想要顺利地与新的行业和新的岗位相匹配，就必须花时间来学习和提升。我们可以把时间分为碎片化时间和整块的深度学习时间，整合各类时间学习目标岗位所需要的技能。

其次，要理性看待转型期的收入变化。为了顺利地完成职业转型，你可能需要投入一些资金去提升你的认知或者增强你的能力，或许你的新工作还不如之前的工作收入多，这可能会让你有些后悔。但你要清楚，在新的领域从头开始是要付出一些代价的。在职场上，能力是最好的通行证，能力提升了，该来的财富自然会来。面对未来的不确定性，前期留有一定的储备资金是十分有必要的。

2. 和家人朋友沟通

职业转型是重大的人生决定，需要家人和朋友的支持，但是有的时候，家人的期待也许和你想要的不一致，这就需要耐心地向他们解释，用自己之前的成绩让他们相信你，并想办法减少他们的担心、调控他们的期望，可以适当美化一下转型中的情况和未来的前景。

因为懂你，真正的朋友会支持你深思熟虑后的决定。而身边大部分的人出于不同的心态可能会出现各种不同的声音。所以你要能够识别哪些是"噪声"，并学会屏蔽这些干扰。

3. 和"新圈子"沟通

在职业转型的过程中，结交新的朋友比你自己单打独斗更有帮助，甚至有些人能成为你新职业之路上的贵人。结交新朋友的途径有很多，比如线下培训、沙龙、线上社群、兴趣班、读书会等。

通事达人

一次成功的竞聘演讲

尊敬的各位领导、各位评委、各位同仁：

大家下午好！

首先感谢领导提供了这样的机会，也感谢同事们对我的信任和支持。今天能够站在这里我倍感荣幸，心情既激动又忐忑。我是××宾馆中餐厅的×××，现为传菜组领班。自20××年入职以来，我已经在传菜组工作学习了近10年。

今天我竞聘的岗位是中餐厅的主管。我清楚地认识到，要成为一名合格的主管并不容易，既要有很强的服务意识和奉献精神，还要有全局观念和团队协作精神；既要熟悉店纪店规和各项业务操作流程，又要不断加强管理技巧，提升组织管理水平。我之所以竞聘这个岗位，是因为我认为自己已经具备了作为基层主管的必备条件。

第一，在工作中，我能够合理地管理、分配好班组内人员的工作，带领、督促大家完成各项任务，践行"想客人之所想，急客人之所急"的服务理念。同时我也很关注员工的业务能力和服务水平，会定期开展相关培训，并向上级汇报培训情况和结果，全面评估员工的工作表现和工作结果。

第二，我很关注中餐厅的发展动向和宾馆的重要决策，对中餐厅的管理有自己的思考，能够配合上级部门积极落实各项工作，有效推进工作的开展。

第三，我一直保持真诚、主动、热情的服务理念，在工作中形成了一套重标准、查质量、看服务、勤分析、抓整改的服务方针。此外我还一直努力营造良好的工作氛围，让同事们都发自内心、充满自豪地为每一位客人提供有形服务和无形服务，充分展示餐厅员工的服务水平和服务质量。

我坚信以我现有的业务能力和管理能力可以胜任中餐厅主管一职。如果我能竞聘成功，我将从以下三个方面开展工作。

第一，加强员工培训。根据中餐厅员工的服务水平和业务能力情况，进行培训服务需求调查，制定有效的员工培训计划（一般由理论培训和实践操作构成），报部门经理批准执行。认真撰写培训实施纲要，按计划和时间节点完成每个课时的培训内容，并按照计划进行考核，对考核结果进行效果评估，分析培训情况和不足，对培训方案进行调整和修改，进一步完善中餐厅的培训机制。通过培训提高服务人员的服务意识，改变其服务观念，提升中餐厅的服务质量，力争让每一位客人高兴而来、满意而归。

第二，提升服务水平和服务质量。全面树立以客人为中心的服务理念，把服务意识列入日常管理的重要范围。对各营业区进行监督管理和合理分工，做好每一次接待，尽量满足顾客的个人需求，转变员工的服务意识，提倡"服务不过度"，注重提升服务品质。另外，我还将加强投诉案例培训。在处理投诉事件时，不躲避、不推诿，力争在最短的时间内给顾客一个满意的答复。

第三，加强所属员工的管理。正所谓"没有规矩不成方圆"。切实加强所属员工的管理，带领员工遵守各项规章制度，做好特殊任务分配，加强纪律监督，加大考核力度，使每个员工都能做到纪律严明、形象良好、谈吐适度，为中餐厅创造更好的社会形象，使餐饮部成为一个更加团结、更具战斗力的集体。

多年来，在各位领导、同仁的帮助和支持下，我收获了很多知识和技能，在此向大家表示衷心的感谢！今日若能竞聘成功，我一定不会辜负大家的期望，在今后的工作中百尺竿头、更进一步。如果我竞聘失败，我也将一如既往地认真工作，努力查找不足，争取获得更大的进步。谢谢大家！

这篇演讲稿运用大量的工作细节体现了演讲者丰富的从业经验及对工作的思考和总结，用翔实的工作方案展现了演讲者对竞聘岗位的关注和投入，这种真诚、务实的演讲具有强大的说服力，较容易取得成功。

8.4 组织外部沟通

职场沟通之惑

2018 年，碧桂园多地项目事故频发，工地坍塌、员工伤亡、劳资冲突等多起负面新闻见诸报端，由于其事故发生相对密集，这些攸关性命与权益的问题很快便成为公众议论的焦点。站在舆论风口浪尖上的碧桂园因为多次发生事故而遭受信誉和口碑上的重大危机，在如此紧要关头，本该是其危机公关力挽狂澜之时，但碧桂园的应对却适得其反。

为了挽回品牌形象，碧桂园展示出了认真对待的态度，召开了一次"走进碧桂园"的全国媒体见面会，打算回应来自全国范围内的媒体的疑问。但在见面会的直播现场，记者们看到的并非碧桂园有关人员的郑重道歉，而是一场耗资巨大的企业宣讲会，最令人关注的环节反而放在了最后，主次不分，令人失望。此外，在道歉环节，只有质量管控负责人发言，并且对缺乏对此前一系列事故的调查和分析。而碧桂园的董事会主席杨国强发表了一系列委屈、卖惨的言论，一句"天下最笨杨国强"立刻走红，成为网友的嘲讽对象。

面对质量问题、员工及消费者的生命安全问题，碧桂园这样避重就轻、倨傲漠然的态度，自然难以平息众怒。很多网友怒斥碧桂园是豆腐渣工程、压榨员工等，碧桂园的信誉与口碑已降至冰点。

你认为碧桂园应该怎么处理此事呢？

8.4.1 对外宣传

对外宣传是促进组织或企业发展的重要动力之一。对外宣传可以提高组织的知名度，塑造良好的组织形象，突显组织的精神面貌，是组织与政府、社会、客户之间重要的沟通桥梁。

组织对外宣传主要有两个方面的内容，即组织品牌宣传和组织文化宣传。下面分别介绍这两种宣传的内容和技巧。

1. 组织品牌宣传

品牌宣传是组织向大众介绍和推广自己产品的重要渠道，是使大众了解产品的品牌价值、功能属性，最终获得大众喜爱和认可的主要手段。在这里分享两个品牌宣传的技巧。

（1）分析市场，独特定位。品牌宣传需要花费大量的人力、物力、财力，运作成本较高，所以首先要全面了解市场动向，了解消费者需求和同行业竞争对手的情况。在全面掌握有关市场和产品的一手资料后再采取行动。在品牌同质化如此严重的今天，想要在众多同行中脱颖而出，就得找到自己独特的营销主张。而能否找到营销主张，关键在于是否建立在深入了解消费者的基础上。

史玉柱开始做脑白金的时候，特别喜欢找大爷大妈聊天。他了解到，大爷大妈自己不喜欢花钱买保健品，但是如果是儿女给他们买，他们会特别高兴。明确了这个信息，史玉柱的营销主张就跟其他的保健品大不相同，其他保健品主打功效，而脑白金主打送礼。这个销售主张一炮而红，像魔音一般的广告语"今年过节不收礼啊不收礼，收礼只收脑白金"，直到今天都家喻户晓。所以，好的品牌宣传要先全面地了解市场动向，这样才能明确营销主张。

（2）社群试水，迎合受众。新时代的品牌推广除了寻找线下的营销渠道之外，更重视线上渠道的推广和运营。在投入大量人力、物力开展推广之前，可以先建立一个小的目标社群（如 QQ 群、微信群、产品论坛等）。一般来说，能够构成持续性的社群有以下五种类型：第一，对产品偏爱，希望参与发展，如品牌发烧友；第二，拥有共同的兴趣爱好，如桌游；第三，有相同的社会属性，如宝妈群；第四，拥有情感联系，如同学群；第五，能够提供辅助，如学习交流群。

当然，品牌社群里的成员必须是符合品牌定位的消费者，这样才能为经营者提供重要的参考意见，这样采集到的数据比大数据更精准。以品牌社群为样本，发掘产品的潜在竞争力，发现消费者的偏好和需求，探索他们更喜爱的产品功能和属性。在这个过程中，还可以进一步优化产品，使产品更能满足目标受众的需求。

2. 组织文化宣传

组织最高层次的竞争已经不再是人、财、物的竞争，而是文化的竞争，最先进的管理思想是用文化进行管理。优秀的组织文化建设所带来的认同感和归属感不仅是组织核心竞争力的有力保障，还是外界选择和信任组织产品或服务的重要影响因素。那么，怎样对外进行组织文化的宣传呢？

（1）把组织管理者塑造成组织文化的楷模。作为组织文化的"建筑师"，高层管理人员承担着建设组织文化的工作。有一次一个公司总经理问一位企业文化专家："你觉得塑造组织文化的关键是什么？"专家告诉他："是把你自己塑造成组织文化的楷模！"

一些组织高层管理者总认为组织文化是为了激励和约束员工，其实更应该激励和约束的恰恰是那些组织文化的塑造者，他们的一言一行都对组织文化的形成起着至关重要的作用。然而，组织的高层领导往往是各种理念、制度的直接破坏者，他们负面的言行对组织文化的破坏作用极大。

（2）从日常工作的点滴中营造组织文化。很多组织在进行组织文化塑造时，喜欢大张旗鼓地开展一些活动、培训和研讨，其实组织文化的精髓更集中在日常管理的细节上。作为组织管理者，不管是高层还是中层，都应该从自己的工作出发，首先改变自己的观念和作风，从小事做起，从身边事做起。

通事达人

工作服：企业文化的形象载体

企业文化通常由三个部分组成：一是核心价值理念，这是企业的经营策略；二是员工的行为习惯和工作方式，这是员工长期养成的做人、做事的风格；三是各类外在的可视化的文化符号。一个企业是否严谨、是否尊重客户，不仅体现在工作上，还体现在员工的外在形象和精神面貌上。工作服作为一种外在符号，能够很好地服务于企业形象，并且对员工和顾客都能起到很强的暗示作用。

顺丰快递在工作服的设计方面可以说是企业标杆。对于员工来说，定制的新款工作服不仅设计美观，而且更符合日常的工作场景。衣服两肩有增强送货安全性的反光贴条，整体面料有专为恶劣天气打造的防风、防泼水、透气等功能，人文关怀极为到位。舒适、便捷的工作服不仅能使员工在最短时间内就认识到自己已处于工作状态，进而提高工作效率，而且还能有效增强其对企业文化的认同、降低离职率。对于顾客来说，统一、美观、时尚的工作服不仅可以快速进行身份识别，让顾客通过服装就能明确该企业；还会让顾客认为该企业正规、专业、有实力，提升对企业的认可度和信赖感，增强合作的意愿，从而产生积极的品牌效应。

因此，定制统一的工作服既是构建企业文化的开始，也是展现企业文化的重要载体。

（3）把组织文化的宣传理念故事化。很多组织选择用讲故事的方式来阐释自己的文化理念，这样既生动又好记。例如，蒙牛集团的组织文化强调竞争，他们通过非洲大草原上"狮子与羚羊"的故事生动地把组织文化阐释出来。清晨醒来，狮子的想法是要跑过最慢的羚羊，而羚羊此时想的是跑过速度最快的狮子。物竞天择，适者生存，大自然的法则对于组织的生存和发展同样适用。

在组织文化的长期建设中，对先进人物、典型事迹的宣传往往能起到很好的模范带头作用。对先进人物事迹进行表彰、宣传，可以为全体员工树立榜样，同时可以也使组织文化在社会中得到生动地展现与推广。

（4）利用媒体做好组织宣传。组织利用各类媒体进行对外宣传，是一种见效快、覆盖面广的方式，对提升组织社会形象有着不可替代的作用。企业员工的先进事迹、一线品牌的研发推广、产品或服务的升级换代及企业的经营理念和发展规划都是很好的新闻素材。

组织在平时应该积极向各类公共媒体提供宣传稿件，也应利用官网、微博、微信公众号等新媒体平台积极架构自己的宣传体系。

8.4.2　危机沟通

组织危机，也被称为组织经营过程中的突发性状况。这种突发状况可能是在组织经营的过程中，由于大环境的突然变化（如国家标准、行业问题）引发的一系列危害组织发展的情况；也可能是组织发展过程中因为各方面的矛盾激化而导致的一种非常规的状态；甚至可能是对公众生命和财产安全产生严重威胁，对社会产生严重影响的重大事故。这些危机足以对组织的生存和发展产生重大影响，所以组织需要及时处理，对自身进行有效的变革才能度过危机（图8-4-1）。

危机沟通是指以沟通为手段、以解决危机为目的所进行的避免危机与化解危机的行为。无论事前的危机预防、事中的危机处理还是事后的恢复管理，都离不开沟通。危机沟通既是一门学问也是一门艺术，它可以利用危机中的机会部分，降低危机中的危险部分，并存在化危机为转机甚至机遇的可能。如果不进行危机沟通，则小危机可能变成大危机，对组织造成重创，甚至使组织就此消亡。

图 8-4-1　逃离危机

危机沟通主要包含两个方面的内容：一是针对组织内部的沟通；二是针对社会公众和利益相关者的沟通。概括来说，组织进行危机沟通的主要对象有：组织内部的管理层和员工、消费者或客户、产业链上下游利益相关者、政府权威部门和行业组织、新闻媒体和社会公众这五类群体。不管在危机中我们面对的是哪个群体，都应遵循以下原则。

1. 积极主动，抢占先机

危机发生后，组织应第一时间与媒体和公众进行沟通，时间是最宝贵的，组织应该在最短时间内与利益相关者进行沟通。此外，组织应积极主动地公布信息、主动道歉、主动赔偿。这样做既能展示组织勇于担责的形象，同时也能缩短危机发酵的时间，避免谣言的产生，从而尽快获得消费者和公众的接受与认可。如果组织错过了最佳的反应时机，在情况严重之后才被动做出回应，那么回应的真实性和诚意就难以让人信服。

知识拓展

危机公关
5S 原则

2. 友善合作，避免对抗

遵循友善沟通的原则，不要与任何利益相关者进行对抗，更不要与媒体发生冲突。危机出现后，要与相关的组织和个人进行友善沟通，用最大的诚意争取合作，共渡难关。在危机沟通中，媒体是最大的监督者，也是最好的助力者，与媒体的友善沟通、积极合作，能使危机得到快速处理。切记，对抗只会使危机升级，让危机的负面影响变得更大。

3. 换位思考，以人为本

"以人为本"就是坚持顾客的利益至上，理解和尊重利益关系者的诉求。在危机沟通的过程中要善于倾听、换位思考、尊重他人感受，在适当的时候表达组织的歉意，并采取补偿措施，或许就能获得公众的理解与支持。

4. 有效沟通，把握分寸

想要有效沟通必须做到两点：一是避免使用专业术语和行业用语，要让沟通对象听得懂、容易理解。二是重承诺，守信誉，在危机处理过程中承诺的道歉、补偿等要说到做到。有的组织在危机开始时急于应对，承诺过度，后来发现根本做不到，又会使组织陷入信任危机。

有效沟通的同时应避免过度沟通。有时候发生危机的原因可能很复杂，不仅是某个组织的问题。这个时候，组织在进行危机沟通时就要注意，千万不要包揽不属于自己的问题，不要口无遮拦、引火上身，更不要随便污蔑同行，这样做只会使危机向不可控的方向发展。

5. 借助权威，寻求支持

危机发生后，有的时候只靠组织单方面地传达信息是不足以取信大众的。这个时候要学会寻求帮助。例如，可以邀请第三方权威人士或者行业的意见领袖为组织说话。在组织陷入危机时，公众更容易相信第三方权威人士的表态，权威人士自身拥有的影响力和可信度能给组织带来强有力的支持。

6. 指定专人，统一发声

一个组织只能发出一个声音。危机发生后，无论是最高层的领导还是最基层的员工都要发出同样的声音，即便是在不同的时间和地点，发出的声音也要一致，否则公众就会认为该组织前后不一、不可信任。因此危机发生后，要指定特定的新闻发言人与公众进行沟通，也应召集所有的员工开会，告知事实的真相，目的只有一个，就是让员工协助组织渡过难关。

7. 精选渠道，多重沟通

进行危机沟通的方式和渠道有很多。对于组织的内部成员、客户、潜在的顾客和投资者，组织可以派专人向他们简要介绍情况，也可以将信息以邮件、通知或者传真的方式发送给他们。对于媒体，要向其提供新闻稿和解释信，或者邀请他们参加组织举办的情况介绍会或新闻发布会。选择的渠道不同，产生的效果也不同。

通事达人

以退为进：钉钉的危机沟通方式

疫情期间，为响应教育部延期开学及停课不停学的号召，钉钉从一个协助在线办公的应用软件摇身一变成为网课平台。钉钉的特点是学生看没看直播、看没看见老师的消息，老师在后台都能知道，且需要多次签到、打卡等，让学生感觉时刻都在被"监控"，不喜欢被"死盯"的学生们表示很不满。网上有传言低于一星的应用软件将会被手机的应用商店下架，于是钉钉的评论区成了学生们的发泄之地，他们组团去各大应用商店刷一星"好评"(行业通行 5 星打分规则，每位用户的最低评分都是 1 分，无 0 分选项)。

钉钉的评分从 4.7 分一度掉到 1.3 分。在此情况下，"钉钉 DingTalk"在哔哩哔哩网站发布了一个名为《钉钉本钉，在线求饶》的视频作品，用卖萌、可怜的形象向恶意刷一星的用户"跪求"好评。该视频发布后，钉钉在应用商店的评分及网络好感度均有回升。

作为阿里旗下的品牌，钉钉稍有不慎就容易陷入店大欺客、仗势欺人的舆论漩涡，并不利于挽回颜面。所以，钉钉在被群众调侃消遣之时，并没有选择态度强硬的回怼，而是选择了向公众示弱，这种角色反差更容易争取到同情分。

知识检测

测试题

互动园地

沟通游戏：模拟谈判

参加人员：全体成员。

游戏道具：带有"甲方"或"乙方"字样的卡片，课桌、笔和白纸若干。

游戏规则：

1. 把全班同学分成若干小组，每组 4 个人。

2. 每次有两个小组进行抽签，决定本组是扮演甲方还是扮演乙方。

3. 甲方是时尚服装生产企业，有一定的资金积累，想在乙方的所在地办厂。乙方是老牌服装生产企业，但由于资金不足，面临破产，急需寻求投资方。甲方想以优惠的价格收购乙方公司，获得乙方的技术和销售渠道。乙方想获得更高的收购价格，同时希望收购方安置好现有员工。甲方最理想的收购价为 1500 万元，乙方最理想的收购价为 2000 万元；甲方可接受的收购价是 1600 万元，乙方可接受的收购价是 1800 万元；甲方可给出的最高收购价是 1700 万元，乙方可接受的最低收购价是 1700 万元。

4. 每两组同学结束谈判之后，再请另外两组的同学抽签决定角色，并展开谈判。不同的小组在谈判过程时尽量使用不同的沟通方式和话术。

5. 谈判完成之后，教师对各小组进行点评，并对谈判时产生的问题进行分析和总结。

游戏反馈：请各位同学积极发言，分别评价甲方和乙方的表现，说说哪位同学的表现最专业，并说明原因。

指导反思：对比观察不同谈判方的表现，反思谈判过程中的思考和表达，进一步明确谈判的正确方法。

学以致用 ⊘

处理客户的抱怨

【任务背景】

对于初入职场的新人来说，如何成功处理客户的抱怨是一个难题。熟练掌握并能恰当地运用沟通技巧，将有助于顺利开展工作。

【任务目标】

通过与服务对象的沟通实践，让职场小白们掌握常用的沟通技巧，改善其职场沟通中的不足，使其在工作中表现得更加专业与得体，进一步提升自身的职业素养和处理问题的能力。

【任务描述】

每 4 个人组成一个小组，小组中由 2 位成员扮演抱怨的客户，另外 2 名成员扮演负责接待客户的工作人员。教师可以提前准备不同的情境让学生抽签，如客户购买化妆品后要求退货，而化妆品已经使用过了；客户在餐厅用餐发现了菜中的头发，要求免单；银行办理业务的人太多，有客户排了很久的队开始大声抱怨等。完成一轮练习后，让双方进行角色互换。任务结束后，同学们对扮演工作人员的成员进行点评，点评时应从态度、技巧等方面进行分析，并归纳总结，讨论处理客户的抱怨时应该注意哪些问题。

【任务考评】

任务考评成绩表

"处理客户的抱怨"任务评价单			
教师填写	任务评价		
	仪容仪表是否得体：　　　　　　　　□优　□良　□合格　□不合格 处理抱怨技巧运用情况：　　　　　□优　□良　□合格　□不合格 沟通态度：　　　　　　　　　　　□优　□良　□合格　□不合格 沟通反馈：　　　　　　　　　　　□优　□良　□合格　□不合格		
教师评价	打分对象	分值	备注
	组长：		
	小组：		
小组互评	打分对象	分值	备注
	小组：		
组长填写	教学反馈		
	素质获得感：　　　　　　　　　□满意　□一般　□不满意 知识获得感：　　　　　　　　　□满意　□一般　□不满意 技能获得感：　　　　　　　　　□满意　□一般　□不满意 教学满意度：　　　　　　　　　□满意　□一般　□不满意		
	意见建议		

注：任务评价采用百分制，教师打分与小组互评的权重比为6∶4（小组得分＝教师打分×60%＋小组互评×40%），小组得分即为小组成员得分。

参考文献

[1] 高琳.人际沟通与礼仪 [M].2 版.北京：人民邮电出版社，2021.

[2] 潘建林.团队建设与管理实务 [M].3 版.北京：机械工业出版社，2020.

[3] 胡君辰.组织行为学 [M].3 版.北京：中国人民大学出版社，2021.

[4] 成光琳，李玲玲.大学生心理健康教育 [M].2 版.北京：高等教育出版社，2020.

[5] 张心悦.学会说话：社交沟通中的刻意练习 [M].北京：人民邮电出版社，2020.

[6] 钱红敏，余大敏.人际沟通 [M].3 版.北京：高等教育出版社，2022.

[7] 陶莉.职场沟通技巧 [M].2 版.北京：中国人民大学出版社，2020.

[8] 郑强国，贾静.人际沟通与交流 [M].4 版.北京：清华大学出版社，2019.

[9] 宋倩华.沟通技巧 [M].2 版.北京：机械工业出版社，2019.

[10] 谢红霞.沟通技巧 [M].3 版.北京：中国人民大学出版社，2018.

[11] 童革.表达与沟通能力训练 [M].4 版.北京：高等教育出版社，2022.

[12] 吕书梅.管理沟通技能 [M].5 版.大连：东北财经大学出版社，2021.

[13] 赵洱崇.管理沟通——原理、策略及应用 [M].2 版.北京：高等教育出版社，
2021.

[14] 李玉珊.商务沟通 [M].2 版.北京：高等教育出版社，2021.

[15] 高玉萍，盛杨.职业沟通技巧 [M].北京：高等教育出版社，2016.

[16] 段秋月，董险峰.演讲与口才 [M].北京：中国人民大学出版社，2015.

[17] 郭文臣.管理沟通 [M].3 版.北京：清华大学出版社，2017.

[18] 雷诺兹，瓦伦丁.跨文化沟通指南 [M].张微，译.北京：清华大学出版社，2004.

[19] 许轩昂.春秋战国时期人口思想及其启示 [D].合肥：安徽大学，2018.

[20] 何盼盼.跨国公司中跨文化沟通的挑战与应对策略 [J].江苏商论，2021（08）：
103-105.

[21] 陈瑛.筑牢中国文化国际传播的语言安全线 [N].中国文化报，2021-10-14（5）.

郑重声明

高等教育出版社依法对本书享有专有出版权。任何未经许可的复制、销售行为均违反《中华人民共和国著作权法》，其行为人将承担相应的民事责任和行政责任；构成犯罪的，将被依法追究刑事责任。为了维护市场秩序，保护读者的合法权益，避免读者误用盗版书造成不良后果，我社将配合行政执法部门和司法机关对违法犯罪的单位和个人进行严厉打击。社会各界人士如发现上述侵权行为，希望及时举报，我社将奖励举报有功人员。

反盗版举报电话　（010）58581999　58582371
反盗版举报邮箱　dd@hep.com.cn
通信地址　北京市西城区德外大街 4 号　高等教育出版社法律事务部
邮政编码　100120

读者意见反馈

为收集对教材的意见建议，进一步完善教材编写并做好服务工作，读者可将对本教材的意见建议通过如下渠道反馈至我社。

咨询电话　400-810-0598
反馈邮箱　gjdzfwb@pub.hep.cn
通信地址　北京市朝阳区惠新东街 4 号富盛大厦 1 座
　　　　　　高等教育出版社总编辑办公室
邮政编码　100029

资源服务提示

授课教师如需获取本书配套教学资源，请登录"高等教育出版社产品检索信息系统"（https://xuanshu.hep.com.cn/），搜索本书并下载资源，首次使用本系统的用户，请先注册并进行教师资格认证。

联系我们

高教社高职语文教育研讨 QQ 群：638427589